LES
PÈRES DE L'ÉGLISE

DES

TROIS PREMIERS SIÈCLES

PORTRAITS ET NOTICES

EXTRAITS DU COURS D'ÉLOQUENCE SACRÉE

DE

Monseigneur FREPPEL

PARIS

VICTOR RETAUX ET FILS, LIBRAIRES-ÉDITEURS

82, RUE BONAPARTE, 82

LES

PÈRES DE L'ÉGLISE

DES

TROIS PREMIERS SIÈCLES

ABBEVILLE. — TYP. ET STÉR. A. RETAUX. — 1893

LES
PÈRES DE L'ÉGLISE

DES

TROIS PREMIERS SIÈCLES

PORTRAITS ET NOTICES

EXTRAITS DU COURS D'ÉLOQUENCE SACRÉE

DE

Monseigneur FREPPEL

PARIS

VICTOR RETAUX ET FILS, LIBRAIRES-ÉDITEURS

82, RUE BONAPARTE, 82

1894

Droits de traduction et de reproduction réservés.

Appelé, au mois de décembre 1855, à professer l'éloquence sacrée à la Sorbonne, l'abbé Freppel avait esquissé, dans son discours d'ouverture, le plan de l'œuvre patrologique qu'il espérait entreprendre un jour et mener à bonne fin. Mais, dans l'intérêt de son enseignement, il avait jugé utile d'en consacrer les débuts à l'étude des prédicateurs du dix-septième siècle, de Bossuet surtout, le plus illustre d'entr'eux.

Pensait-il, comme l'a supposé l'éditeur de ses écrits posthumes (1), qu'il devait préparer ses auditeurs à goûter les beautés sévères d'une littérature encore mal connue en proposant à leur admiration des chefs-d'œuvre universellement appréciés? Peut-être. Après les avoir familiarisés de la sorte avec l'incomparable éclat d'une parole portée à sa perfection, il estimait sans doute que l'éloquence chrétienne des premiers âges les attirerait d'autant

(1) M. l'abbé Freppel, moins effrayé pour lui-même que pour ses auditeurs des difficultés du sujet, avait hésité d'abord sur le champ les origines chrétiennes... Les *Clémentines* ou les *Préceptes d'Hermas* lui semblaient un début trop sévère. Il fallait pour commencer un programme plus attrayant et des matières mieux appréciées de tous. Bossuet lui parut une meilleure enseigne. (*Bossuet et l'éloquence sacrée au dix-septième siècle*. 2 vol. in-8. Paris, Retaux 1893. Préface.)

plus qu'ils en auraient recueilli la substance dans notre grand siècle littéraire. Et si, comme on l'a dit, rassemblant les eaux du ciel et les torrents de la montagne, Bossuet en a fait jaillir un fleuve majestueux, remonter jusqu'aux sources pures où puisait son génie, n'était-ce point suivre une marche à la fois naturelle et pleine d'agréments?

Nam quanquàm sapor est allatà dulcis in undà,
Gratiùs ex ipso fonte bibuntur aquæ.

I

Le jeune professeur ne se trompait ni dans ses calculs ni dans ses pressentiments. On l'a répété bien des fois : nul plus que Bossuet n'a profité du commerce des Pères. Personne n'a mieux su s'approprier leur doctrine et s'inspirer de leurs pensées, pour les rajeunir et les féconder. Il est resté fidèle à leur tradition et l'on a pu proclamer sans trop d'exagération qu'elle est résumée tout entière dans les écrits de ce *dernier Père de l'Eglise.* Mais avec quelle originalité puissante il l'a ravivée en même temps que maintenue !

Une vérité entrevue dans la *Cité de Dieu :* « Dieu a de toute éternité disposé les empires pour les fins souveraines de la religion » contient en germe le *Discours sur l'histoire* universelle ; mais ni les considérations politiques, ni la partie théologique de cet ouvrage, ni son plan, ni sa vaste ordonnance ne sont empruntés à saint Augustin dont la pensée première est singulièrement agrandie et rehaussée.

Quelques lignes du traité des *Prescriptions :* « les hérétiques varient dans leurs croyances » fournissent à Bossuet le titre et l'idée de son *Histoire des Variations ;* mais s'il se plaît à dépeindre les temps apostoliques avec le pinceau de Tertullien, il trouve des traits nouveaux pour caractériser l'hérésie moderne, à la fois religieuse et politique.

Si, dans sa *Lettre au Père Caffaro* et dans ses *Maximes et Réflexions sur la comédie*, il entreprend de prémunir les chrétiens contre le danger des spectacles, il se rencontre encore avec le prêtre de Carthage, signalant, comme lui, le but ordinaire des représentations théâtrales qui est d'exciter les passions, mais l'emportant sur lui par la délicatesse de ses analyses.

Que, dans ses *Sermons de vêture* ou de *profession religieuse*, il s'efforce d'élever l'esprit des vierges chrétiennes au-dessus de l'ordre sensible, en exaltant l'union mystérieuse du Christ avec les âmes qui se donnent à lui sans partage, il reproduit la substance et jusqu'aux expressions du moraliste africain dans son opuscule sur le *Voile des Vierges*.

Les traces de l'influence exercée par les Pères sur le génie de Bossuet ne sont pas moins visibles dans ses autres *Sermons* et dans ses *Oraisons funèbres*. C'est de ces grands maîtres qu'il s'inspire dès ses débuts, dans son admirable sermon sur la *Royauté de Jésus-Christ*, soit que, développant selon le langage de l'un d'entr'eux « le témoignage de l'âme naturellement chrétienne », il surprenne en elle un instinct secret qui la porte vers Dieu dans toutes ses afflictions et dans toutes les nécessités de la vie, soit que, pour expliquer les charmes et les attraits du Roi-Sauveur, il les découvre avec saint Augustin dans les plaies adorables de l'Homme Dieu, soit enfin que, traçant un tableau du règne de Jésus-Christ, il coule pour ainsi dire dans la suite de son discours une page magnifiquement traduite du livre de Tertullien *contre les Juifs*.

C'est à cet homme extraordinaire, comme il se plaisait à l'appeler, c'est à ce rude Africain dont l'austère gravité avait si vivement frappé son sens chrétien, qu'il devra, dans l'*Oraison funèbre de Madame*, cette peinture si justement admirée de l'état auquel la mort réduit, dans le sein de la terre, « une chair qui devient un je ne sais quoi qui n'a plus de nom dans aucune langue : » il suivra jusqu'au bout les développements du livre éloquent de Tertullien sur la *Résurrection de la chair* pour exprimer notre néant et redresser notre existence sur ses ruines mêmes.

Quand il voudra, dans son *Discours sur l'Unité de l'Église*, célébrer le merveilleux concert de la hiérarchie ecclésiastique et en montrer le type céleste dans la nature divine d'abord, puis dans les chœurs des anges où la lumière se distribue sans se diviser, il prendra pour guide saint Cyprien, dont la belle *Epître à Donat* lui avait fourni déjà l'exorde tant remarqué et si dramatique de son *Sermon sur la loi de Dieu*.

Formé à l'éloquence par la lecture de saint Jean-Chrysostôme, il rivalisera d'enthousiasme avec lui pour caractériser dans son *Panégyrique de saint Paul*, cette parole étrange qui confond la Synagogue, étonne l'Aréopage et fait trembler les Césars. Il enserrera dans le cadre d'un seul discours les nombreuses *Homélies* consacrées par le prêtre d'Antioche à la louange de l'Apôtre. Et quand, plus tard, il paraîtra dans la chaire de la chapelle de

Versailles, « il parlera au roi avec une liberté digne des premiers siècles et des premiers évêques de l'Eglise. »

Il transportera, dans ses *Oraisons funèbres*, tantôt les plaintes touchantes de saint Grégoire de Nysse, pleurant la mort prématurée de Pulchérie, enlevée comme Henriette d'Angleterre, à la fleur de l'âge, tantôt l'émouvante peroraison de saint Grégoire de Nazianze, invitant les princes et les peuples à se joindre à lui pour bénir la mémoire de saint Basile et se présentant lui-même avec ses cheveux blancs pour prier son ami d'agréer les derniers efforts d'une voix qui lui avait été chère, tantôt le pathétique récit de saint Ambroise, louant les vertus de son frère Satyre et trahissant par des larmes l'émotion qui l'animait.

C'est ainsi, par des rapprochements multipliés à dessein, que le savant professeur de Sorbonne disposait son auditoire et se disposait lui-même à rechercher dans les Pères de l'Église la source à laquelle le plus grand de nos orateurs sacrés avait demandé ses plus belles inspirations.

II

En abordant cette étude, il pouvait compter sur un autre élément de succès.

Comme il arrive, quand on a tout renversé et tout remis en question, notre temps s'est passionnément épris du problème des origines. Celles du monde et celles de la société, celles du langage et celles de la civilisation, la formation des empires, des idiomes, des littératures et des doctrines ont tour à tour provoqué les investigations de ses géologues, de ses linguistes, de ses philosophes et de ses historiens. La critique conjecturale d'une part, l'école transformiste d'autre part, avec une hardiesse aventureuse et souvent inquiétante, ont' tenté de résoudre par des inductions et par des hypothèses les questions que notre siècle s'obstine à poser : Quelles sont les origines de la vie et des formes vivantes, de l'instinct et de la pensée, de l'espèce humaine et de ses croyances morales ou religieuses ?

Les origines chrétiennes ne pouvaient échapper à ce mouvement général de curiosité. Comment se fût-on refusé à l'examen des monuments primitifs de la plus pure et de la plus extraordinaire des religions ? L'histoire, si avare de documents pour d'autres époques, a conservé précieusement les pièces nombreuses qui racontent son établissement et sa merveilleuse propagation. Touchant aux plus grands sujets qui puissent agiter l'âme humaine, ces écrits, livres saints ou travaux des Pères, où souffle l'Esprit de Dieu, où le génie des hommes a marqué son empreinte, portent dans leurs flancs la civilisation des races victorieuses.

Ils ne prétendent pas à la beauté littéraire, bien qu'elle apparaisse souvent dans des pages éclatantes comme l'imagination de l'Orient et parfois brûlantes comme les passions du Midi. Les pures qualités de style, le soin et l'artifice des mots eussent été une préoccupation frivole chez ceux qu'entraînaient l'intérêt des choses, le salut des âmes et l'avenir de l'humanité. Et pourtant, cette parole, sans recherche et sans apprêt, incorrecte, dure, heurtée, abonde en traits vifs, en images pittoresques, en tours éloquents. Lumineuse et pressante, elle circule comme une flamme, se frayant un chemin à travers les masses, semant autour d'elle l'espérance, la force, l'enthousiasme, l'héroïsme.

Les idées qu'elle exprime sont essentiellement pratiques. C'est une morale énergique et affectueuse qui tourne vers l'action et vers la charité toutes les forces de l'homme. C'est l'Evangile prêché, expliqué, interprété. C'est le royaume de Dieu annoncé et fondé. Ce sont des trésors de doctrine contenus dans un acte de foi et mis à la portée des ignorants et des simples. Mais les plus hautes spéculations ne lui sont pas interdites. Quand la diffusion du dogme, propagé à la fois par l'apostolat et par le martyre, réclamera l'appui de la science, la parole chrétienne contractera alliance avec la philosophie. Elle en rejettera les parties caduques, elle en conservera le fond impérissable. Elle en utilisera toutes les ressources, soit pour combattre par la raison elle-même les égarements de la raison, soit pour défendre l'intégrité du dogme contre les attaques dissolvantes de l'hérésie, soit pour exposer avec méthode la synthèse des vérités révélées.

Si du domaine des idées nous passons à celui des faits, en est-il de comparable à ceux de cet âge héroïque ? Lutte primitive avec le judaïsme, esclave de la lettre, aussi impuissant qu'indocile ; fondation des premières communautés chrétiennes ; rencontre de l'Église avec l'Empire romain ; duel à mort entre le paganisme expirant et la société spirituelle qui s'élève et grandit, à travers les persécutions, sur les ruines d'un monde décrépit ; vie nouvelle, mystérieuse, surnaturelle, communiquée d'un bout à l'autre de l'univers, aux âmes en léthargie ; la grâce enfin, cette excellente ouvrière, comme parle Bossuet, les inclinant de plus en plus vers cet avenir réparateur qui avait été l'objet de leurs aspirations ; tels sont les grands traits de ce tableau.

A cette propagation visible au dehors correspond une expansion intérieure, non moins merveilleuse. L'Église organise la société nouvelle. Elle réforme la famille ; elle régénère le mariage par la dignité du célibat ; elle règle l'éducation et détermine les devoirs de la femme dans toutes les conditions ; elle crée ce caractère admirable de la vierge chrétienne, mélange de pureté, de douceur, de piété et de modestie ; elle place l'égalité là seulement où elle peut et doit exister, dans l'âme, dans le perfectionnement moral, dans la vertu, pour relever de son abaissement antique la compagne de l'homme. Dans la guerre éternelle du riche et du pauvre, du maître et de l'esclave, elle intervient, plaidant pour les uns sans irriter les autres, comblant la distance qui les sépare par le précepte d'une même charité que leur impose leur fraternité devant Dieu. Dans ses rapports avec l'État, elle revendique tous les droits que la doctrine évangélique a promulgués pour sauvegarder son indépendance spirituelle, mais elle proclame hautement l'obéissance due aux princes, comme aux représentants de Dieu sur la terre.

Sa puissance organisatrice lui vient de son organisation elle-même. Divinement établie, elle apparaît dès les premiers jours, renfermant dans sa féconde simplicité toute la richesse de ses développements ultérieurs : une hiérarchie, un culte, un enseignement dogmatique et moral, une discipline, un gouvernement. La controverse juive ou païenne, la réfutation des hérésies, l'apaisement des schismes, la rivalité des sectes, les nécessités multiples d'une grande institution en contact avec un monde hostile, précisent et fortifient chacun de ces éléments. L'édifice hiérarchique se dessine nettement. Les spéculations doctrinales s'incarnant, pour ainsi dire, dans les évenements, progressent immuables dans leur mobilité. La morale combine ses éternels principes avec les vicissitudes de la vie sociale. Les variations harmoniques de la discipline se reflètent dans la rigueur élastique des canons. Les rites sacrés se constituent et se fixent dans la diversité des liturgies. L'autorité toujours active et vivifiante de l'Église romaine se fait sentir partout, reliant et maintenant dans l'unité les Églises particulières. De même que l'imperceptible gland produit le chêne avec ses vastes branches et sa large couronne de feuillage, de même un vaste et magnifique organisme est sorti de l'humble semence qui a été jetée en terre par le divin Semeur. Sans doute, la Providence qui gouverne toutes choses et surtout l'Église, a posé, dès le principe, les lois générales et les causes premières de son développement. Toutefois les mains fugitives du temps, le concours si divers et souvent si aveugle des actions et des passions humaines, ont travaillé de concert avec Elle à favoriser cette surprenante croissance.

Quelle a été la part des premiers docteurs dans une si grande œuvre? Nés presque tous au sein de l'idolâtrie et de l'opulence, ayant exploré toutes les régions de l'erreur, comment en arrivèrent-ils à céder aux instances, à la torture de la vérité? Convertis et devenus apôtres à leur tour, comment triomphèrent-ils de la sophistique des gens d'esprit, de l'intolérance des hommes d'État, du fanatisme des masses? Comment parvinrent-ils à déchirer les nuages que l'ignorance et la haine s'efforçaient de jeter sur le christianisme, à vaincre l'inexorable système d'oppression que la politique païenne avait imaginé contre la religion nouvelle, à prouver l'excellence et la supériorité d'une doctrine odieusement calomniée? Victorieux, comment poursuivirent-ils, dans leurs luttes contre les sectes dissidentes, la constitution définitive de l'Église? Autant de questions dont il faut chercher la réponse dans leurs écrits. Contemporains de ces années meilleures *(nati melioribus annis)* où « la première sève du christianisme, comme dit Bossuet, circulait dans l'arbre de l'Église, pleins de cet esprit primitif qu'ils avaient reçu de plus près et avec plus d'abondance », les Pères sont restés les témoins d'un passé qu'ils avaient illustré. Leurs livres sont les archives d'une histoire dont ils furent les héros.

De là, l'intérêt qui s'attache à leur étude. Il était de nature à solliciter l'érudition pénétrante d'un maître habile à rapprocher, à comparer et à reconstruire, le coup d'œil d'un penseur qui aimait « à encadrer les idées particulières dans les grandes lignes du dogme et de l'histoire », le cœur d'un prêtre dévoué à l'Église et ardent à la défendre, le talent d'un écrivain capable de comprendre et d'exprimer la beauté littéraire sous toutes ses formes. Il était de nature aussi à captiver l'attention d'un public qui, vers la même époque, avait applaudi, dans une autre chaire de cette même Sorbonne, une science éloquente, éclairant la littérature par l'histoire, pour tracer le *Tableau de l'éloquence chrétienne au quatrième siècle.*

III

On a dit de cet ouvrage qu'il fut le signal d'un retour empressé vers les chefs-d'œuvre de la littérature sacrée. Cela est vrai dans une certaine mesure. Grâce à Villemain, le réveil du goût public pour les antiquités chrétiennes fut vif et durable. Il n'en faudrait pas prendre prétexte pour accuser le clergé de torpeur.

Que fidèle à d'anciennes traditions, l'Université de France ait fait une légitime part, surtout de 1838 à 1850, à l'étude des Pères, qu'elle leur ait consacré des thèses solides ou brillantes, des leçons remarquables, des livres très répandus, personne ne songe à le contester. Ampère, Ozanam, Guizot, Villemain, Saint-Marc-Girardin, pour ne citer que les noms les plus illustres, ont payé aux lettres chrétiennes un juste tribut d'admiration. Hippolyte Rigault, en 1857, avait pris pour sujet de son cours, prématurément interrompu au Collège de France, l'éloquence des Pères de l'Église. On lira toujours avec profit et plaisir le beau travail de M. Charpentier (1) et le recueil de M. Nourrisson (2). Mais avant eux, concurremment avec eux, le clergé n'était pas resté inactif, bien qu'il ne se fût pas adressé au même public. L'abbé de Genoude (1792-1849), par ses traductions (3), l'abbé Guillon (1780-1847),

---

(1) Etudes sur les Pères de l'Église latine et grecque. 2 vol. in-8. Paris, 1853. On trouvera dans la préface de cet excellent ouvrage (page XII et suivantes) le texte de quelques-unes des questions proposées de 1838 à 1850 aux candidats à l'agrégation des lettres ou à celle d'histoire, et qui ont trait à l'étude des Pères de l'Église.

(2) Les Pères de l'Église latine. 2 vol. in-12, Paris 1858.

(3) Ces traductions ont paru dans sa volumineuse *Bibliothèque chrétienne du dix-neuvième siècle*.

par sa *Bibliothèque choisie des Pères de l'Église* (1), plusieurs fois réimprimée, avaient déjà remis en lumière, avec une opportunité parfaite, les ouvrages de nos premiers docteurs, quand l'abbé Migne (2) en 1842 conçut et réalisa peu à peu la grandiose entreprise d'éditer le texte de tous les auteurs ecclésiastiques des douze premiers siècles, en l'accompagnant de notices, de remarques et de dissertations, la plupart fort remarquables. En même temps, les bénédictins de Solesme, principalement dom Pitra, reprenant la noble tâche de leurs prédécesseurs de Saint-Maur et de Saint-Vanne (3), enrichissaient le domaine de la patristique par des articles de revue, substantiels et approfondis, préparaient la publication de leur *Spicilège* (4 vol. in-4 — 1852-1858), de leurs *Analecta sacra* (7 vol. in-4) et composaient les importants travaux dont on peut trouver l'énumération dans leur

---

(1) *La Bibliothèque choisie des Pères de l'Église*, publiée de 1822-1828, comprend 26 volumes in-8. Elle fut suivie en 1837 de modèles d'éloquence chrétienne en 2 volumes et d'une *traduction des œuvres de saint Cyprien*. L'abbé Guillon, plus tard évêque de Maroc *in partibus*, occupait en 1810 la chaire d'éloquence sacrée à la Sorbonne, qui fut plus tard confiée à l'abbé Freppel.

(2) La physionomie originale de ce prêtre d'Auvergne, venu à Paris, sans argent ni protecteurs, d'une instruction très médiocre, mais entreprenant et fécond en ressources, qui a créé, sans autres capitaux que sa confiance en lui-même et son énergie, une des œuvres les plus considérables de notre siècle, a été récemment retracée dans l'*Histoire*, très documentée, *du cardinal Pitra*, par dom Cabrol (1 vol. in-8, Paris, Retaux, 1893). Cf. p. 108-113 le plan général des deux *Patrologies*.

(3) Sur dom Pitra, cf. le volume cité plus haut, qui renferme (p. 389-399) la bibliographie complète de ce puissant travailleur.
De 1834 à 1840, MM. Gaume avaient réimprimé, conformément à l'édition des Bénédictins de Saint-Maur et dans le format in-folio les œuvres complètes de saint Jean Chrysostôme (13 vol.), de saint Augustin (11 vol.), de saint Basile (3 vol.) et de saint Bernard (2 vol.).

Bibliographie (1). Quand éclata la bruyante querelle du *paganisme dans l'Éducation* (2), qui faillit un instant diviser le clergé de France, les deux partis en présence, l'un pour soutenir une opinion excessive, l'autre pour la combattre, se livrèrent un véritable assaut d'érudition patrologique. Si d'ailleurs la question, mal posée dès le principe, fut sagement résolue par l'intervention du saint-siège qui imposa le silence aux uns et aux autres, les doctes recherches des abbés Landriot (3), Leblanc (4) et Martin (5), du R. P. Daniel (6), sur les écoles littéraires du christianisme, prouvent combien les antiquités chrétiennes étaient également cultivées par les partisans et par les adversaires de l'éducation classique.

L'abbé Cruice, plus tard évêque de Marseille, avait prélude par son *Essai critique sur l'Hexaméron de saint Basile* aux travaux qu'il publia ensuite sur les origines

---

(1) Bibliographie des Bénédictins de la Congrégation de France, par dom Cabrol, prieur de Solesme (1 vol. in-8 1889. Paris, Retaux).

(2) La querelle du *paganisme dans l'Éducation* avait été soulevée par l'abbé J. Gaume, défendue par Louis Veuillot dans *l'Univers* et par l'abbé d'Alzon dans la *Revue de l'Enseignement chrétien*. Cf. *Le ver rongeur des sociétés modernes*, in-8. Paris, 1851. *Lettres à Mgr Dupanloup sur le paganisme dans l'Éducation*, in-8. Paris, 1852.

(3) Recherches historiques sur les écoles littéraires du christianisme, in-8 Paris, 1851.

(4) Etude et enseignement des lettres profanes dans les premiers siècles de l'Église, in-8. Paris, 1852. Du même : Utrum B. Gregorius Magnus litteras humaniores et ingenuas artes odio persecutus sit ? Paris, in-8, 1852.
(Thèses pour le doctorat ès-lettres.)

(5) De l'usage des auteurs profanes dans l'enseignement chrétien. In-8, Paris, 1852.

(6) Les études classiques dans la société chrétienne (Articles parus dans le *Correspondant*, nos du 10 nov. 1851 et du 10 février 1852).

chrétiennes (1) ainsi qu'aux études vers lesquelles il dirigea les jeunes docteurs de l'École des Carmes (2). L'abbé Freppel lui-même, alors chargé d'un cours de philosophie dans cette école, avait pris part en 1853 à la controverse soulevée par l'apparition du livre des *Philosophumena* (3); il avait publié son *Étude sur la Mystique chrétienne de Gœrres* (4) et son *Étude critique sur les lettres pascales de saint Athanase* (5), attestant ainsi que les discussions de pure critique ne lui étaient pas moins familières que les vues d'ensemble et le grand côté des travaux patrologiques. Faut-il rappeler enfin la réédition de l'*Histoire des auteurs ecclésiastiques* de dom Ceillier, entreprise par l'abbé Bauzon et enrichie de notes supplémentaires du plus haut intérêt (6).

Si l'on ajoute aux ouvrages que nous venons de citer

---

(1) Cf. Etudes sur de nouveaux documents historiques empruntés à l'ouvrage récemment découvert des *Philosophumena* et relatifs au commencement du christianisme et en particulier de l'Église de Rome, in-8, Paris, Périsse, 1853. — Histoire de l'Église de Rome sous les pontificats de saint Victor, de saint Zéphirin et de saint Callixte (192-224), in-8, Paris, Didot, 1856. — Les *Philosophumena*, in-8, Paris, 1860. — Quelques discussions récentes sur les origines du christianisme, in-8, Paris, 1858.

(2) Cf. Les thèses de l'abbé Jallabert : Examen du livre des *Philosophumena*, in-8, Paris, 1853, de l'abbé Lavigerie sur *l'Ecole d'Edesse*, de l'abbé Biet sur *l'Ecole juive d'Alexandrie*, de l'abbé Bourret sur *l'Ecole de Cordoue*, etc.

(3. Cf. Correspondant du 10 février 1853. L'abbé Freppel avait cru pouvoir attribuer le livre des *Philosophumena* à saint Hippolyte, évêque de Porto. Mais en 1866, dans ses leçons sur Origène (I. p. 177-187) il s'est vigoureusement réfuté lui-même pour se rallier à l'opinion qui depuis lors a été adoptée par dom Pitra (Cf. Sa vie, op. cit. p. 347) et par M. l'abbé Duchesne (*Les Origines du christianisme*, leçon sur le souvenir de saint Hippolyte).

(4) Reproduite dans ses Œuvres posthumes. (Cf. Commodien, p. 165-182, in-8, Paris, 1893).

(5) Reproduite op. cit. (p. 149-163).

(6) Paris, Vivès, 1858. — 17 vol. in-4.

les nombreuses réimpressions et traductions des Pères qui vinrent, vers le même temps, grossir le catalogue des librairies catholiques, l'on est bien forcé de reconnaitre qu'au milieu des conditions les moins favorables, malgré des obstacles de tout genre, presque sans ressources, sans autre enseignement supérieur que celui des séminaires, le clergé français, absorbé en majeure partie par les occupations du saint ministère, trouva le moyen de poursuivre avec une méritoire persévérance une culture toujours encouragée par l'Église.

L'impulsion était donc donnée. Le jeune professeur se plaisait à constater « que de louables efforts avaient été faits pour ramener parmi nous le goût des saines et fortes études ». Restait à instituer un commerce plus facile de la majorité des lecteurs avec les écrivains des premiers siècles chrétiens. Il fallait ménager leur goût, ne pas le soumettre à des épreuves indiscrètes, ne pas accorder trop de place aux questions de critique et d'authenticité, éviter les discussions arides, comprendre enfin « tout ce qu'un cours public impose de réserve à l'érudition ».

D'autre part, comment passer sous silence les attaques anciennes ou récentes dont les documents primitifs avaient été l'objet? Comment oublier que le criticisme allemand et le rationalisme français ne cessent d'y chercher des armes pour combattre nos croyances et qu'ils ont essayé de substituer à l'histoire le roman de nos origines? N'était-il pas de bonne guerre de les suivre sur un terrain qu'ils avaient eux-mêmes choisi et qui reste, quoi qu'ils en aient dit, un excellent champ de bataille pour les apologistes de la foi? Comment s'interdire des rapprochements, tout indiqués par l'analogie des doctrines et la ressemblance des situations, entre la gnose ancienne et le protestantisme moderne, entre certaines théories réfutées par les Pères et les conceptions de la philosophie hégélienne ? Et si l'idée du progrès jusque dans l'immutabilité de nos dogmes a été consacrée par un théologien célèbre de nos jours, le cardinal Newman, sous le nom de « Théorie du développement », quel intérêt n'y avait-il pas à faire valoir le patient et prodigieux labeur de ceux qui ont élevé l'édifice de la théologie catholique ?

Tel était le programme que s'était tracé l'abbé Freppel.

Il ne voulait pas reprendre l'œuvre d'Ellies Dupin et de dom Ceillier, qui avaient écrit sur chacun des écrivains ecclésiastiques une notice, la liste et l'analyse de ses ouvrages, des critiques de détail, un jugement d'ensemble et des citations choisies.

Il ne voulait pas, comme l'avait fait dom Bernard Maréchal (1), classer les points dogmatiques, les points de morale et de discipline qui avaient été traités par les Pères.

Il ne voulait pas, comme le chartreux Bonaventure d'Argonne (2), écrire une *histoire de la théologie positive*

---

(1) Concordance des saints Pères de l'Église, grecs et latins, où l'on se propose de montrer leurs sentiments sur le dogme, la morale et la discipline, de faciliter l'intelligence de leurs écrits par des remarques fréquentes et d'éclaircir les difficultés qui s'y peuvent rencontrer, par dom Bernard Maréchal, de la congrégation de Saint-Vanne (2 vol. in-4, Paris, 1739). Ce travail, de haute valeur, s'arrête malheureusement à la fin du troisième siècle.

(2) Histoire de la théologie positive, par dom Bonaventure d'Argonne, chartreux, publiée par le P. Vincent Fassini. (2 vol. in-4, Lucques, 1785) : Ouvrage aussi excellent qu'il est rare et peu connu en France. — Du même auteur : De la lecture des *Pères de l'Église*, ou Méthode pour les lire utilement (1 vol. in-12, Paris, 1702). Dom Bonaventure d'Argonne, est plus connu sous le pseudonyme de Vigneul de Marville.

pour y résumer la doctrine des Pères pendant les premiers siècles de l'Église ou indiquer une *méthode pour les lire utilement.*

En adoptant la forme moins didactique et plus littéraire, mise en vogue par la Sorbonne rajeunie, il se proposait d'introduire dans ses leçons une grande variété qui ne serait exclusive d'aucun des éléments antérieurement traités, mais n'obligerait pas le public à les élaborer en quelque sorte avec lui. Un de ses plus récents biographes (1) estime qu'en général il procédait de la manière suivante : « Quand une question importante se présente, il l'expose telle que le comprenait l'auteur qu'il analyse, à la lumière des textes et des faits éclaircis les uns par les autres. Puis il la dégage des éléments accidentels et secondaires, et en suit la transformation à travers les âges, s'arrêtant aux époques où elle a le plus remué le monde : enfin il la montre encore palpitante au milieu de nous. Les principes philosophiques ou théologiques dominant le sujet, les solutions précises et fermes l'accompagnent toujours et laissent l'intelligence dans la splendeur et la joie de la vérité. Rien n'est plus agréable que ces vastes ensembles où l'on trouve à la fois la *vie de l'histoire*, la *netteté d'un traité* et la *passion d'une controverse*. Mais il fallait un coup d'œil puissant pour voir et pour montrer sous un même rayon et dans un champ limité tant de faits et tant de personnages dispersés à travers les siècles. La science ne jaillit ainsi par nappes larges et transparentes que d'une source presqu'infinie de méditations et de lectures. »

(1) Mgr Freppel, d'après des documents authentiques et inédits par le R. P. Cornut, s. J. (1 vol. in-8, Paris, Retaux, 1893). Cf. p. 113-114.

IV

Essayons à notre tour de donner une idée, au moins sommaire, des onze volumes qui composent le cours d'éloquence sacrée de Mgr Freppel.

Mœhler avait écrit en tête de sa Patrologie : « Quiconque entreprend d'étudier les saints Pères contracte l'obligation d'introduire son lecteur dans la vie de l'Église primitive et de lui apprendre à penser, à sentir et à agir avec elle. » L'abbé Freppel n'a pas manqué à ce devoir. En présence de chacune des grandes figures qu'il a évoquées, il s'est appliqué à la replacer dans son milieu. De là ces tableaux tracés avec tant d'agrément dans le cours de ses leçons : ils ont une véritable valeur historique. Coup d'œil général sur la prédication évangélique, digression rapide mais pleine d'intérêt sur l'histoire du peuple juif afin d'y découvrir les motifs d'une opposition qui s'est prolongée à travers les siècles sans rien perdre de sa force ni de son âpreté, peinture de la société chrétienne et du monde païen, mouvement des idées et des doctrines personnifié dans quelques types principaux, état religieux et moral de la Grèce d'abord au moment où s'y fondent les premières chrétientés, puis de l'Asie mineure et de la Syrie où se produit l'éloquence vive et originale de saint Ignace d'Antioche, récit des premières luttes de l'Église avec le paganisme et les hérésies, telles sont les grandes vues d'ensemble qui se succèdent dans le volume consacré aux *Pères apostoliques*.

A travers les volumes suivants, une introduction générale à l'histoire de l'éloquence apologétique l'amène à étudier, dans ses origines et dans ses formes diverses, le polythéisme antique. Il recherche les rapports de similitude qui pouvaient exister entre le christianisme et certaines doctrines religieuses ou philosophiques de l'antiquité. Il caractérise la polémique païenne. Il parcourt le recueil des livres Sibyllins et fait la part des diverses influences qui s'y manifestent. Passant ensuite dans la Gaule avec saint Irénée, il décrit le nouveau champ d'action ouvert à l'Évangile et traite la question si agitée de l'apostolicité de nos Églises. Il fait un brillant exposé de l'unité des croyances dans l'Église catholique et l'oppose aux variations de l'hérésie.

Tertullien le conduit en Afrique, où il étudie l'état politique, religieux et moral de Carthage, s'efforçant de dissiper les ténèbres qui enveloppent les origines de cette Église. L'hérésie montaniste lui permet de signaler la première apparition de l'illuminisme dans les siècles chrétiens. Les actes du martyre de sainte Perpétue et de sainte Félicité lui fournissent le thème de quelques pages éloquentes sur le caractère surnaturel de la résignation chrétienne, sur la grâce divine, principe de vertu, sur l'Homme-Dieu, idéal vivant de la sainteté, sur la béatitude céleste, fin de l'activité morale. L'élévation de saint Cyprien sur le siège épiscopal de Carthage devient l'occasion d'une dissertation savante sur le rang que cette métropole tenait dans l'organisation sociale de l'Église au troisième siècle.

L'histoire de l'école chrétienne d'Alexandrie par laquelle s'ouvre le septième volume raconte à grands traits la mission remplie par les Alexandrins dans l'espace de temps qui sépare les Pères apostoliques des orateurs et des théologiens du quatrième siècle. Elle met en relief le rôle providentiel de la philosophie grecque par rapport au christianisme auquel elle sert d'introduction. Les travaux d'Origène qui ont illuminé avec tant d'éclat la première moitié du troisième siècle ne pouvaient s'expliquer et se comprendre que par les circonstances dans lesquelles ils se sont produits. Une situation nouvelle, indiquée par le professeur dans une rapide esquisse, imposait à l'apologétique une tâche plus ardue : d'une part l'attitude plus agressive de la science païenne, d'autre part le rationalisme froid, méthodique, des sectaires précurseurs de l'arianisme lui devaient donner une forme plus savante, un caractère plus philosophique. Enfin avec Commodien, Arnobe et Lactance, sont examinées les conditions extérieures de l'Église, devenues plus favorables depuis le règne de Décius et se prépare, dans un milieu moins troublé, la merveilleuse efflorescence du quatrième siècle.

Mais ce n'est là que le côté purement historique du cours d'éloquence sacrée de l'abbé Freppel. Il faut, pour se rendre compte du programme qui s'y trouve développé, considérer les points de doctrine que l'auteur a mis en lumière et les adversaires qu'il a été appelé à combattre. Il pensait avec raison que l'histoire du dogme chrétien est inséparable de celle de ses défenseurs. Aussi bien s'est-il appliqué à réfuter une double erreur trop commune qui consiste d'une part à méconnaître l'immutabilité du dogme catholique, lequel n'est susceptible ni de changement ni d'accroissement, ni d'une altération quelconque dans la manière dont il a toujours été entendu ; et d'autre part à contester la possibilité et l'existence d'un progrès en vertu duquel certaines vérités révélées mieux, et plus profondément étudiées, se développent par la connaissance plus parfaite que nous en donne le travail des siècles.

Aucun accroissement dans l'objet de la foi, nulle extension de la révélation elle-même, nulle addition dans les sources de la révélation, c'est-à-dire dans l'Écriture sainte et dans la tradition, c'est la stabilité du dogme, complet et parfait dès le principe, *Verbum Domini manet in æternum*, c'est la possession, intégrale dès le premier jour, d'un dépôt confié à l'Église pour être transmis telle qu'elle l'a reçu, *depositum custodi*. Mais développement dans la connaissances de certains dogmes qui passent de la proposition confuse à l'enseignement explicite et à la définition solennelle, perfection plus grande dans les formules qui les expriment et dans le langage qui les expose, agrandissement de la raison éclairée par la foi, soit dans les préambules de la foi, soit dans l'étude du dogme lui-même, telle est, suivant l'expression consacrée par saint Vincent de Lérins, « la part faite, dans l'Église du Christ, au progrès religieux. » Ce progrès est dû sans doute à la grâce de Dieu qui répand sur son Église les lumières qu'il lui plaît, par les moyens dont il lui plaît d'user, mais il est dû aussi au travail de ceux qu'une disposition spéciale de la Providence a daigné appliquer à la défense de la doctrine révélée contre les attaques de l'hérésie, et tout particulièrement des saints Pères (1).

C'est ainsi que M. Freppel s'attache à montrer la divinité de Jésus-Christ, la distinction de ses deux natures,

---

(1) *Cf.* dans le *Dictionnaire apologétique de la Foi catholique* de l'abbé Jaugey (1 vol. in-4, Paris, Delhomme et Briguet, 1889), l'article de M. E. Perriot sur le Développement du dogme catholique, p. 895-914.

l'unité de sa personne adorable, la vérité de l'Incarnation et de la Rédemption, solidement établies et nettement enseignées dans les épitres de saint Ignace d'Antioche, dans l'épitre à Diognète, dans la deuxième apologie de saint Justin, dans le traité de saint Irénée contre les hérésies, dans le traité de la chair du Christ de Tertullien, dans le Pédagogue de Clément d'Alexandrie, dans le Périarchon d'Origène et dans le traité contre Celse, enfin dans les sept livres d'Arnobe contre les gentils.

C'est ainsi que la primauté de saint Pierre et l'autorité doctrinale du Saint-Siège, qui se manifestent déjà par l'intervention du pape saint Clément pour extirper le schisme dans l'Église de Corinthe, apparaîtront plus clairement dans la fameuse controverse de la Pâque sous Victor Ier, dans le magnifique témoignage que saint Irénée et saint Cyprien rendront à la suprématie de l'Église romaine, dans le recours célèbre de Denis, patriarche d'Alexandrie et dans la condamnation des erreurs d'Origène par le pape Anastase et par le pape Gélase.

C'est ainsi que le dogme de l'existence et de l'unité d'un Dieu créateur sera mis en lumière d'une manière éclatante par la controverse des Pères contre le Paganisme, par le Discours et l'Exhortation aux Grecs, par le traité de la Monarchie de Dieu de saint Justin, par l'apologie d'Athénagore, et par celle de Théophile d'Antioche, par le traité de saint Cyprien sur la Vanité des idoles, par Clément d'Alexandrie dans son Examen critique des religions anciennes, par les deux livres aux nations de Tertullien et le livre des Principes d'Origène, en attendant le beau traité de Lactance sur l'ouvrage de Dieu où se trouve exposé d'une manière saisissante l'argument des Causes finales.

C'est ainsi que le mystère de la Sainte-Trinité sera exprimé avec autant de précision que de clarté dans l'écrit de saint Irénée contre les hérésies, dans le traité de Tertullien contre Praxéas et surtout dans le commentaire d'Origène sur saint Jean.

La doctrine des sacrements, la nécessité du Baptême, la présence réelle de Jésus-Christ dans la sainte Eucharistie, la pratique de la confession sacramentelle, l'indissolubilité du mariage, fourniront matière aux développements précieux de saint Justin dans sa première Apologie, aux belles pages de saint Irénée, aux catéchèses de Tertullien sur le baptême, la pénitence et la monogamie, à ses deux lettres à sa femme, au traité *de Lapsis* de saint Cyprien, au traité de la prière d'Origène qui renferme tout une théorie des sacrements.

En parcourant les leçons du docte professeur de Sorbonne, on peut se renseigner de même sur le sentiment des Pères des trois premiers siècles relativement à l'authenticité des Écritures à la constitution hiérarchique de l'Église, à la question des rapports de la foi avec la science. La nécessité des bonnes œuvres, la question des indulgences, la célébration du dimanche, le jeûne, le culte de Marie et des Saints, la vénération des reliques, l'excellence de la virginité, sont autant de points de doctrine qui ont été remarquablement étudiés dans l'inventaire patrologique de l'abbé Freppel.

Toutes les grandes controverses des premiers siècles, reflétées dans les écrits des Pères, sont rappelées et examinées dans ses savantes leçons. Mais s'il s'attache à décrire la vaste fourmilière d'hérésies qui vint tourbillonner autour de l'Église naissante et dont chacune devint le point de départ pour elle d'un accroissement de lumière et de sainteté, si passant en revue toutes les sectes primitives, il en découvre et en réfute les erreurs, il ne néglige point de se placer en face des luttes contemporaines. Presque toutes les questions religieuses, scientifiques et sociales, qui, de nos jours, agitent les esprits lui sont constamment présentes. Il rencontre le protestantisme à chaque pas, soit que s'armant du traité des Prescriptions, il combatte sa théorie du libre-examen, soit qu'il signale les rapports qui existent entre le gnosticisme et la Réforme, soit qu'il montre l'inanité de prétendues divergences qui se seraient produites entre saint Pierre, saint Paul et saint Jean, soit enfin qu'il réfute les systèmes erronés de l'école rationaliste de Tubingue sur la constitution de l'Église. Le criticisme de Kant, la philosophie hégélienne, le déisme de Jean-Jacques Rousseau, la libre-pensée contemporaine, le positivisme et le matérialisme, les erreurs sur la liberté de conscience et sur la prétendue liberté de la science, sont exposés et réfutés, au cours d'une leçon sur un Père de l'Église. Les questions sociales, celles du luxe et de la richesse, les théories de Proudhon, celle du progrès trouvent place à côté des fantaisies de Jean Reynaud sur la vie future, de Henri Martin sur le druidisme, de MM. Renan et Havet sur les origines chrétiennes et sur la doctrine du surnaturel.

Un enseignement aussi varié et aussi actuel devait être goûté par le public intelligent qui accourait sympathique et fidèle jusqu'au bout aux leçons du mardi, dans l'amphithéâtre de la faculté de théologie. Publiées en volumes, d'année en année, elles obtinrent un nouveau et plus durable succès, comme le prouvent les éditions successives de ce cours d'éloquence sacrée.

C'est à cette collection, malheureusement incomplète, car elle s'arrête au quatrième siècle, qu'il faudra toujours recourir pour apprécier les belles qualités d'ordre, de sévérité, de discussion que l'auteur a su déployer dans l'histoire des Pères de l'Église. Le volume que nous en avons extrait n'en saurait donner qu'une faible et imparfaite idée. Composé de portraits et de notices que nous avons détachés d'un vaste ensemble, il suffira, nous l'espérons, à répandre, dans la classe si nombreuse de ceux qui ne peuvent lire de longs ouvrages, le goût de notre littérature sacrée. Aux couleurs et à la forme d'une fleur on préfère parfois son parfum. Il nous serait agréable de penser qu'en mettant à la portée de tous la substance des brillantes études de Monseigneur Freppel, nous avons dégagé l'arôme qu'elles exhalent. Il n'est préservatif meilleur ni remède plus efficace contre la contagion des idées fausses et des mauvais sentiments.

M.

En la fête de la Toussaint, 1er novembre 1893.

LES
PÈRES DE L'ÉGLISE

PORTRAITS ET NOTICES

Ier SIÈCLE

Les Pères Apostoliques

INTRODUCTION

1 Les Pères apostoliques. — 2. Leur enseignement. — 3. Leur importance doctrinale. — 4. Leur mérite littéraire.

1. On entend par *Pères apostoliques* ce groupe d'évêques et de docteurs qui, après avoir été disciples des Apôtres ou du moins leurs contemporains, leur ont succédé immédiatement dans le ministère de la parole et dans le gouvernement des églises, tel que saint Ignace, saint Polycarpe et saint Clément pape. Composés vers la fin du premier siècle et dans la première moitié du deuxième, leurs écrits viennent prendre place entre la clôture des Écritures canoniques et le commencement des apologies. Ils forment par conséquent le premier anneau de la chaîne patrologique et peuvent être envisagés comme les monuments les plus anciens de la littérature chrétienne en dehors des livres inspirés.

2. Les Pères apostoliques se rattachent par un lien direct aux apôtres dont ils prolongent le ministère. Leur parole est l'écho vivant de cette grande prédication qui était venue réveiller le monde du sommeil profond où l'erreur avait plongé les intelligences. Il faut donc, pour saisir ce lien d'union, ce rapport intime de

maître à disciple, examiner la prédication évangélique en elle-même et dans la forme qu'elle avait reçue du Christ et des Apôtres.

3. Sauf l'inspiration divine, les écrits des Pères apostoliques continuent ceux de leurs maîtres sous la même forme et dans des conditions semblables. Ainsi les Épîtres de *saint Barnabé*, de *saint Clément*, de *saint Ignace* et de *saint Polycarpe* reproduisent en le développant le fond des Épîtres de saint Pierre, de saint Jean et de saint Paul. Les *Actes* des *premiers martyrs* font suite à l'Évangile et aux Actes des Apôtres dont ils conservent l'admirable originalité. Il n'est pas jusqu'à l'Apocalypse de saint Jean qui ne se réfléchisse dans celle d'*Hermas* sous des couleurs analogues, avec la différence qui subsiste entre une œuvre divine et une œuvre humaine.

Mais si ces écrits sont le reflet immédiat de ceux des Apôtres, ils renvoient à leur tour vers ces derniers la lumière qu'ils en reçoivent. Et d'abord, l'*authenticité des Évangiles et des Lettres apostoliques* trouve une garantie éclatante dans le témoignage de ces grands hommes. Avec le peu qui nous reste de leurs écrits, on reconstruirait sans la moindre peine le récit évangélique dans ses principaux traits. D'autre part, *toute la doctrine catholique* est ramassée dans ces monuments de la tradition primitive : symbole de la foi, constitution de l'Église, hiérarchie à ses divers degrés, sacrements, culte, discipline générale, devoirs de la vie chrétienne, conseils de perfection, toute l'économie évangélique s'y trouve résumée, expliquée développée.

4. Si à cette importance doctrinale qui ressort du fond même, l'on ajoute cet *épanchement familier* qui exclut toute recherche dans la forme ou dans l'expression, cette *simplicité de langage* qui se produit en dehors de toute préoccupation d'art et de méthode, cette *plénitude d'idées* qui se suffit à elle-même sans le secours de la

rhétorique, cette *éloquence du cœur* qui est toute entière dans le mouvement de l'âme, dans la chaleur du sentiment, dans l'élan et dans la vivacité de la foi, l'on aura la physionomie complète de la littérature chrétienne dans la première phase de son développement. (Pères apostoliques. 1re et 21e leçons).

I. La prédication du Sauveur.

Le Christ n'écrivit point un système. S'adressant à l'humanité entière, il n'eut garde de présenter sa doctrine sous une forme inaccessible au grand nombre. Par là, l'Évangile trahit du premier mot son caractère d'universalité. Si, au lieu de se faire tout à tous dans la sublime familiarité de son langage, le Sauveur eût procédé à la façon d'un philosophe, par induction et par déduction, descendant du principe à la conséquence et remontant de la conséquence au principe, résumant ses leçons dans une série de propositions enchaînées l'une à l'autre, il n'eût atteint que difficilement la totalité du genre humain. Telle n'était pas la forme qui convint à l'enseignement de l'Homme-Dieu. Plus les vérités qu'il portait à la terre étaient élevées au-dessus de l'intelligence humaine, plus le ton de ses discours devait être simple et à la portée de tous. C'est en parcourant les campagnes qu'il enseigne la multitude. En voyant les fleurs d'un champ, il exhorte ses disciples à espérer dans la Providence qui donne au lis son vêtement et nourrit les petits oiseaux. La semence que le laboureur confie à la terre lui fournit l'occasion d'expliquer les effets de la parole sainte. On lui amène un petit enfant et il prêche la simplicité. Se trouvant au milieu des scènes de la vie pastorale, il s'intitule lui-même le pasteur des âmes et se représente rapportant sur ses épaule la brebis égarée.

Du pain matériel qu'il multiplie dans le désert, il passe au pain mystérieux qui alimente la vie de l'âme. Une vigne, un figuier, un grain de sénevé, une cérémonie nuptia'e, un détail de la vie domestique et civile : voilà le point de départ de ces instructions où chaque mot est un trait de lumière, une révélation. Du reste, nul effort, nulle recherche. Il ne disserte pas, il converse ; il ne discute pas, il affirme ; il parle d'autorité, *tanquam potestatem habens*.

S'il rencontre le doute ou la négation, il en appelle à ses œuvres : « Si vous n'ajoutez pas foi à mes paroles, croyez-en les œuvres que je fais. » Quelque contradiction qu'il trouve, il ne se trouble ni n'hésite. Ouvrez tel livre qu'il vous plaira, fait de main d'homme, vous y surprendrez le travail de la pensée, l'effort de l'esprit qui se trahit par quelque endroit. Ce n'est qu'à travers un long dialogue que Socrate ou Platon poursuivent péniblement la vérité qu'ils cherchent, et, lorsqu'ils croient l'avoir trouvée, ils travaillent d'enthousiasme devant ce fruit de leur intelligence. Seul le Christ n'est point étonné des vérités qu'il prêche ; elles coulent de ses lèvres comme un fleuve majestueux et tranquille. On sent au calme de sa voix, qui ne trahit aucunement l'émotion de la recherche, on voit à la sérénité de sa face que la vérité pour lui n'est pas une conquête, mais une vision, qu'elle ne fait pas que traverser son âme, mais qu'elle y réside, qu'elle y a son siège, qu'elle est lui-même, que seul il a pu dire : Je suis la vérité. (P. A. 1ʳᵉ leçon).

II. Les paraboles de l'Évangile.

La parabole est un mode d'enseignement qui prend sa racine dans la nature humaine, mais qui trouve dans l'Orient sa véritable patrie. Ici, je prends le mot de parabole dans son sens le plus large, celui d'une similitude continuée d'où ressort une leçon morale. Car à s'en tenir à la signification précise qu'on y attache d'ordinaire, Hégel, par exemple, dans son Cours d'Esthétique, la parabole se restreint au récit supposé d'un fait de la vie humaine, et se distingue par là de l'apologue et de la fable qui empruntent leur tissu aux scènes de la nature ou de la vie animale. Mais rien ne nous empêche d'avoir égard à l'étymologie du mot plutôt qu'à une classification peu arrêtée. Je viens de dire que cet enseignement par similitudes ou par paraboles n'a rien que de très naturel. En effet, l'homme vivant au milieu de la nature et en société avec ses semblables, cherche dans les objets qui l'environnent ou dans les actions dont il est témoin, une image, une expression sensible de la vérité qu'il porte en lui ou qu'il a reçue de Dieu. Les faits matériels lui servent d'exemple pour comprendre les faits moraux et les rendre intelligibles. La comparaison, un des procédés les plus ordinaires de l'intelligence, repose sur ce rapport d'analogie entre les choses de la nature et celles de l'esprit. Et comme ce rapport n'est pas difficile à saisir, le langage parabolique est de tous le plus simple et le plus expressif : il parle aux sens et à l'imagination. A l'idée abstraite, qui d'elle même est un peu aérienne, flottante, il prête une enveloppe, un corps. Il l'attache à tel fait extérieur qu'on voit et qu'on touche, et par cette liaison naturelle, le retient dans l'esprit et l'y grave. C'est ce qui fait de la parabole la meilleure forme de l'enseignement populaire. Aussi a-t-elle été en usage chez tous les peuples, particulièrement chez les peuples orientaux, et la raison en est toute simple.

En Orient l'homme vit en face de la nature, et reçoit d'elle des impressions plus vives. Son imagination, frappée par le spectacle des choses extérieures, se teint des couleurs qu'elles reflètent et les mêle au récit historique ou à la doctrine morale. Là surtout où la vie pastorale et la vie agricole retiennent l'homme au milieu des scènes de la nature, ce langage métaphorique devient la forme naturelle de la pensée. De là ce symbolisme expressif qui caractérise les littératures orientales. Tandis que les peuples de l'Occident, plus froids et plus positifs, se jouent avec moins de peine dans les idées abstraites ou morales, les saisissent et les combinent avec plus de rapidité en les dégageant de toute forme sensible ; ceux de l'Orient portent dans l'exposition de la doctrine d'autres habitudes intellectuelles. Ils aiment ce voile qui les recouvre sans les cacher, cette richesse de coloris qui leur enlève en précision ce qu'elle leur rend en relief, cette marche symbolique qui ralentit peut-être la marche de l'esprit, mais qui en laisse mieux pénétrer la trace. Ils cherchent dans la nature et autour d'eux de quoi dramatiser le récit et imager la pensée. Or c'est ce que fait l'enseignement parabolique. Il part d'un fait matériel pris au vif dans la nature ou d'une circonstance empruntée à la vie humaine, pour élever l'esprit à une vérité plus haute et plus abstraite. Voilà pourquoi la méthode d'exposition par voie de similitudes ou la parabole occupe une si grande place dans les littératures orientales.

Le Sauveur en a fait usage dans l'Évangile. Nulle part, l'enseignement parabolique ne cache un sens plus profond sous une forme plus simple et plus populaire. C'est le sublime du genre, s'il est permis de comparer les œuvres humaines à celle de l'Homme-Dieu. Fraîcheur de l'image, élévation de l'idée, justesse de l'analogie, clarté du sens, tout concourt à prêter à chacun de ces petits épisodes du récit évangélique un caractère unique. Où trouver ailleurs ce naturel, cet abandon, ce pathétique si tendre et si touchant qu'on rencontre dans la parabole du mauvais riche et de Lazare, ou dans celle de l'enfant prodigue ? C'est le règne de la grâce figuré par celui de la nature qui l'explique et le rend sensible ; ce sont les détails, les mille incidents de la vie ordinaire, qui servent de point de départ ou de comparaison pour initier l'intelligence aux mystères d'une vie plus haute, de la vie de l'homme avec Dieu. Expliquée par le divin interprète, la création entière prend une voix et tient un langage qui traduit les vérités célestes sous une forme intelligible à tout le monde. C'est en pénétrant le sens à demi-voilé de ces similitudes, qu'on découvre et qu'on saisit les harmonies morales entre la nature et l'esprit, entre la société du temps et celle de l'éternité. Quelle sève vivifiante sous cette écorce qui la tient renfermée ! Quelle nourriture substantielle dans cet enseignement qu'on s'assimile avec d'autant plus de facilité qu'il est plus conforme à notre nature moitié corporelle et moitié spirituelle ! Ce qui le prouve, c'est que depuis dix-huit siècles ces divines paraboles sont devenues le thème habituel de l'éloquence sacrée : expliquées, commentées, développées sans cesse, elles offrent à chacun l'aliment qui lui convient : elles se prêtent au savant qui les creuse comme à l'homme du peuple qui en effleure la surface. En passant de bouche en bouche, elles n'ont rien perdu de leur originalité ; et bien que vieillies par l'usage qu'on en fait, elles paraissent toujours neuves. Les habitudes de la pensée, les procédés de l'esprit ont beau se modifier autour d'elles, on y revient toujours comme à une source inépuisable de lumière, d'instruction de vie ; et chaque fois qu'on les reprend après les avoir quittées, il semble qu'on y touche pour la première fois, tant est vive l'impression que cause cette parole si simple et si haute Les paraboles évangéliques jouissent d'un privilège qui leur est particulier, celui d'être devenu l'enseignement le plus populaire qu'il y ait parmi les hommes, en restant le plus original de tous. (P. A. 14ᵉ leçon).

III. La prédication apostolique et les trois grandes personnifications de l'apostolat chrétien.

Pour accomplir le grand œuvre de la prédication évangélique, le Christ s'associe un petit nombre de disciples. Il ne les choisit pas dans les rangs élevés de la société, ni parmi les docteurs du temps, mais dans la classe inférieure : il les prend de derrière un filet de pêcheurs ou à la porte d'une douane. Hommes du peuple pour la plupart, simples et illettrés, les apôtres se rangent à sa suite. Pour lui, il ne les change pas tout d'un coup, il ne les transfigure point par une illumination soudaine; mais avec cette sagesse qui ne précipite rien, parce qu'elle a le temps pour elle, il les forme de loin au ministère de la parole, dissipant leurs préjugés, redressant leur manière de voir, les rendant témoins de ses miracles et de sa doctrine. Parfois le maître se plaint de leur intelligence tardive, de leur peu de foi même. Leurs hésitations, les questions qu'ils lui adressent, les réponses qu'ils lui donnent, tout prouve que la vérité ne pénètre que lentement dans leur âme. Mais il leur a été prédit qu'un jour viendra où la vertu d'en haut les revêtira d'intelligence et de force. Ce jour arrive, et leur mission commence. Eux, naguère si hésitants, si craintifs, qui la veille encore, l'esprit troublé par la chimère nationale d'un Messie conquérant, demandaient au Christ ressuscité : Maître, quand est-ce que vous rétablirez le royaume d'Israël? les voilà qui prêchent ouvertement et sans crainte ce qu'ils ont vu et entendu, ce que leurs mains ont touché, *manus nostræ contrectaverunt*. Vive et saisissante, leur prédication pénètre dans les masses dont le bon sens ne résiste pas à l'évidence de leur témoignage. Devant les Juifs, ils prennent leur point de départ dans les prophéties de l'Ancien Testament dont ils montrent l'accomplissement dans la personne de Jésus [1] ; ils appuient principalement sur la résurrection du Christ, fait palpable dont ils ont été les témoins non prévenus : ils posent ainsi pour tous les siècles la base principale de la démonstration chrétienne. Aux Gentils, ils prouvent l'unité de la race humaine, la paternité de Dieu, la vanité de l'idolâtrie, l'existence d'une vie future [2] : ils tracent par leurs discours la marche qu'il faut suivre pour introduire l'incrédule dans le sanctuaire de la foi. C'est armés de ce glaive à double tranchant de la parole, qu'ils marchent à la conquête du monde, appuyés les uns sur les autres dans l'unité d'une même doctrine et dans l'accomplissement d'une égale mission. Mais du milieu de ce groupe sublime, dont le zèle ardent s'est partagé la terre, trois figures se détachent comme l'expression la plus haute de la prédication apostolique : saint Pierre, saint Paul et saint Jean.

On a souvent comparé entre elles ces trois grandes personnifications de l'apostolat chrétien. L'esprit de parti a même abusé de ce rapprochement jusqu'à vouloir trouver des divergences doctrinales là où règne l'unité la plus parfaite. N'a-t-on pas été jusqu'à dire que les trois grands systèmes religieux qui se partagent le monde chrétien se rattachent chacun à l'un de ces trois apôtres, dont ils reproduisent le type et l'enseignement : l'Église romaine à saint Pierre, l'Église grecque à saint Jean, et le protestantisme à saint Paul. Une idée si étrange n'a pu sortir que de l'Allemagne protestante, où l'on n'est occupé qu'à construire des systèmes, à découvrir des écoles, et où l'antithèse joue un si grand rôle qu'on n'y comprend plus qu'une doctrine puisse rester la même en passant par deux têtes. Si l'on avait

---

[1] Discours de saint Pierre et de saint Etienne. (*Actes des Apôtres.*)
[2] Discours de saint Paul devant l'Aréopage.

dit pareille chose à saint Paul, il eût répondu ce qu'il écrivait aux Corinthiens : » Vous dites, moi je suis à Paul, et moi à Apollon, et moi à Céphas, et moi à Jésus-Christ. Est-ce que le Christ est donc divisé ? Est-ce que Paul a été crucifié pour vous ? ou avez-vous été baptisés au nom de Paul ? » D'autres écrivains, et cette fois je cite textuellement, ont exprimé cette prétendue opposition entre les trois apôtres sous une autre forme. « Avec saint Pierre, dit l'auteur d'une histoire de l'école d'Alexandrie, la doctrine n'est encore que la loi ; avec saint Paul elle devient la foi ; avec saint Jean, l'amour ; » comme si, pour ne m'en tenir qu'à ce seul point, saint Paul n'avait pas tracé ce magnifique portrait de la charité qui est dans la mémoire de tout le monde ; comme si le lendemain de la Pentecôte saint Pierre n'avait pas déclaré solennellement qu'il n'est aucun nom sous le ciel par lequel nous puissions être sauvés, si ce n'est le nom de Jésus. D'autres enfin ne voient plus que des tendances particulières là où des opinions plus tranchées croyaient découvrir une opposition réelle : à leurs yeux, saint Pierre représente dans le christianisme la tendance ou l'élément judaïque, saint Paul, l'élément gréco-latin, et saint Jean, l'élément oriental ; ou bien ils répartissent entre les trois apôtres le sentiment moral ou pratique, l'esprit théologique, le génie contemplatif et mystique. Pour mettre en saillie ces différences de caractère, on s'est servi parfois d'une autre formule : Saint Pierre est l'homme du pouvoir et de l'organisation, saint Paul, l'homme de l'action et de la parole, saint Jean l'homme de la métaphysique et de la contemplation. Présentées sous cette forme et avec cette rigueur systématique, toutes ces antithèses sont fausses ou n'ont qu'une justesse partielle. Saint Paul a peut-être plus organisé d'églises que saint Pierre. Si l'apôtre des Gentils se plaît à mettre en opposition la loi et la foi, c'est le chef de la hiérarchie qui, le premier, ouvre aux gentils la porte de l'Église, qui, le premier, au concile de Jérusalem, propose de les affranchir du joug de la loi. Saint Pierre, dit-on, a pratiqué à Antioche certaines observances légales avec les chrétiens sortis d'Israël, ce qui lui a valu les reproches de saint Paul ; mais à Lystres, saint Paul ne fait-il pas circoncire son disciple Timothée ? L'un et l'autre agissent dans un esprit de tolérance, par ménagement pour les Juifs, sans différer aucunement sur le fond de la question. En développant la doctrine du Verbe contre l'hérésie de Cérinthe, saint Jean n'a rien écrit de plus élevé ni de plus profond que le début des Épîtres de saint Paul aux Éphésiens et aux Colossiens. Est-ce à dire pour cela qu'on ne saurait relever dans le caractère de ces trois hommes aucune différence notable, que leur physionomie d'écrivain ou d'apôtres soit exactement la même, sans offrir aucun trait distinctif ? Évidemment non. Pour nous qui admettons comme un dogme de foi l'inspiration des apôtres, il est difficile sans doute de distinguer au juste ce qui est de la nature et ce qui vient de la grâce. Mais nous savons également que la grâce n'absorbe point la nature, que l'écrivain sacré conserve sous l'action divine le jeu de ses facultés, son génie propre, en un mot, sa personnalité. Le fer pénétré par le feu ne perd ni sa nature ni ses propriétés. L'écrivain inspiré n'est pas un clavier qui rend indifféremment le son sous la main qui le touche, mais un instrument moral qui coopère activement à celui qui l'emploie. Comparez entre eux les auteurs de l'Ancien et du Nouveau Testament, Isaïe et Jérémie par exemple : vous trouverez des nuances de style et de caractère très-vivement prononcées, Dès lors, pourquoi ne pas admettre que le naturel de chaque apôtre se reflète dans sa vie, que Dieu varie ses dons suivant les fonctions qu'il impose ; qu'en prédestinant saint Pierre au gouvernement de l'Église, il ait pu avoir égard à l'énergie de son caractère ; qu'en confiant à Saint-Paul l'apostolat des nations, il ait trouvé dans la vivacité ardente et la culture de son esprit, des qualités propres à cette grande mission ; qu'en plaçant saint Jean sur le théâtre de l'Orient, il ait voulu opposer les visions du prophète aux rêveries d'un mysticisme extravagant ? Bossuet disait : On définit les hommes par ce qui domine en eux. De ce point de vue je dirai, qu'en appelant ces trois hommes à de si grandes choses, Dieu s'est plu à répartir entre eux, sans partage exclusif, les trois dons les plus éminents de l'âme humaine : la grandeur du caractère, la grandeur du génie et la grandeur du cœur.

Le caractère, le génie, le cœur, voilà ce qui prédomine dans chacune de ces trois grandes natures : c'est également le trait distinctif de leur éloquence.

IV. Saint Pierre.

Cet homme que le ciseau inculte des premiers chrétiens nous représente les cheveux coupés ras sur un front rabaissé, comme les statues grecques des empereurs romains, c'est l'image du pouvoir spirituel : il en a la gravité sérieuse et réfléchie. La grâce a enlevé à son caractère ce qu'il avait d'impétueux et de violent, et, le retrempant dans la conscience de sa faiblesse, elle a doublé son énergie. Voyez avec quelle noble simplicité il promulgue la loi évangélique devant tous les peuples de la terre représentés à Jérusalem. Sa parole n'a pas toute la véhémence entraînante des discours de Paul, ni cette onction suave qui coule des lèvres du disciple bien-aimé : elle est moins vive que forte et respire la bonté plutôt que la tendresse. Grotius trouvait dans la première épître de saint Pierre la majesté qui convient au prince des apôtres. Quel ton de solennité se retrouve en effet dans cette apostrophe sublime : « Vous, vous êtes la race choisie, le sacerdoce royal, la nation sainte, le peuple conquis, afin que vous annonciez les grandeurs de celui qui vous a appelés des ténèbres à sa lumière admirable. » N'est-ce pas le chef de la hiérarchie qui se révèle dans ce peu de mots résumant d'une manière si brève et si concise l'obéissance du chrétien : « Rendez l'honneur à tous, aimez vos frères, craignez Dieu, respectez le roi. » Et quel programme tracé d'une main ferme et paternelle dans ces instructions qu'il laisse à ses prêtres : « Je prie les prêtres qui sont parmi vous, moi prêtre comme eux et témoin des souffrances du Christ, appelé à partager sa gloire qui sera un jour manifestée : paissez le troupeau de Dieu qui vous est confié, veillant sur lui, non par crainte, mais de vous-mêmes, et selon Dieu, non à cause d'un gain sordide, mais volontairement; non en dominant sur l'héritage du Seigneur, mais en devenant les modèles du troupeau par une vertu sincère. Et lorsque le prince des pasteurs paraîtra, vous obtiendrez une couronne de gloire qui ne se flétrira jamais. » Quel noble caractère dans ce pêcheur de Bethsaïde devenu le vicaire du Christ ! C'est ce ressort inflexible de la volonté, cette éloquence mâle et douce qu'il a transmise à ses successeurs; et depuis Lin jusqu'à Léon XIII, chaque fois que leur grande voix se fait entendre au monde, on y retrouve le même calme, la même fermeté et comme un écho de cette parole de saint Pierre devant le sanhédrin des Juifs ; Il vaut mieux obéir à Dieu qu'aux hommes.

V. Saint Paul.

Je ne crois pas faire injure à saint Pierre ni à saint Jean, en disant que saint Paul est peut-être le seul homme de génie que le collège des apôtres ait compté dans son sein. Dieu, qui n'a pas besoin du génie de l'homme pour accomplir ses desseins, ne le repousse pas non plus. C'est pourquoi il lui a plu d'associer aux pêcheurs de la Galilée un des plus grands génies, un des hommes les plus naturellement éloquents qui aient paru dans le monde. Sans doute, les épîtres de saint Paul sont avant tout l'œuvre de Dieu ; mais l'opération de l'Esprit-Saint est-elle si exclusive qu'on ne saurait plus y trouver aucune trace du génie de l'homme ? Et ce coup d'œil psychologique si vif, si pénétrant, à travers l'âme humaine ; et cette largeur de vues sur les destinées diverses du peuple juif et de la gentilité ; et cette intelligence profonde des points de contact et de séparation entre la loi mosaïque et la foi chrétienne ; et ces élévations de l'esprit sur le Christ, sa médiation divine, sa royauté, son pontificat ; et cette analyse lumineuse des opérations de la grâce, des phénomènes surnaturels du mysticisme chrétien ; et cette intuition souveraine des grandes lois de la solidarité universelle, de la réversibilité des mérites ; ce regard enfin qui embrasse dans leur ensemble tous les rapports de Dieu avec l'humanité par le Christ et l'Église : tout cela ne dénote-t-il pas, outre l'inspiration divine, une intelligence merveilleuse ? Oui, à ne l'envisager qu'au point de vue de l'éloquence et de la philosophie, saint Paul a été un homme de génie. Il a créé, non pas la doctrine qu'il a reçue de Dieu tout entière, mais la théologie qui est la science de la doctrine ; non pas le dogme, mais la philosophie du dogme dont il prend les racines en Dieu, dans la nature humaine et dans l'ensemble des choses créées. Jamais esprit plus vaste ne plongea aussi avant ni ne s'éleva aussi haut dans la région des idées. Prenez l'un après l'autre tous les points de doctrine qu'il touche en passant, et voyez quel flot d'idées se répand sous sa plume, quelle immense perspective il ouvre à l'instant même au regard de la pensée.

Il parle aux Éphésiens de l'union de l'homme avec la femme ; mais sous l'œil de l'apôtre ce point de vue s'élargit. De l'union conjugale, son esprit s'élève à une union plus haute, l'union de Dieu avec l'humanité par le Christ dans l'Église, cette union terme et fin de toutes choses. C'est ainsi qu'il rattache au sommet de l'édifice tout ce qui part de la base et vient toucher au faîte. Il écrit aux Galates qu'Abraham avait deux fils, l'un de Sara, l'autre d'Agar. Quoi de plus simple que ce fait? Mais son esprit illuminé d'en haut y découvre tout l'esprit des deux alliances, la servitude de la loi et la liberté évangélique qu'il oppose l'une à l'autre comme la grande antithèse des deux Testaments. Il rappelle aux Romains les souffrances de la vie présente : aussitôt son oreille s'ouvre au gémissement unanime de toutes les créatures, à cet enfantement laborieux de l'humanité en travail de son avenir. Il leur enseigne que Dieu se manifeste dans le spectacle du monde : l'idolâtrie lui apparaît comme un monstrueux contraste de cette grande vérité, et alors il déroule cette effrayante peinture du monde déchu qui commence par l'orgueil de l'esprit et finit par la servitude de la chair. Quelle richesse, quelle plénitude de doctrines dans ces lettres où chaque mot porte une idée, où chaque phrase équivaut à un livre! Tout entier aux divines choses qu'il enseigne, saint Paul dédaigne les artifices du langage. C'est à lui que Pascal eût pu songer quand il disait que la vraie éloquence se moque de l'éloquence. Sa théorie de la prédication qu'il expose aux Corinthiens est à l'encontre de toutes les rhétoriques humaines. Il entasse ses idées sans lien ni ordre apparent. Sa phrase, parfois incorrecte, est chargée d'incidentes, les parenthèses l'entrecoupent, l'interrogation, l'exclamation, l'apostrophe, la traversent ou la tiennent suspendue. Mais quel mouvement, quelle chaleur dans ce style qui passe tour à tour et sans effort de l'énergie la plus sévère au pathétique le plus tendre, qui entraîne le lecteur par toutes les émotions que fait naître dans l'âme cette éloquence toute de feu ! Si vous envisagez les résultats de sa parole, quel homme et quelle carrière ! Quel homme que ce Juif de Tarse qui, du Sanhédrin à l'Aréopage, de la cour de Néron au tribunal d'Agrippa, promène la doctrine du Christ à travers toutes les attaques, toutes les contradictions ; qui du sein de sa faiblesse lutte à la fois contre toutes les erreurs et les vices réunis, contre les préjugés des Juifs, les mollesses de l'Asie, les voluptés de Corinthe, l'orgueil des Romains ; qui, dans l'espace de quinze ans, fait trois ou quatre fois le tour du monde civilisé, fonde les églises en courant, se multiplie sur tous les points, parle, écrit, combat, se défend, organise, crée !... Jamais le monde vit-il pareille chose ? Oui, je comprends l'enthousiasme de tous les siècles chrétiens pour saint Paul ; je comprends que lui-même, le vieil athlète de la foi, rappelant sur la fin de sa vie ses services méconnus par quelques-uns, ait pu s'écrier avec cette légitime fierté du vétéran qui montre ses cicatrices et énumère ses campagnes : Sont-ils ministres de Jésus-Christ ? Quand je devrais passer pour impudent, j'ose dire que je le suis encore plus qu'eux. J'ai supporté plus de fatigues, plus reçu de coups, plus enduré de prison ; j'ai été battu de verges trois fois, j'ai été lapidé une fois, j'ai fait naufrage, j'ai passé un jour et une nuit au fond de la mer, etc. » Relisez ce compte-rendu de l'apostolat de saint Paul dans sa deuxième épître aux Corinthiens, et vous direz avec moi que jamais un homme n'a reçu de Dieu ni rempli sur la terre une plus grande mission.

VI. Saint Jean.

Moins agitée que la vie de saint Paul, la carrière de saint Jean s'est prolongée jusqu'à l'extrême vieillesse. Jeune encore, selon toute apparence, quand le Sauveur l'appela au ministère de la parole, il vécut dans la compagnie du maître dont il devint le disciple bien-aimé. Il eut l'insigne faveur de reposer à la dernière cène sur le sein de Jésus, qui à son heure suprême lui confia sa sainte Mère. Ce double trait marque assez que la profondeur et la pureté du sentiment prédominaient dans cette belle âme. Ses écrits en portent l'empreinte. Non pas, comme on a vainement cherché à l'établir, que la doctrine de la charité soit particulière à saint Jean : elle est l'essence même du christianisme, son résumé le plus fidèle. Mais Dieu, qui proportionne ses dons aux ministères qu'il confie, voulait que cet enseignement coulât des lèvres de saint Jean avec une expression de tendresse et une onction toute particulière. C'est par là qu'il a mérité d'être surnommé par excellence l'apôtre de la charité. « Aimons Dieu qui nous a aimés le premier, qui est l'amour même » : ce mot est l'abrégé de sa prédication. Et comme rien n'est plus pénétrant que le regard du cœur, il lui a été donné de plonger plus avant que nul autre dans le mystère de la vie intime de Dieu. Ce que l'auteur inspiré du Livre de la Sagesse n'avait fait qu'ébaucher touchant le Verbe et sa génération divine, saint Jean l'achèvera dans cette page de métaphysique surnaturelle qui transporte la pensée humaine dans le sein même de Dieu. Il dressera aux yeux des gnostiques de l'Asie-Mineure cette échelle d'or qui relie la terre au ciel : il opposera à leurs interminables généalogies la véritable Genèse de l'éternité. Puis, lorsque avant de descendre dans la tombe, après un demi-siècle de travaux et de luttes, seul survivant des compagnons du Christ, le sublime vieillard aura vu de ses yeux l'Église répandue sur toute la surface du monde, Dieu lui réserve un dernier ministère. A lui de clore le livre des révélations divines, de promulguer le jugement de Dieu sur le monde déchu, de retracer avec la sombre majesté du pinceau d'Ézéchiel la chute « de la grande ville qui a fait boire toutes les nations à la coupe de l'iniquité, » d'envelopper sous le voile du mystère les destinées futures de l'Église et du monde, et d'entr'ouvrir les parvis de la Jérusalem céleste aux yeux du genre humain renouvelé par le Christ. (P. A. 1ʳᵉ leçon).

VII. LES ÉVANGILES APOCRYPHES.

Les Évangiles apocryphes se rattachent par leurs récits au premier âge de l'Église, bien que par leur composition ils appartiennent pour la plupart à la période qui a suivi les temps apostoliques ; ils représentent la *légende* venant se greffer sur l'*histoire*. Sept d'entr'eux sont arrivés jusqu'à nous à peu près complets, ce sont : l'histoire de Joseph le charpentier, l'Évangile de l'Enfance, le Protévangile de Jacques le Mineur, l'Évangile de Thomas l'Israélite, celui de la Nativité de Marie, l'histoire de la naissance de Marie et de l'enfance du Sauveur, enfin l'Évangile de Nicodème.

A. Leur valeur historique. — Que faut-il penser de la valeur historique des écrits dont je parle ? Faut-il croire que la crédulité ou l'instinct poétique en ont fait absolument tous les frais, de telle sorte qu'il n'y ait aucune espèce de réalité dans les faits qu'ils mentionnent ? ou bien peut-on admettre qu'ils reposent sur un fonds traditionnel plus ou moins embelli et défiguré ? Je commencerai par dire, qu'ici comme en tout point, l'Église catholique a montré sa profonde sagesse, en ne leur reconnaissant ni valeur doctrinale ni même aucun caractère d'authenticité. Car le mot *apocryphe* a ce double sens dans l'antiquité chrétienne. Il désigne ou des livres qui n'ont pas été reçus dans le canon des Écritures, ou des écrits qui portent un nom d'auteur supposé. Appliqué aux Évangiles en question, ce terme a les deux significations. On ne citerait pas un Père qui les ait regardés comme inspirés, ni même comme authentiques. Si quelques écrivains des premiers siècles en ont fait usage, ils s'en servaient comme d'un document historique dans lequel tout n'est pas à rejeter. Saint Justin, Tertullien et Eusèbe s'appuient à la vérité du témoignage des actes de Pilate; mais bien que cette relation ait été fondue dans l'Évangile de Nicodème, ce dernier est un ouvrage tout différent et postérieur à ces trois écrivains. Saint Jérôme s'élève avec force contre *les rêveries des apocryphes* en plusieurs endroits de ses écrits; saint Augustin va jusqu'à leur refuser toute autorité dans sa controverse avec Fauste le manichéen, et le Pape Innocent I n'hésite pas à condamner tout ce qui, en dehors des Écritures canoniques a paru sous le nom des apôtres. Enfin le pape Gélase les a tous réprouvés dans son célèbre décret sur les apocryphes inséré dans le corps du droit canon. Mais de ce qu'un livre ne jouit d'aucune autorité en matière de doctrine, ou de ce qu'il a été faussement attribué à un auteur, s'ensuit-il que tout ce qu'on y rencontre soit absolument controuvé? Je ne le pense pas. Ainsi, tout en faisant la part de ce qu'il y a de fabuleux dans les Évangiles apocryphes, on peut leur reconnaître une certaine base historique, si peu large qu'elle soit. (P. A. 2ᵉ leçon).

B. **Leur beauté littéraire.** — Fruits de la crédulité naïve ou de l'instinct poétique, ces récits légendaires doivent leur origine à ce besoin du merveilleux qui, n'étant pas satisfait de la réalité, cherche à y suppléer par la fiction. En parcourant l'Évangile de l'Enfance, qui, parmi toutes ces légendes, a eu le plus de vogue en Orient, on peut se convaincre que telle est en effet leur vraie physionomie. Loin d'infirmer le témoignage des auteurs inspirés, elles confirment au contraire le récit des Évangiles canoniques, dont elles font ressortir par leur contraste même le caractère surnaturel et divin. Enfin, bien qu'on ne puisse méconnaître tout ce qui s'y trouve de fabuleux ou d'incertain, on ne saurait néanmoins leur refuser une certaine base historique, qu'il n'est pas toujours facile de déterminer avec quelque précision.

Si l'on envisage les Évangiles apocryphes d'un autre point de vue, en essayant de mettre en relief quelques-unes des beautés littéraires qui s'y rencontrent, ces légendes orientales offrent le plus vif intérêt. C'est, à proprement parler, la poésie du christianisme naissant ; et depuis les formes les plus gracieuses de la pastorale ou de l'élégie, jusqu'aux conceptions les plus dramatiques de l'art, on y trouve ce que le langage poétique a de plus vif et de plus orné. Aussi les grands artistes chrétiens se sont-ils inspirés plus d'une fois de leurs pages et l'on peut en surprendre la trace dans la peinture, dans le drame et jusque dans le poëme épique. (P. A. 3ᵉ leçon).

VIII. L'Épitre de saint Barnabé.

Issue de la lutte doctrinale du christianisme avec le judaïsme, la lettre de saint Barnabé exprime l'état de cette controverse vers la fin du premier siècle. Elle témoigne des nobles efforts que faisait la prédication évangélique, pour élever les fidèles au-dessus des idées étroites et charnelles que leur suggéraient une partie des chrétiens judaïsants. Plus la synagogue s'efforçait de retenir l'Église dans les liens de ses observances temporaires et locales, plus cette dernière, appelée à recueillir l'héritage d'Israël sans porter le même joug, se dégageait de cette enveloppe qui eût entravé son action et paralysé sa force. Si par mesure de précaution contre l'idolâtrie, le concile de Jérusalem a cru devoir maintenir provisoirement quelques-unes des prescriptions de l'ancienne loi, elles ne tarderont pas à disparaître avec le motif passager qui les avait dictées. Mais là ne se borne pas l'importance doctrinale et historique de l'Épître de saint Barnabé. En développant cette idée, que l'Ancien Testament est une grande prophétie du Nouveau, elle offre un des premiers modèles de l'interprétation allégorique de l'Écriture ; elle fraie la voie sur ce point à l'exégèse alexandrine qui l'adoptera comme une de ses bases principales. Enfin, pour résumer d'un mot toute ma pensée, elle est un lien de transition entre les Écritures canoniques, auxquelles elle se rattache par le caractère de son auteur, et les monuments de la littérature ecclésiastique, dont elle forme le préliminaire. (P. A. 5ᵉ leçon).

IX. Le pape saint Clément (88-97).

Le pape saint Clément est une des plus grandes figures de l'antiquité chrétienne. *Sa première Épître aux Corinthiens* est un des monuments les plus remarquables de l'éloquence sacrée dans les Pères apostoliques. D'abord, cette intervention du pontife romain dans les affaires intérieures d'une Église lointaine fournit par elle-même un argument presque décisif en faveur de la suprématie du siége de Rome. De plus, en signalant dans l'orgueil la cause morale du schisme et dans l'humilité le principe conservateur de l'unité, Clément fait ressortir le rapport intime qui relie entre eux l'ordre moral et l'ordre social, dont l'un sert de fondement à l'autre. Le soin qu'il prend d'inculquer aux Corinthiens l'obéissance à la hiérarchie comme condition essentielle de l'ordre prouve qu'aux yeux de l'Église primitive l'unité de doctrine était inséparable de l'unité de gouvernement. En rattachant au Christ et aux apôtres l'établissement de la hiérarchie et de ses divers degrés, le disciple de saint Paul détruit à l'avance les systèmes rationalistes sur la constitution de l'Église primitive. Enfin, l'esprit de mansuétude que respire la lettre, le ton d'autorité paternelle qui s'y révèle d'un bout à l'autre, indiquent le véritable caractère du pouvoir ecclésiastique, qui consiste à être basé sur l'humilité et tempéré par l'amour.

Voilà ce qui résulte de ce document primitif de la littérature chrétienne. Mais les autres écrits de saint Clément ou du moins ceux qui portent son nom, soulèvent une question toute naturelle. Qu'était-ce que cet homme qui a joué un si grand rôle dans l'antiquité chrétienne? Avons-nous quelques détails précis sur son origine et sur sa vie ? C'est à quoi prétend répondre un des ouvrages les plus curieux, les plus intéressants, les plus originaux que possède la littérature de l'Église, savoir, le roman théologique des *Clémentines*.

Je dis, que les Clémentines prétendent répondre à cette question, car en réalité leur témoignage n'est rien moins que certain. Ce qu'il faut tout d'abord admettre comme un fait indubitable, c'est que, sous la forme dans laquelle nous les possédons, elles ne peuvent être l'ouvrage de saint Clément. Sans parler du reste, on y trouve la réfutation d'hérésies qui n'ont paru qu'à la fin du deuxième siècle, comme celle des Marcionites. De là vient qu'il s'est rencontré çà et là quelques rares défenseurs de leur authenticité, leur origine ou leur caractère apocryphe est un fait acquis à la science et admis par tout le monde. Mais cela ne détruit pas l'intérêt dogmatique et littéraire qu'elles peuvent offrir.

Sous ce nom de Clémentines, je comprends toute cette classe ou famille d'écrits semblables, qui se rattachent à saint Clément, dont ils entremêlent la biographie des discussions théologiques de son temps. A part quelques divergences assez sensibles dans les doctrines et dans les faits, leur thème est identique au fond, et consiste à broder sur un canevas vrai ou faux, emprunté à la vie de saint Clément, un tissu doctrinal plus ou moins lié. Ce sont d'abord vingt *Homélies* ou entretiens, précédées de deux Épîtres de saint Pierre et de saint Clément à saint Jacques ; puis les dix livres des *Reconnaissances*, ainsi appelées parce que les divers membres de la famille de saint Clément se retrouvent successivement après s'être perdus de vue ; enfin un *Épitome* ou abrégé des deux ouvrages précédents, adressé comme eux à saint Jacques, évêque de Jérusalem. Selon toute apparence, la littérature Clémentine ne se bornait pas à ces divers produits : il me paraît même hors de doute qu'une rédaction primitive a dû servir de fond commun à tous ces remaniements postérieurs. Mais il ne nous reste plus que les trois ouvrages dont je viens de faire mention, et parmi eux, les Reconnaissances ne nous sont parvenues que dans la traduction latine qu'en a faite Rufin d'Aquilée. Ce que je viens de dire justifie en partie le titre par lequel je désignais tout à l'heure ces productions littéraires, celui de roman théologique. (P. A. 8ᵉ leçon).

X. Le Pasteur d'Hermas.

Un disciple de saint Paul, *Hermas*, nommé dans l'Épître aux Romains (XVI, 64), est regardé comme l'auteur d'un livre intitulé *le Pasteur*, parce qu'un ange y parle sous la figure d'un berger.

Nous ne pouvons passer à côté de cet antique monument de l'éloquence chrétienne, sans l'examiner dans quelques détails.

De première vue, il paraît isolé au milieu de ce groupe d'écrits qui forme la littérature de l'âge postérieur aux apôtres : rien ne lui ressemble, son aspect est singulier, étrange même. Mais pour peu qu'on l'examine dans ses rapports avec ce qui l'a précédé ou suivi, son caractère se dévoile, et il offre lui-même la clef qui aide à pénétrer dans ses mystérieuses profondeurs. Le disciple de saint Paul ou tout autre écrivain qui est l'auteur du livre, cherche à provoquer dans l'individu, dans la famille, dans la société religieuse toute entière, cette réforme morale qui, dans la langue chrétienne, s'appelle *la pénitence*. Tel est le but et l'idée mère de son livre. Cette idée, il la puise dans les *Visions*, il la poursuit dans les *Préceptes*, il la reproduit sous le voile des *Paraboles* ou des *Similitudes*; et l'on ne signalerait aucune partie qui ne s'y rattache, comme à son principe ou à son terme. Par là, cette trilogie didactique trouve son unité et forme un tout organique et complet. Ce n'est pas la pénitence comme sacrement ni la loi nouvelle que le Pasteur étudie dans ce traité de discipline morale; il la considère comme une vertu générale devant préparer l'homme à rentrer en grâce auprès de Dieu. Il côtoie certaines faces de la vie chrétienne plutôt qu'il ne les aborde de front. De là, ce caractère d'imperfection relative qu'on a cru découvrir dans son enseignement, et dont le motif s'explique par le but qu'il se propose, de retirer l'homme d'une vie de désordres pour l'initier par degrés à une vie plus pure. A cet effet, il choisit une forme originale, qui peut nous surprendre, mais qui ne laisse pas d'avoir sa raison d'être et même sa beauté. Adoptée par l'Esprit saint dans quelques parties de l'Écriture, la forme apocalyptique s'est prolongée dans les premiers siècles chrétiens. Sans compter les nombreuses apocalypses qui ont surgi de tous côtés, et auxquelles sans contredit les hérétiques ont pris la plus grande part, le IVe livre d'Esdras, composé par un chrétien du premier ou du deuxième siècle, suffirait pour faire pendant à l'ouvrage d'Hermas. Cette forme apocalyptique devint pour plusieurs un procédé ou une méthode d'enseignement dogmatique et moral. De cette manière, on peut expliquer le caractère particulier du Pasteur, sans lui concéder le privilége de l'inspiration divine ni lui adresser le reproche d'imposture. L'Église lui apparaît sous l'image d'une tour à plusieurs étages, comme elle est figurée dans les monuments de l'art chrétien. C'est un symbolisme usité pour exprimer les vérités de l'ordre surnaturel et les rendre sensibles. Le Pasteur d'Hermas offre un modèle remarquable de cet enseignement symbolique qui depuis s'est reproduit dans l'éloquence, dans la poésie et dans l'art. C'est de plus le premier essai de l'éloquence chrétienne pour exposer, dans un traité substantiel et court, cette morale évangélique qui a réformé le monde. (P. A. 14e leçon).

XI. Les testaments des douze Patriarches.

Les Testaments des douze Patriarches sont ainsi appelés parce qu'avant de mourir chacun des fils de Jacob y raconte sa vie et en tire des conclusions morales sous la forme de préceptes. D'après cela, on pourrait se croire en présence d'un produit de la littérature juive ; mais il suffit de parcourir le livre pour se convaincre aussitôt que, si l'auteur a pu emprunter quelques détails historiques à la tradition des Juifs, l'origine chrétienne en est manifeste. Une citation de la première Épître aux Thessaloniciens, le portrait de saint Paul, tracé dans le testament de Benjamin, des prophéties touchant le Messie tellement claires qu'elles supposent l'événement accompli, tout nous reporte après la naissance du christianisme. Origène, dont la prodigieuse érudition touche à tout, cite quelque part le Testament des douze Patriarches : ce qui nous oblige d'en reculer la date vers la fin du premier siècle ou dans le commencement du deuxième, c'est-à-dire vers l'époque du Pasteur d'Hermas. Cela posé, quel a pu être le but de ce singulier ouvrage ? A mon sens, il est double, dogmatique et moral tout ensemble. L'auteur, selon toute apparence un juif converti, voulait attirer à l'Évangile ceux de sa nation, en faisant prédire au fils de Jacob l'avènement du Messie. Comme, en résumé, les prédictions qu'il met dans leur bouche ne font que reproduire à peu près celles de l'Ancien Testament, cette fraude pieuse peut s'excuser, si elle ne se justifie pas. Quant au côté moral de l'œuvre, il est irréprochable, et les douze Testaments des Patriarches cadrent assez bien avec les douze Préceptes d'Hermas. Si leur doctrine ne s'élève pas non plus à cette perfection idéale que retrace l'Évangile, elle ramène également à la pénitence les efforts de ceux auxquels elle s'adresse. Nous allons les parcourir rapidement.

L'idée de l'ouvrage est évidemment empruntée à l'Ancien Testament, où nous voyons Jacob, Joseph, Moïse et David consigner, dans une sorte de Testament moral, l'exhortation suprême qu'ils adressent à leurs familles ou à leurs successeurs. L'auteur, s'adressant plus particulièrement à des Juifs, a choisi cette forme usitée dans la tradition judaïque. Les douze Testaments comprennent chacun le développement d'un précepte spécial qui ressort de la vie du Patriarche. Ainsi *Ruben* confesse le crime dont il s'était rendu coupable et exhorte ses fils à fuir l'impureté. Il se livre, touchant les sept esprits de l'erreur, à une dissertation subtile qui revêt une teinte rabbinique répandue dans tout le livre. Il conclut en montrant dans le lointain le Christ qu'Israël rejettera. C'est également par là que terminent ses frères. *Siméon* s'avoue coupable du péché d'envie à l'égard de Joseph : il conjure ses enfants de combattre ce vice que Dieu a châtié dans sa personne.

Le Testament de *Lévi* prend une forme apocalyptique, dans le genre des Visions d'Hermas. L'Ange lui fait parcourir les sept sphères du Paradis comme dans le livre apocryphe de l'ascension d'Isaïe. Là, sept hommes revêtus d'une robe blanche lui confèrent le caractère sacerdotal. En prémunissant ses fils contre l'aveuglement de l'orgueil, Lévi prédit en termes magnifiques le sacerdoce nouveau qui succédera au sien. *Juda* trouve dans l'ivrognerie la cause de ses égarements et cherche à inspirer à ses enfants l'horreur de ce vice. *Issachar* fait l'éloge de la simplicité, et engage ses fils à chercher dans la vie des champs l'innocence des mœurs qu'y a trouvée leur père.

Seul parmi les fils de Jacob, *Zabulon* avait eu pitié de Joseph, qu'il avait cherché à délivrer des mains de ses frères. Son Testament est en harmonie avec ce trait caractéristique de sa vie : il prêche la commisération et la miséricorde. *Dan* et *Gad* confessent qu'ils ont agi contre Joseph par esprit de haine et de colère : leurs Testaments portent sur la laideur et les suites funestes de ces deux vices. Suivre en toutes choses l'ordre prescrit par Dieu, telle est la règle suprême que *Nephtali* trace à ses fils. *Aser* montre aux siens les deux voies qui s'ouvrent devant eux et qui se prolongent à travers, le monde : celle du bien et celle du mal. *Benjamin* propose à ses enfants l'exemple de Joseph, son frère, pour prouver que le bonheur suit et récompense la vertu.

On s'attend sans nul doute, à ce que le Testament de *Joseph* forme la partie la plus remarquable de ce poëme didactique du premier siècle. C'est là qu'en effet l'auteur a déployé toutes les ressources de son talent. Sur le point de mourir, Joseph, âgé de cent dix ans, veut inculquer à ses fils l'amour de la chasteté. A cet effet, il leur raconte sa jeunesse, les périls qui menacèrent son innocence et la protection dont le Ciel le couvrit.

C'est le Joseph de la Bible avec le caractère de perfection idéale que l'Évangile a su prêter à ce beau type de l'antiquité patriarcale. C'est ce qui place le Testament de Joseph au premier rang parmi les productions de la littérature apocryphe des deux premiers siècles.

Si, après avoir apprécié la doctrine morale contenue dans les Testaments des douze patriarches, nous considérons leur valeur dogmatique, nous y trouverons un témoignage éclatant de la foi de l'Église primitive touchant la divinité du Verbe. L'empressement qu'on a mis de nos jours à répéter que cette croyance avait été quelque peu indécise ou flottante avant le concile de Nicée, ne me permet de négliger aucune occasion pour détruire cette assertion. Tous les monuments du premier âge de l'éloquence chrétienne consacrent ce principe fondamental de la foi. Le livre que nous venons de parcourir en offre une nouvelle preuve ; et si j'invoque son témoignage, c'est uniquement à titre de renseignement sur la croyance publique. Or il est impossible de rien désirer de plus explicite ni de plus formel. C'est ainsi que Siméon appelle le Messie « Dieu et homme à la fois ; » « le Seigneur, dit-il, le grand Dieu d'Israël apparaîtra sur terre comme un homme ; » « Dieu prendra un corps, vivra au milieu des hommes et les sauvera. » Lévi nomme les souffrances du Messie « la passion du Très-Haut. » Zabulon dit à ses fils : « Vous verrez Dieu sous la figure d'un homme. » Nephtali prédit aux siens que « le Très-Haut visitera la terre, qu'il viendra comme un homme mangeant et buvant avec les hommes et devant briser la tête du serpent. » Les paroles de Benjamin sont encore plus expressives, s'il est possible. « Nous adorerons, dit-il, le roi des cieux, qui paraîtra sur terre sous les humbles dehors de l'humanité. » On chercherait un langage plus net ou plus précis pour exprimer la divinité du Christ, qu'on ne le trouverait pas. On conçoit qu'il ne sert de rien, pour éluder ce témoignage, de dire que le livre est apocryphe, que nous n'en connaissons pas l'auteur. Ce n'est pas l'autorité de l'auteur qui est en question, mais sa qualité de témoin, et celle-ci est irrécusable. Il écrit et fait parler selon la croyance reçue de son temps. Là est la portée de son témoignage. (P. A. 13ᵉ leçon).

XII. Saint Ignace d'Antioche.

A. Sa vie. — Rien n'indique que saint Ignace ait été d'origine syrienne plutôt que d'origine grecque ; car le nom de *Nurono* que lui donnent les Syriens ne prouve nullement qu'il fut originaire de la ville de *Nora*, mais paraît n'être qu'une traduction de mot latin *Ignatius* et contenir une allusion au *caractère de feu* de ce grand homme. Quant au surnom de *Théophore*, « qui porte Dieu en soi » qu'il se donne lui-même, il ne lui est pas tellement propre que d'autres saints ne l'aient porté également.

Selon Siméon Métaphraste, Ignace aurait été ce petit enfant que le Sauveur plaça au milieu de ses disciples, quand il leur dit : « Quiconque se sera humilié comme ce petit enfant sera le plus grand dans le royaume des cieux. Ce qu'il y a d'incontestable, c'est qu'il gouverna l'Église d'Antioche pendant de longues années, après saint Pierre et Evodius. De plus, les Actes de son martyre l'appellent disciple de saint Jean ainsi que Polycarpe ; et ses Épîtres prouvent qu'il s'était nourri de celles de saint Paul. De telle sorte qu'Ignace nous apparaît comme le reflet de ces trois grandes lumières de l'Église primitive. Successeur de *saint Pierre* sur le siège d'Antioche, disciple de *saint Jean*, admirateur fervent de *saint Paul*, il forme avec saint Polycarpe et saint Clément une deuxième pléiade d'hommes apostoliques, digne de prolonger les vertus et les grandeurs de la première.

Si la tradition des premiers siècles nous fournit des données fort restreintes sur l'épiscopat de saint Ignace, les Actes de son martyre s'étendent assez au long sur la dernière année de sa vie.

Lorsque Trajan parvint à l'empire, Ignace, disciple de l'apôtre saint Jean, gouvernait l'Église d'Antioche. Comme un sage pilote, il avait conduit avec beaucoup de précaution son vaisseau au milieu des tempêtes que la fureur de Domitien avait excitées contre les chrétiens.

Il avait su opposer aux orages de la persécution la prière et le jeûne, un exercice assidu de la prédication et un labeur continuel ; car il appréhendait pour plusieurs leur faiblesse ou leur trop grande simplicité. C'est pourquoi il se réjouissait de voir la paix rendue à l'Église et la persécution apaisée pour un temps. Mais il s'affligeait de n'avoir pas encore atteint ce degré de charité qui constitue le disciple parfait de Jésus-Christ ; car il désirait ardemment acquérir une plus grande ressemblance avec son Maître par la confession du martyre. Après qu'il fût demeuré encore quelques années à la tête de son Église, comme une lampe céleste, éclairant les intelligences par l'interprétation des divines Écritures, il arriva au comble de ses vœux.

Soit que Trajan voulût se rendre les dieux de l'empire propices, à la veille de commencer son expédition contre les Parthes, soit que son génie politique prît ombrage du nombre de chrétiens habitant la ville d'Antioche, il essaya de les ramener au culte officiel par la crainte des supplices. Pour détourner le coup qui menaçait son troupeau, Ignace résolut d'attirer sur lui seul la colère de l'empereur. Il se présenta de lui-même à Trajan, et, dans un colloque que rapportent les Actes de son martyre, il proclama généreusement l'unité de Dieu et la divinité de Jésus-Christ par opposition à l'idolâtrie qu'il appela le culte des démons. Trajan, irrité contre un homme qui prétendait porter Dieu dans son cœur, le condamna à être dévoré par les bêtes dans l'amphithéâtre de Rome. L'évêque reçut avec joie cette sentence qui lui assurait la couronne du martyre, et après avoir prié avec larmes pour son Église, il se livra aux soldats qui le menèrent d'Antioche à Séleucie, et de là, par la voie de mer, à Smyrne, où il trouva Polycarpe, évêque de cette ville, et comme lui disciple de saint Jean ; c'est de Smyrne qu'il écrivit quelques-unes de ses lettres.

Pendant que saint Ignace profitait de son séjour à Smyrne pour prémunir les *Églises de l'Asie Mineure* contre les périls qui menaçaient leur foi, une pensée le préoccupait vivement. Enflammé du désir de mourir pour Jésus-Christ, il ne craignait qu'une chose, c'est que la couronne du martyre vint à lui échapper. Aussi, conjurait-il les fidèles, à la fin de ses lettres, de prier Dieu d'agréer son sacrifice. Ce qui l'inquiétait surtout dans l'ardeur de ses espérances, c'était l'Église de Rome. Rien n'indique qu'il ait eu connaissance de quelque démarche projetée par les chrétiens de cette ville, pour obtenir sa délivrance à prix d'argent ou d'une autre manière ; mais il redoutait la puissance de leurs prières auprès de Dieu. Leur charité pouvait mettre obstacle à son bonheur. Peut-être les bêtes féroces allaient-elles l'épargner, ou tout autre prodige lui ravir la palme du martyre ! Ignace résolut de prévenir la généreuse intervention de l'Église de Rome. De là, cette fameuse *Lettre aux Romains*, où l'amour du sacrifice s'élève jusqu'au sublime du sentiment.

Ignace débute par un magnifique éloge de l'Église de Rome, de cette Église qui « préside à toute l'assemblée de la charité. » Ce sentiment de respect et d'admiration pour le Siège dont il proclame la prééminence, éclate dans tout le cours de la Lettre. S'adressant à l'Église « qui enseigne les autres, » il quitte le ton de l'instruction ou de l'exhortation morale qu'il avait employé dans ses Lettres aux communautés chrétiennes de l'Asie Mineure. Il n'a pas besoin de prémunir contre le schisme ou l'hérésie ceux qui sont au centre même de la foi et de l'unité. L'évêque est devenu suppliant : il demande comme une faveur personnelle à ceux qui le liront, de ne pas entraver par leurs prières l'accomplissement de son sacrifice : « Ne mettez point obstacle à mon bonheur, leur écrit-il, car je suis le froment de Dieu, et il faut que je sois moulu par la dent des bêtes pour devenir le pain du Christ! »

A l'âge où il était parvenu, le saint vieillard pouvait désirer la mort de toute l'ardeur de son âme, comme l'acte le plus fécond qui pût terminer sa carrière.

Pendant son séjour à Smyrne, le saint martyr avait admiré le zèle avec lequel Polycarpe administrait l'Église de cette ville. Arrivé à Troade il avait profité de quelques instants de répit que lui laissaient ses gardiens, pour témoigner aux fidèles de Smyrne combien ils l'avaient édifié par la vivacité et la constance de leur foi. Mais cettre lettre, adressée à la communauté entière, avait un caractère trop général, pour qu'il ne dût pas éprouver le besoin d'écrire en particulier à l'évêque, qu'une sainte amitié unissait à lui depuis de longues années. D'ailleurs, un autre motif le portait à faire cette démarche. Au milieu des épreuves de sa captivité, Ignace n'oubliait pas son troupeau, dont la persécution le tenait séparé ; aussi ne manquait-il jamais de le recommander aux prières des fidèles auxquels il s'adressait. Ayant appris à Troade que l'Église d'Antioche avait recouvré la paix, il désirait que les diverses communautés de l'Asie Mineure fissent acte de fraternité chrétienne, en félicitant leur sœur aînée de la tranquillité qui lui était rendue. Ce vœu qu'il manifeste aux *Smyrniens* et aux *Philadelphiens,* il l'exprime d'une manière toute spéciale à *saint Polycarpe* : à lui, d'organiser cette députation de la charité qui consolera l'Église d'Antioche de son long veuvage. Touchant témoignage de cet esprit de fraternité qui animait les premiers chrétiens, et leur faisait voir dans la destinée de chacun le bonheur ou le malheur de tous! C'est à cette occasion que le vieil athlète de la foi, rompu aux exercices du ministère, laisse à son jeune confrère dans l'épiscopat une série de conseils qui forment un véritable code de direction pastorale.

Si parmi les plus belles créations morales du christianisme, il en est une qui ait été féconde pour la régénération des âmes, c'est celle de l'évêque chrétien. Déjà saint Paul en avait tracé le type dans les deux Épîtres que je viens de nommer. Cet idéal, saint Ignace le reproduit en le développant, dans sa *Lettre à saint Polycarpe*. Conserver l'unité de la foi dans l'assemblée des fidèles; résister aux attaques de l'erreur comme l'enclume sous les coups qui la frappent; gouverner la barque spirituelle comme le pilote qui observe les vents et brave la tempête; unir à la prudence du serpent la simplicité de la colombe; assurer par tous les moyens le bien qu'on doit produire et tolérer dans la charité le mal qu'on ne peut empêcher; distribuer sans relâche le pain de la parole, et joindre au ministère de la prédication celui de la prière; se dévouer au soulagement de ce qu'il y a de moins heureux et de plus délaissé, les pauvres, les veuves, les esclaves; veiller au bon ordre des familles en inculquant aux époux leurs devoirs réciproques, et entourer de sollicitude la condition virginale, cette fleur de la perfection chrétienne : tel est, dans ses traits principaux, le tableau de la vie d'un évêque, que trace le martyr d'Antioche. En s'adressant aux Églises de l'Asie Mineure, il avait surtout envisagé l'évêque comme gardien de la foi; ici, il se considère comme directeur de la vie morale.

C'est dans cette direction des âmes que consiste, en effet, une des principales fonctions du ministère ecclésiastique, et la divine sagesse du christianisme éclate sur ce point comme en toutes choses.

Parti de Troade, saint Ignace était arrivé à Philippes. Les chrétiens de cette dernière ville lui avaient fait l'accueil que méritaient son caractère et ses vertus. Avant de les quitter, il les pria de se joindre à leurs frères d'Asie pour féliciter l'Église de Syrie de la paix qu'elle avait recouvrée ; et les Philippiens, dociles à cette recommandation d'un évêque plein de sollicitude pour son troupeau, adressèrent leur lettre à saint Polycarpe pour qu'il la transmît aux fidèles d'Antioche. En même temps ils prièrent l'évêque de Smyrne de leur envoyer la collection des Epîtres que saint Ignace avait écrites aux Églises de l'Asie Mineure, Polycarpe se rendit à leurs vœux. (P. A. *Passim*).

Ignace avait compté débarquer à Pouzzoles, mais un vent contraire poussa le vaisseau jusqu'au port d'Ostie où les fidèles de Rome accoururent en foule à sa rencontre. Les soldats qui le conduisaient l'amenèrent au préfet de Rome avec la copie de son arrêt. Après un emprisonnement de trois jours, il fut livré aux bêtes dans l'enceinte du Colisée et dévoré par les lions. La date de son martyr est incertaine. Suivant les auteurs elle varie de l'an 104 à l'an 107 ap. J. Ch. La critique est à peu près unanime à reporter les *Actes de son martyre* jusqu'au quatrième siècle.

B. **Ses Écrits**. — Nous possédons, sous le nom de saint Ignace d'Antioche, quinze épîtres, parmi lesquelles huit sont aujourd'hui regardées par tout le monde comme apocryphes ou supposées. Il faut donc éliminer du catalogue de ses œuvres : l'Epître adressée à la sainte Vierge pour recevoir la confirmation des faits rapportés par saint Jean, celle qu'il doit avoir envoyée à une néophyte nommée Marie de Cassobolis, celles qu'il aurait écrites aux fidèles de Tarse, puis à ceux d'Antioche pour démontrer la divinité de Jésus-Christ et la vérité de son incarnation, enfin l'épître au diacre Héron et celle aux Philippiens.

Mais si l'authenticité de ces lettres ne peut être soutenue, celle des dix-sept épîtres aux *Ephésiens*, aux *Magnésiens*, aux *Romains*, aux *Philadelphiens*, aux *Smyrniens* et à *Polycarpe* n'est pas douteuse [1]. (P. A. 15ᵉ leçon).

Les cinq lettres aux Églises de l'Asie mineure formulent le principe catholique avec une rigueur et une netteté qui ne laisse place à aucune échappatoire. Si contre les *Ebionites* qui ne voyaient dans le christianisme que le replâtrage du mosaïsme et dans le Christ qu'un pur homme dont le Saint-Esprit s'était servi comme d'un organe, saint Ignace défend la divinité du Verbe incarné, si contre les *Docètes*, qui ne voyaient dans le corps du Sauveur qu'un pur fantôme, sans réalité substantielle, il défend la vérité de l'Incarnation, il a soin, pour maintenir l'unité de foi et de communion, de formuler le grand principe qui préserve l'Église du schisme et de la division ; il indique aux fidèles le moyen de discerner la vraie doctrine d'avec la fausse, en précisant la règle de foi établie par le Christ et les Epîtres : une autorité doctrinale, dépositaire de la vraie foi, et comme conséquence, la soumission d'esprit et de cœur à la hiérarchie divinement instituée.

Cette hiérarchie est composée de trois degrés bien distincts : l'Épiscopat, le Presbytérat et le Diaconat; tous les évêques dispersés sur la surface de la terre, unis dans la doctrine de Jésus-Christ : à la tête de chaque Église particulière, un évêque, ayant sous lui un collège de prêtres qui forment son sénat, et un certain nombre de diacres attachés au ministère des autels; les fidèles unis à cet évêque, auquel ils doivent

---

[1] Une publication de M. X. *Funk*, professeur à Tubingue (1878-1881), un travail de M. Th. *Zam*, puis du Dʳ *Nirschl*, enfin une étude de M. l'abbé *Duchesne* (Bullet. crit., mai 1882) ont jeté un nouveau jour sur les œuvres de saint Ignace d'Antioche que l'on n'étudiait guère que dans la version latine de Lefèvre d'Etaples (1498).

(Note de l'Editeur.)

obéir comme à Jésus-Christ lui-même, dont ils ne peuvent se détacher sans se séparer de Dieu, hors duquel on ne doit rien faire dans les choses religieuses ; l'autorité des pasteurs, le principe de l'unité ; la soumission d'esprit et de cœur à la hiérarchie, préservatif contre l'erreur : voilà bien, à ne pas s'y tromper, l'image de l'Église catholique, telle qu'elle s'offre encore aujourd'hui à quiconque ne ferme pas les yeux à l'évidence.

Dans son *Epître aux Romains*, saint Ignace expose l'idée du martyre chrétien dans sa plus haute expression ; quant à l'*Epître à saint Polycarpe* elle retrace l'idéal d'un évêque, à l'imitation des lettres de saint Paul à Tite et à Timothée. (P. A. *passim*).

XIII. Saint Polycarpe (70-167).

Saint Polycarpe[1], évêque de Smyrne, que l'on croit désigné dans l'*Apocalypse* (II, 8-11) réunissait au suprême degré les qualités et les vertus qui doivent distinguer l'évêque chrétien ; il réalisait dans sa vie cet idéal du pasteur des âmes, dont saint Ignace exprime les principaux traits dans la Lettre qu'il lui adresse à la veille de son martyre, comme le testament de l'amitié. A la vérité, le voile qui enveloppe les premières années de saint Clément et de saint Ignace, s'étend à la jeunesse de l'évêque de Smyrne. Ce que nous savons par le témoignage de saint Irénée et d'Eusèbe, c'est

---

[1] On a découvert récemment dans un monastère de l'île d'Andros le texte complet de l'épître de saint Polycarpe aux Philippiens dont on ne connaissait qu'un très court fragment (Cf. *Revue critique*, 1883, p. 376). M. l'abbé Duchesne a réédité en 1882, d'après un manuscrit du cinquième siècle, la vie de saint Polycarpe par Pionius.

(*Note de l'Editeur.*)

qu'il avait vécu dans la familiarité des apôtres dont il était le disciple Tertullien et saint Jérôme ajoutent que saint Jean lui-même l'avait établi évêque de Smyrne. Le peu de détails que saint Irénée nous fournit à ce sujet, méritent d'autant plus de confiance que dans sa jeunesse il avait connu saint Polycarpe et conversé avec lui ; et rien ne saurait mieux nous faire comprendre de quelle haute vénération l'Église primitive entourait ce grand homme, que ce fragment d'une lettre adressée par l'évêque de Lyon à Florin :

« J'étais encore bien jeune quand je vous ai vu dans l'Asie Mineure auprès de Polycarpe. Alors, vivant avec éclat à la cour, vous faisiez tous vos efforts pour acquérir l'estime du saint évêque. Car je me souviens mieux de ce qui se passait alors que de tout ce qui est arrivé récemment. Les choses apprises dans l'enfance se nourrissant et croissant en quelque sorte dans l'esprit avec l'âge, ne s'oublient jamais ; de sorte que je pourrais dire le lieu même où était assis le bienheureux Polycarpe, lorsqu'il prêchait la parole de Dieu. Je le vois encore entrer et sortir : sa démarche, son extérieur, son genre de vie, les discours qu'il adressait à son peuple, tout est gravé dans mon cœur. Il me semble encore l'entendre nous raconter de quelle manière il avait conversé avec saint Jean et plusieurs autres qui avaient vu le Seigneur lui-même, nous rapporter leurs paroles, et tout ce qu'il avait appris touchant Jésus-Christ, ses miracles et sa doctrine, de ceux-là mêmes qui avaient pu voir le Verbe de vie. Polycarpe nous répétait littéralement leurs paroles, et ce qu'il disait était en tout point conforme à l'Écriture sainte. Dès lors j'écoutais toutes ces choses et je les gravais non sur des tablettes, mais dans le plus profond de mon cœur. Je puis donc protester devant Dieu que si cet homme apostolique avait entendu parler de quelque erreur semblable aux vôtres, il se serait à l'instant même bouché les oreilles et il aurait témoigné son indignation par ce mot qui lui était familier : Mon Dieu, à quels jours m'aviez-vous réservé! »

Ces paroles nous montrent que saint Irénée avait été disciple de saint Polycarpe ; comme l'évêque de Smyrne lui-même s'était formé à l'école de saint Jean. Elles attestent également que la tradition orale passait des apôtres à leurs disciples, et de ceux-ci aux évêques postérieurs, sans la moindre interruption, comme un courant parallèle à celui de la tradition écrite ou de l'Écriture sainte. Vers l'année 162, nous retrouvons saint Polycarpe à Rome traitant avec le pape Anicet quelques points de discipline, comme la célébration de la Pâque ; et cette présence à Rome d'un évêque que saint Jérôme appelle « le primat de toute l'Asie », prouve sans nul doute la suprématie qu'exerçait l'Église de cette ville dès les premiers temps du christianisme. Bien que les chrétiens de l'Asie Mineure ne s'accordassent pas avec ceux de l'Occident sur le jour auquel il fallait célébrer la Pâque, aucune mésintelligence ne s'éleva entre Anicet et Polycarpe; le pape pria même l'évêque de Smyrne de célébrer les saints mystères à sa place, en signe de communion fraternelle. « Un jour, dit saint Irénée, que Polycarpe rencontra l'hérésiarque Marcion dans les rues de Rome, celui-ci lui demanda s'il le connaissait. — Oui, lui répondit l'évêque, je te connais pour le premier-né de Satan. » Les rares détails que l'histoire nous transmet sur le disciple de saint Jean suffisent pour nous prouver que son activité apostolique égalait celle de saint Ignace. Il ne nous reste toutefois qu'un monument écrit de son zèle pour la foi, c'est l'*Épître aux Philippiens*. Ses autres lettres dont parle saint Irénée, adressées, les unes aux Églises voisines, les autres à divers particuliers, ne sont pas arrivées jusqu'à nous.

Il souffrit le martyre avec onze autres généreux chrétiens, à Smyrne même le 23 février 167. (P. A. 19e leçon).

XIV. Les premiers Actes des Martyrs.

Les Actes des martyrs atteignent à une hauteur que rien ne surpasse, si ce n'est l'Évangile. C'est bien là, en effet, ce calme ravissant et cette inaltérable sérénité qui ne se rencontrent dans aucune autre histoire au même degré que dans celle de l'Homme-Dieu. Les actions les plus merveilleuses y sont racontées sans enflure et sans étonnement, comme s'il s'agissait d'une chose commune et ordinaire. C'eût été pour tout autre écrivain, pour un orateur quelconque, une belle occasion de montrer de l'éloquence ; Cicéron, à coup sûr, n'y aurait pas manqué. Rien de pareil dans les Actes des Martyrs. Le ton en est d'autant plus simple et plus contenu que les faits qu'ils retracent sont plus extraordinaires. Jamais peut-être on ne vit la parole humaine se jouer, pour ainsi dire, dans le sublime de l'action avec moins d'effort et plus de naturel. Et pourtant, quoi de plus dramatique et de plus saisissant, que ces relations dont la variété égale l'intérêt ! Qu'on lise par exemple la *Lettre des Églises de Vienne et de Lyon aux Églises d'Asie sur le martyre de saint Pothin et de ses compagnons :* c'est un modèle d'éloquence simple et vraie. Cette lutte qui s'ouvre dans un monde invisible dont la double influence se manifeste par la grâce et par la tentation ; ces martyrs qui sur la terre s'apprêtent au combat sous les regards du Christ témoin de leurs efforts ; ce choc de la puissance matérielle et de la force morale ; cette progression d'intérêt qui redouble à mesure qu'on avance ; cette longue file de chrétiens qui viennent tour à tour étonner par leur courage la lâcheté d'un peuple cruel ; ce diacre Sanctus qui ne répond aux supplices que par ce mot : « je suis chrétien » ; cette jeune esclave Blandine qui réhabilite dans sa personne toute une partie du genre humain réputée vile et infâme ; puis enfin, comme pour couronner cette scène d'héroïsme, ce vieillard centenaire qui s'avance avec la double majesté de son caractère épiscopal et de ses cheveux blancs : tout ce tableau, peint en quelques traits, a de quoi électriser l'âme. C'est que les hommes de ce premier âge du christianisme parlaient comme ils agissaient ; le sublime de la parole échappait sans effort à ces âmes que n'étonnait pas le *sublime de l'action*.

Dans cette magnifique épopée du martyre à laquelle chaque persécution venait ajouter un nouveau chant, la scène variait selon les temps et selon les lieux ; la fidélité de l'amour et la grandeur du sacrifice en faisaient seules l'unité. Si telle est la forme et le caractère de ces récits aussi attrayants que variés, on conçoit quelle haute *influence morale* ils durent exercer sur la société chrétienne dans la première phase de son developpement. C'était après l'Évangile et les écrits des apôtres la lecture ordinaire des fidèles ; c'était la littérature de ce monde nouveau auquel le sacrifice frayait une voix à travers l'ancien ; et tandis que la société païenne, vieillie dans la corruption, se fortifiait dans ses vices par la lecture de cette foule d'ouvrages obscènes qui marquent l'ère de sa décadence, le peuple s'exerçait au dévouement en écoutant le récit des souffrances de ses héros. Un martyr a-t-il succombé ? On célèbre sa mémoire dans l'assemblée des fidèles. Là, devant cette tombe qui va servir d'autel, dans un cénacle écarté ou au milieu des catacombes, l'évêque ou le chef de la communauté retrace en termes simples et touchants les circonstances de cette douloureuse passion. Quelques fidèles glissés dans la foule au moment de l'interrogatoire, ont recueilli avec soin les demandes et les réponses ; ou bien l'on s'est procuré après maint effort une copie des registres publics dans lequel se trouve consigné le jugement du martyr. Lue d'abord dans l'assemblée du culte, aux agapes fraternelles, cette relation du supplice d'un frère passe de main en main : elle devient la lecture du foyer domestique après avoir servi de thème à l'exhortation générale. C'est une prédication vivante qui se prolonge au sein de la famille, un commentaire en acte de l'Évangile dont chaque martyr reproduit dans sa personne le drame pathétique. Les faibles dans la foi se fortifient au récit de ces souffrances si vaillamment endurées ; ceux que la persécution effrayait, brûlent désormais de partager le supplice de leur héroïque frère. Tous enfin se sentent ranimés dans leurs croyances et prêts à les confesser au prix de leur sang.

C'est dans les Actes des Martyrs, que nous trouvons un premier témoignage de cette admirable communion de joies, de prières et de souffrances, que le christianisme est venu étendre d'un point du monde à l'autre. Un chrétien a-t-il scellé de son sang la confession de sa foi ? Son sacrifice n'est pas un fait isolé qui n'intéresse qu'une famille ou une cité ; c'est l'Église toute entière qui a souffert avec lui et qui triomphe en lui. Ignace va cueillir à Rome la palme du martyre : tous les chrétiens de l'Asie participent à son sacrifice ou l'accompagnant de leurs vœux et de leurs prières. Polycarpe meurt pour la foi en Orient : l'Église de Smyrne envoie la relation de son martyre à toutes les Églises répandues sur la surface de la terre. La Gaule celtique a vu tomber Pothin et ses compagnons : Vienne et Lyon fraternisent avec l'Asie Mineure dans la joie d'un même triomphe. La raison de ce fait est évidente. La foi du martyr n'était pas une foi particulière, mais une foi commune à toute l'Église, et par conséquent, son témoignage comme son sacrifice devenait celui de tous. L'Église universelle s'affirmait, elle et sa doctrine, par la bouche d'un seul de ses enfants ; et ce cri de la joie jeté devant le tribunal d'un proconsul, à Smyrne ou à Lyon, par un évêque blanchi dans le service de Dieu ou par une jeune néophyte, partait de toutes les poitrines comme l'expression d'une même croyance. Les chrétiens de l'Orient se reconnaissaient dans le symbole professé par un martyr de la Gaule, comme ceux de l'Occident se retrouvaient dans le témoignage rendu à la foi par un martyr de la Palestine ou de la Syrie. Chacun prenait sa place de l'épreuve ou de l'allégresse, parce que tous se rencontraient dans une même foi et dans une espérance commune.

Les Actes des Martyrs étaient donc un lien qui unissait entre elles les diverses Églises dans le récit d'un triomphe remporté par plusieurs et partagé par tous. Transmises d'une contrée à l'autre, ces annales du sacrifice allaient dans tous les lieux, réveillant l'ardeur de la foi, et soutenant le courage de ceux qui combattaient par l'exemple de ceux qui étaient sortis victorieux de la lutte. Quel discours en effet aurait pu égaler en force et en efficacité ces faits qui parlaient d'eux-mêmes, peinture du martyre de saint Polycarpe ?

XV. Les Actes du martyre de Saint Polycarpe.

Dans le martyre chrétien, tel qu'il apparaît dans les Actes, tout est simple, grave, mesuré ; rien n'y révèle une force qui ne sait se contenir, qui n'est plus maîtresse d'elle-même, il s'y trouve de l'enthousiasme sans doute, car sans lui pas d'héroïsme ; mais cet enthousiasme est le fruit d'une conviction profonde et réfléchie. Le martyr se dévoue jusqu'à la mort, parce qu'il aime mieux obéir à Dieu qu'aux hommes. Voilà le principe de son sacrifice, le mobile de sa conduite. Quand j'entends saint Polycarpe répondre au proconsul romain par ces paroles si simples et si grandes : « Voilà quatre-vingt-six ans que je sers le Christ, il ne m'a jamais fait que du bien et vous voulez que j'en dise du mal ! » je me dis à moi-même : non, ce n'est pas ainsi que parle le fanatisme ; ce langage sublime, c'est le cri d'une conscience qui, forte de la vérité, n'entend pas que la main d'un homme vienne s'interposer entre elle et Dieu.

Arrêtons-nous un instant aux *Actes du martyre* de ce grand homme. Car, si la critique a élevé des doutes plus ou moins motivés sur l'authencité de quelques-uns de ces récits, elle est unanime pour admettre la relation que l'Église de Smyrne nous a laissée de la mort de son évêque. Cette encyclique, si remarquable à plus d'un titre, peut être envisagée comme le modèle de ce genre d'écrits. On y trouve au plus haut degré le parfum de piété et l'accent de foi qui distingue cet âge héroïque du christianisme. La scène s'ouvre avec le tableau général de la persécution subie par les fidèles de Smyrne. Déjà plusieurs chrétiens sont tombés sous la dent des bêtes féroces ; mais leur supplice n'a pu assouvir la cruauté des païens : il faut à ce peuple avide de spectacles sanglants une plus grande victime : Polycarpe est désigné à sa fureur. Averti de ces desseins homicides, le saint vieillard, qui se doit à son troupeau, se retire dans une métairie de Smyrne, pour échapper à la poursuite de ses ennemis. Les tortures arrachent à un enfant la révélation du lieu de sa retraite : à l'instant même, une soldatesque armée court à la recherche de celui que la foule ameutée appelait le père des chrétiens et le docteur de l'Asie. Pour lui, sans s'émouvoir, il se présente à ses meurtriers, les reçoit avec bonté, leur fait servir à manger et ne leur demande pour toute grâce que la faveur de recommander à Dieu son Église dans une dernière prière. Chemin faisant, un juge brutal s'oublie jusqu'au point de maltraiter le vénérable vieillard qui conserve au milieu des injures et des menaces la sérénité de son âme. Puis on arrive à l'amphithéâtre, où Polycarpe répond aux questions du proconsul avec autant de modestie que de fermeté. La sentence est prononcée. Aussitôt la populace accourt de tous côtés pour chercher de quoi composer le bûcher du martyr. Pendant que les flammes s'élèvent autour de son corps, le saint évêque adresse à Dieu une prière pour lui offrir le sacrifice de sa vie ; son martyre s'achève au milieu des vociférations du peuple, qui, trouvant l'action du feu trop lente à son gré, se hâte d'y suppléer par un nouveau tourment, comme si la vue du sang avait pu seule satisfaire ses instincts féroces.

Tel est en quelques traits le tableau de cette grande scène qui retrace les Actes du martyre de saint Polycarpe. C'est en parcourant de telles pages, qu'on peut apprécier l'esprit nouveau introduit dans le monde par la religion chrétienne, et l'énergie surnaturelle que la grâce divine avait su communiquer aux caractères. (P. A. 26ᵉ leçon).

XVI. L'Épitre a Diognète.

Par son caractère et la date de sa composition, l'Epître à Diognète se rattache à l'époque apostolique, mais elle trace la voie aux apologies du deuxième siècle *par les arguments qu'elle dirige contre l'idolâtrie, par sa réfutation de judaïsme* et par le *tableau apologétique qu'elle fait de la vie chrétienne.* Jusqu'au dix-septième siècle on s'était assez généralement accordé à voir l'œuvre de saint Justin dans l'Epître à Diognète que l'on prétend avoir été le précepteur de l'empereur Marc Aurèle. Puis se jetant vers un autre extrême on a voulu l'attribuer à *Marcion*, un hérétique du deuxième siècle. Enfin les conjectures des érudits se sont portées sur d'autres écrivains de l'Église primitive, tels qu'*Apollon d'Alexandrie* ou *saint Clément de Rome*. Mais ces hypothèses sont dénuées de tout fondement sérieux et il paraît impossible de déterminer avec la moindre apparence de probabilité le nom de l'auteur. Ce qu'il y a de certain c'est que l'ouvrage est de la première antiquité, car l'écrivain s'intitule *disciple des Apôtres* et l'on place la composition de son œuvre sous le règne de Trajan.[1]

Après avoir déployé contre le *paganisme* et le *judaïsme* un glaive à double tranchant, l'écrivain devait aborder la *religion chrétienne* pour expliquer les croyances et la conduite de ses membres. C'est la troisième partie de son discours et le complément nécessaire de son apologie. A ce sujet il trace le tableau de la vie chrétienne dans les deux premiers siècles, et nous pouvons y voir, sans la moindre hésitation, une des pages les plus éloquentes que l'on puisse trouver dans les premiers écrivains de l'Église. Les apologies suivantes ne feront guère que développer ce beau morceau :

« Les chrétiens ne diffèrent des autres hommes ni par le territoire, ni par la langue ni par les costumes. Ils n'habitent pas de villes qui leur soient propres, ne se servent pas d'un langage particulier, ni ne mènent une vie isolée. Leur doctrine n'est pas due au génie d'un homme ni aux efforts d'une activité curieuse ; ils ne défèrent pas comme tant d'autres à des opinions humaines. Ils habitent en partie les cités grecques, en partie les villes barbares, selon le lieu qui leur est échu par la naissance : ils suivent en tout les usages de leurs compatriotes, ne différant d'eux ni par le vêtement, ni par la nourriture, ni par tout ce qui touche à la vie ; et pourtant ils mènent aux yeux de tous un genre de vie

---

[1] Les travaux d'une critique plus récente tendent tous à prouver que l'auteur de la *lettre à Diognète* ne serait autre que saint Aristide dont on parlera plus loin. *Cf. Revue des quest. hist.*, 1ᵉʳ Octob. 1880 et *Bulletin critique* 1ᵉʳ janvier et 15 décembre 1882).

(*Note de l'Éditeur*)

admirable et qui tient du prodige. Ils restent dans leur patrie, comme s'ils ne faisaient qu'y passer. Ils participent à tout ce qui se fait comme citoyens ; ils endurent tout comme étrangers. Point de contrée étrangère qui ne leur serve de patrie, point de patrie qui ne leur soit étrangère. Ils se marient et deviennent pères de famille comme tous, mais ils respectent les lois du mariage. Ils mangent en commun sans se souiller par aucun vice. Ils sont dans la chair, mais ils ne vivent pas selon la chair : ils vivent sur la terre, citoyens du ciel. Ils obéissent aux lois établies et ils dépassent ces lois par le genre de vie qu'ils mènent. Ils aiment tout le monde, et tout le monde les persécute. On les condamne sans les connaître; on les punit de mort, et cette mort est pour eux le principe d'une vie nouvelle. Ils sont pauvres, et enrichissent un grand nombre ; ils manquent de tout, et ils ont tout en abondance ; on les décrie, et les opprobres dont on les charge sont leur titre de gloire. Tout en déchirant leur réputation, on ne peut s'empêcher de rendre témoignage à leur innocence. On les maudit, et ils bénissent ; accablés d'outrages, ils ne répondent que par le respect. Bien qu'irréprochables on les punit comme des scélérats ; mais ils trouvent la joie dans leur châtiment parce qu'ils y trouvent la vie. Les Juifs unis aux Grecs s'acharnent contre eux, comme ils feraient contre des étrangers, sans pouvoir préciser le motif de leur inimitié. Bref, ce que l'âme est dans le corps, les chrétiens le sont dans le monde. »

Tel est ce remarquable tableau que l'éloquence de nos grands apologistes n'a point dépassé. Ce n'est point la peinture imaginaire, faite pour le besoin d'une cause, mais une image fidèle, prise sur la réalité. Cette description de la vie chrétienne, nous la retrouverons sous la plume de saint Justin, de Clément d'Alexandrie, d'Origène et de Tertullien : l'Apologétique la présentera au paganisme comme un de ses arguments décisifs. Or si telle n'avait pas été réellement la vie des premiers chrétiens, c'eût été une folie de l'opposer à des témoins oculaires qui pouvaient si facilement vérifier le fait et démasquer l'imposture. Si donc il est une chose certaine, c'est cette admirable transformation des mœurs opérée par la religion catholique. Dès lors, quelle preuve palpable de la divinité du christianisme dans cette grande antithèse entre la vie chrétienne et la vie païenne ! (P. A. 21ᵉ leçon).

IIᵉ Siècle

Les Apologistes

INTRODUCTION

1. But poursuivi. — 2. Les obstacles qu'ils rencontrent. — 3. Leurs travaux.

1. Exposer les dogmes de la religion, inculquer aux fidèles les préceptes de la morale évangélique, prémunir leur esprit contre les hérésies naissantes, développer les principes de la constitution de l'église, tel avait été le thème ordinaire des exhortations vives et courtes qui, sous la forme d'*épîtres*, avaient circulé dans les communautés chrétiennes du premier siècle, pour y propager ou y maintenir l'enseignement du Christ et des épîtres.

Tel avait été le but poursuivi et réalisé par les *Pères Apostoliques*.

Avec les premières *Apologies* nous quittons en quelque sorte le milieu de la société chrétienne pour suivre l'éloquence sacrée dans la *lutte avec le monde païen*. Une nouvelle période s'ouvre pour elle : période de combats et de périls, d'épreuves et d'agitations sans nombre, pendant laquelle il s'agira pour l'Église de revendiquer avec sa liberté les droits immortels qu'elle tient de son auteur.

Certes, le moment était solennel dans la vie de l'Église : il n'en est pas de plus grand ni de plus beau dans l'histoire de l'éloquence sacrée. Attaquée dans son dogme, dans sa morale et dans son culte, l'Église se voyait en butte à toutes les contradictions. Du tribunal où la citaient les pouvoirs humains, elle était obligée de descendre dans l'arène de la discussion pour réfuter les calomnies des sophistes et désarmer la haine des masses. Il fallait dire aux hommes d'État, aux gens d'esprit et au peuple ligués contre elle, ce qu'elle était, d'où elle venait, où elle allait : il fallait, en un mot, leur présenter à tous son apologie.

Là est la grandeur, là est la poésie de cette lutte : dans la parole de vérité aux prises avec la force matérielle et brutale. Dans ce choc de deux mondes, dont l'un résume en lui les puissances du passé, dont l'autre porte dans ses flancs les destinées de l'avenir, ce qui éclate, ce qui frappe c'est le rôle sublime dévolu à la parole. Pour triompher de l'intolérance des hommes d'État, de la sophistique des gens d'esprit et du fanatisme des masses, l'Église, livrée à sa faiblesse apparente, n'a d'autre ressource, après la grâce divine, que celle de la parole. C'est, armée de la parole, qu'elle combat, se défend, attaque, persuade, entraîne; c'est par la parole qu'elle réduira ses ennemis sinon au silence, du moins à l'impuissance d'une haine qui ne répond à la vérité que par le supplice et la persécution.

C'est qu'aussi la parole se trouva sur les lèvres d'hommes dignes de la porter. Tandis que les magistrats de l'empire s'ingénient à trouver contre le christianisme des tortures à défaut de raisons, une phalange de défenseurs se forme et s'organise dans le camp de l'Église. Fatigués de ne rencontrer dans les religions comme dans les philosophies anciennes ni repos ni clarté, d'éminents esprits passent dans les rangs de la société nouvelle ; ils y portent cet amour de la vérité et ce sentiment de la justice qui les avaient amenés sur le chemin de la vraie foi. Disciples du Christ sous le manteau du philosophe qu'ils gardent pour la plupart, ils vont retourner contre le paganisme les armes de l'éloquence et de l'érudition. A eux de plaider la cause du christianisme au tribunal de la puissance souveraine comme à celui de l'opinion publique. Chargés de cette mission, ils la rempliront jusqu'au bout sans crainte ni faiblesse. En face d'un pouvoir arbitraire et inique, ils invoqueront sans relâche les principes de la justice et les droits de la conscience : ils en appelleront d'une haine irréfléchie au calme de l'examen, de la passion qui s'aveugle à la raison qui juge, et comme dernier recours, des hommes qui les condamnent à Dieu qui les absout. Pour enlever aux païens tout prétexte à la violence, ils déchireront ce tissu de calomnies dans lequel l'ignorance et la mauvaise foi cherchent à envelopper l'Église, pour la faire apparaître telle qu'elle est, avec la sublimité de son dogme, la pureté de sa morale et la sainteté de son culte Puis, prenant l'offensive à leur tour, ils s'attaqueront à l'idolâtrie sous toutes ses formes : ils discuteront ses origines, ses croyances, ses pratiques. Dans ce duel à outrance avec le paganisme, ils appelleront à leurs secours la science et la dialectique, parfois même l'ironie et le sarcasme, pour mettre à nu le ridicule de ses fables, l'absurdité de son symbole, l'immoralité de ses mystères, le vide et les contradictions de ses systèmes philosophiques. Telle est la tâche imposée à l'*apologétique chrétienne* dans les trois premiers siècles de l'Église. (Saint Justin 1re leçon).

2. En face du christianisme, au moment où les *Apologistes* vont prendre en main la cause de la religion méconnue et persécutée, se dresse une triple opposition : la *sophistique des gens d'esprit*, puis l'*intolérance des hommes d'État*, enfin le *fanatisme des masses*. Les périls de l'Église naissent de ces trois sources : la *science païenne* cherche à l'accabler sous le dédain et la raillerie, la *politique païenne*, à l'étouffer sous les violences d'une légalité injuste, la *multitude païenne*, à l'envelopper dans un tissu de calomnies.

3. Il s'agit par conséquent, pour les Apologistes chrétiens, de faire face à ces divers genres d'attaque. Déchirer les nuages que l'ignorance aidée de la haine

s'efforce de jeter sur le dogme, la morale et le culte catholique, démontrer l'iniquité de la procédure dirigée contre les chrétiens, développer l'excellence et la supériorité de la doctrine évangélique, tels sont les trois points principaux sur lesquels se concentreront leurs efforts. Chaque défenseur de l'Eglise les abordera successivement, en s'attachant d'une manière plus spéciale à l'un et à l'autre selon les nécessités du moment et le caractère de son génie propre. C'est ainsi que Tertullien, plus versé dans les matières de jurisprudence, épuisera la question du droit ; qu'Origène, s'aidant de sa vaste érudition, parcourra tout le champ de la polémique soulevée par la science païenne. Mais les uns et les autres, partant des mêmes principes, aboutiront par des voies diverses à des conclusions identiques : ils conserveront l'unité de vues dans la variété des aptitudes ; et de leurs travaux réunis sortira ce beau monument de l'apologétique primitive qui occupe une si grande place dans l'histoire de l'éloquence sacrée. (Saint Just. 3e leçon).

Ce que demandera l'Apologie, c'est d'être écoutée ; ce qu'elle revendiquera, c'est ce qui appartient à tous, une place au soleil et un rang dans le monde. Dieu et la vérité feront le reste. Calme et savante dans *St Justin* comme il convenait au philosophe martyr : vive, lumineuse, pressante dans *Tatien*, dans *Athénagore*, dans *Théophile d'Antioche*, elle atteindra son apogée au troisième siècle dans *Tertullien* et dans *Origène*. (P. A. 21e leçon).

I. Saint Quadrat (vers 126) et Saint Aristide
(date incertaine au deuxième siècle).

Sitôt que l'édit de Trajan eut tracé à la persécution une marche légale, des voix s'élevèrent dans les rangs du christianisme pour démontrer l'injustice de la procédure imaginée par la politique romaine. Grâce aux progrès que faisait en tous lieux la prédication évangélique, l'Église avait vu accourir dans son sein des hommes qui, en passant par les écoles du paganisme, y avaient étudié les règles de l'éloquence et de la dialectique : c'est parmi eux qu'elle trouva ses premiers défenseurs, et c'est du foyer même de la science, d'Athènes, que partit le signal de la lutte. Lorsqu'en l'année 127, Adrien visita cette ville dans le but de se faire initier aux mystères d'Éleusis, les païens crurent l'occasion favorable pour assouvir leur haine contre les chrétiens. Alors, *Quadratus*, successeur de Publius sur le siège d'Athènes, remit à l'empereur une apologie de la religion. Cet écrit, dont Eusèbe et saint Jérôme font le plus grand éloge, n'est point arrivé jusqu'à nous, à l'exception d'un petit fragment que l'évêque de Césarée nous a conservé :

« Les œuvres de notre Sauveur, disait-il, n'ont jamais cessé d'être visibles parce qu'elles reposaient sur la vérité. Lorsqu'il avait guéri des malades ou ressuscité des morts, on pouvait se convaincre longtemps après de la réalité du miracle. Les uns et les autres restaient là comme un témoignage vivant, qui s'est prolongé même après la mort du Seigneur, puisqu'il en est parmi eux qui ont vécu jusqu'à nos jours. »

L'évêque d'Athènes ne se proposait pas seulement de démontrer l'innocence des chrétiens, mais encore la divinité de leur religion : c'est à cette fin qu'il alléguait la certitude des miracles opérés par le Christ. Toutefois, ce court passage ne suffit nullement pour nous permettre de porter un jugement quelconque sur une apologie, qu'Eusèbe, évêque de Thessalonique, citait encore au sixième siècle, selon le témoignage de Photius.

Cette remarque s'applique également à un écrit du même genre adressé à l'empereur Adrien par *Aristide*, philosophe athénien. Le seul renseignement que nous possédions là-dessus, c'est une phrase de saint Jérôme, de laquelle il résulte que cette deuxième apologie formait un tissu de sentences empruntées aux divers philosophes. Il est vrai qu'au rapport de la Guilletière, il existe à six milles d'Athènes un couvent grec qui se vante de posséder l'ouvrage d'Aristide ; mais les monastères de la Grèce nous ont accoutumés à trop de prétentions de cette nature pour qu'on puisse admettre leur assertion sans l'avoir vérifiée[1]. (S. J. 4ᵉ leçon).

II. Saint Justin (104-168 ou 170?)

A. Sa vie. — Son odyssée philosophique. — *Justin* était né à la fin du premier siècle ou au commencement du deuxième, à Flavia Néapolis, l'ancienne Sichem et la Naplouse moderne. Son père s'appelait Priscus, et le nom de son grand-père était Bacchius. Toutes les recherches qui ont été faites dans le but de déterminer l'année précise de sa naissance sont restées infructueuses. Ce qui n'est pas douteux, c'est l'origine païenne de Justin : saint Epiphane s'est évidemment trompé en l'affiliant à la secte des Samaritains. En effet, le philosophe chrétien insinue clairement dans ses divers écrits qu'il sortait du paganisme, et l'histoire de sa conversion à l'Évangile ne permet pas d'autre supposition. Ce qui paraît également à la lecture des ouvrages de Justin, c'est qu'il reçut une éducation libérale, que facilitait d'ailleurs son lieu d'origine, colonie romaine où florissait la science hellénique. Mais

---

1. Depuis la publication de ce cours (1859) les Méchitaristes de Venise ont fait paraître en latin un fragment de l'apologie d'Aristide qu'ils avaient retrouvé traduit en arménien (1878). Ils y ont ajouté quelques pages d'un sermon attribué au même auteur.

(Cf. L. *Baunard*, découverte d'un fragment de l'apologie de saint Aristide d'Athènes, *Revue des sciences eccl.* 1879, p. 432-444).

(*Note de l'Éditeur*)

ce fut précisément ce degré de culture, uni à la pénétration naturelle de son esprit, qui lui fit sentir de bonne heure le vide des doctrines païennes. Comme le héros des Clémentines, il chercha dans la philosophie du temps la solution des problèmes que les cultes populaires ne pouvaient lui offrir. Une fois engagé dans cette voie d'investigation scientifique, il ne se laissa rebuter par aucune difficulté : il alla d'une école de philosophie à l'autre, poursuivant son but avec ce courage persévérant que donne seul l'amour de la vérité.

Ici nous apparaît dès l'abord ce qui est la moitié du génie de Justin ; l'amour de la vérité. Cet amour de la vérité joint à un sentiment profond de la justice nous explique sa vie et ses œuvres. En effet, la première condition pour trouver la vérité lorsqu'on n'a pas le bonheur de la posséder, c'est de la chercher avec la ferme résolution de la suivre jusqu'au bout après l'avoir trouvée. Si parmi ceux qui cherchent la vérité, il en est qui ne la trouvent pas, c'est que tout en la cherchant, ils craignent de la trouver. Ils entrevoient confusément jusqu'où elle pourrait les mener ; de là des mollesses, des hésitations, des haltes à mi-chemin, des faux-fuyants par lesquels on échappe à l'évidence qui nous serre de près, des calculs qui permettent de s'endormir dans l'illusion qu'on se crée. La vérité ne se conquiert pas de la sorte. Elle ne se donne qu'à la franchise, et c'est en l'aimant qu'on la trouve. Pour arriver jusqu'à elle, il faut marcher droit devant soi, sans calculer les sacrifices qu'elle coûte, ni s'effrayer des devoirs qu'elle impose. Ce n'est pas à l'homme de mener la vérité là où il lui plaît; il doit se laisser conduire par elle, là où elle le mène.

C'est dans cette disposition d'esprit que Justin entreprit la recherche de la vérité. Lui-même nous apprend avec quelle confiance pleine d'ardeur il s'était retourné vers les écoles philosophiques, pour obtenir d'elles une solution certaine des problèmes qui le travaillaient. Le premier système qui s'offrit à lui, ce fut le *stoïcisme*. En effet, par l'élévation de ses principes de morale, par l'estime qu'elle professait pour la vertu, par la tranquillité d'âme qu'elle promettait au sage, et peut-être encore plus par la pompe un peu théâtrale avec laquelle elle débitait ses maximes, l'école stoïcienne avait de quoi séduire l'imagination d'un jeune homme au cœur noble et généreux. Aussi les meilleurs esprits, à Rome du moins, se réfugiaient-ils dans le Portique comme dans un asile qui les protégeât contre les misères de leur siècle. Cependant il y avait dans le stoïcisme une lacune que la morale, bien loin de la combler, laissait subsister tout entière. L'esprit pénétrant de Justin l'entrevit promptement.

C'était l'absence d'un enseignement dogmatique qui pût servir à la morale de base et de point de départ. Sans doute, il est utile, il est juste d'enseigner à l'homme ses devoirs. Mais au nom de qui lui imposerez-vous des actes contraires à ses penchants, des actes qui enchaînent sa liberté ? De quel principe supérieur ferez-vous dériver cette obligation morale ? A cela le stoïcisme répondait par cet adage : Il faut vivre conformément à la nature. Mais la nature humaine, telle qu'elle existe en nous est portée au vice aussi bien qu'à la vertu ; et même, la balance inclinerait plutôt vers l'un que vers l'autre. La vertu, n'est-elle pas un sacrifice pénible, qui répugne à la nature, qui la contrarie dans ses inclinations les plus vives ? Pourquoi, de ces deux voix de la nature, dont l'une invite au plaisir, dont l'autre commande le sacrifice, écouterais-je plutôt la deuxième que la première ? Il vous plaît de placer dans la conscience le fondement de l'obligation morale ! Fort bien, si la voix de la conscience est la voix de Dieu, si la règle qu'elle me trace m'est imposée par une volonté supérieure à la mienne, si le bien moral a son principe et sa sanction dans une loi éternelle, absolue, immuable, qui ne se résout pas dans une pure abstraction, mais se réalise, se personnifie dans l'Être souverain : dans ce cas, je comprends le devoir, le sacrifice, la vertu. Si, au contraire, la conscience n'est qu'une législation sans législateur et un tribunal sans juge, si elle n'est qu'une limite que je me pose à moi-même ou qu'une force aveugle et impersonnelle, qui s'appelle la nature, est censée m'opposer, elle n'a pas plus d'autorité pour moi que la voix de l'intérêt ou des passions ; et ma volonté, brisant ce frêle obstacle, se retrouve tout entière avec son indépendance, libre de tout frein et hors de toute entrave.

C'est pourquoi la morale du Portique était un bel édifice bâti en l'air, que le vent du scepticisme emportait sans peine. Justin la caractérise d'un mot en disant de son stoïcien, « qu'il ne jugeait pas même que la connaissance de Dieu fût nécessaire. » En effet, scandalisé par ces paroles, le jeune philosophe rompit avec le Portique.

Loin de se laisser décourager par cette première déception, il redoubla d'ardeur dans la recherche de la vérité. C'est aux *péripatéticiens*, ou disciples d'Aristote, qu'il alla s'adresser au sortir de l'école stoïcienne ; mais un incident curieux l'empêcha de pénétrer bien avant dans l'étude de ce nouveau système : « Je m'adressai, dit-il, à un péripatéticien, homme d'une grande finesse d'esprit, du moins à ce qu'il croyait. Il laissa passer les premiers jours ; mais, au bout de ce temps, il me pria de convenir avec lui des honoraires, afin que notre commerce devint plus fructueux. Quand j'entendis cela, je quittai mon homme, ne l'estimant même pas digne du nom de philosophe. »

L'absence d'enseignement dogmatique chez les stoïciens et *l'esprit de vénalité* des péripatéticiens l'avaient éloigné de ces deux écoles : il essaya d'une troisième, *l'école pythagorique*. « Toujours animé du désir d'apprendre, ce qui est le propre et l'essence de la philosophie, j'allai trouver un pytagoricien, homme d'une grande réputation et fier de son savoir. Je lui exprimai l'intention que j'avais de profiter de sa société en écoutant ses leçons. Or, la première question qu'il m'adressa fut celle-ci : quels soins avez-vous donnés à la musique, à l'astronomie et à la géométrie ? Car n'espérez pas approfondir les choses qui ont pour objet la vie heureuse, si vous n'êtes préalablement initié à ces diverses sciences ; elles seules peuvent détacher l'esprit des sens, pour le préparer à l'intuition du beau et du bien en soi. Là-dessus il me fit un pompeux éloge de cette discipline préliminaire, en insistant sur son absolue nécessité. Je lui confessai mon ignorance en cette matière, et, sans pousser plus avant, il me renvoya. »

A Justin se révélait ainsi une nouvelle lacune de l'enseignement philosophique : le *manque de popularité*. Il n'est accessible qu'au petit nombre, parce qu'il suppose un ensemble de connaissances qui se trouvent rarement réunies.

Déjà il commençait à désespérer du résultat de ses investigations lorsqu'une dernière chance de salut s'offrit à lui : c'était la *doctrine de Platon*. « Dans l'embarras, dit-il, où je me trouvais par suite de ma mésaventure, je résolus de conférer avec les *platoniciens*, qu'on tenait en haute estime. Précisément, il venait d'arriver dans notre ville un de leurs principaux maîtres. Je me mis en rapport avec lui, et, à la suite de longs entretiens, je m'aperçus que je faisais chaque jour de nouveaux progrès. Ce qui me transportait de joie, c'était la connaissance des choses intelligibles : la théorie des idées donnait des ailes à mon esprit. Je m'imaginais être devenu savant en peu de temps, et j'espérais arriver bientôt à la contemplation de Dieu : car c'est à cela que tend la philosophie de Platon. » (S. J. 4ᵉ leçon).

B. Sa consersion au Christianisme. — Cependant, dans l'ardeur qu'il mettait à découvrir la vérité, la religion chrétienne n'avait pas échappé à l'attention de Justin. Or ce qui l'avait frappé chez ceux qui la professaient, c'était la *constance des martyrs*. Le jeune philosophe n'ignorait pas les charges que l'opinion publique faisait peser sur les chrétiens ; mais son esprit droit et juste avait peine à concilier leur intrépidité en face de la mort avec les crimes qu'on leur imputait.

Un incident ménagé par la Providence acheva d'opérer dans l'âme de Justin ce que l'exemple des martyrs y avait commencé. Nous avons vu avec quel enthousiasme il avait embrassé la doctrine de Platon, qui lui semblait propre à élever l'âme vers la contemplation des choses invisibles. Un jour que, pour vaquer plus librement à cet exercice, il se promenait dans un lieu écarté, non loin du rivage de la mer, il vit venir à lui un vieillard d'un aspect vénérable, sur le visage duquel apparaissait une majesté empreinte de douceur. Justin étonné de rencontrer une créature humaine, là où il espérait être seul, ne lui cacha pas le motif de sa surprise. « Je suis en peine de quelques-uns des miens qui se trouvent en voyage, dit le vieillard, et j'étais venu pour voir si par hasard ils s'offriraient à mes yeux de quelque point de l'horizon. Et vous, que faites-vous dans cette solitude ? — Moi, répondit Justin, je me plais à ces sortes de promenades, parce que, libre de toute distraction, je puis à mon aise converser avec moi-même ; car la solitude est très favorable à l'étude de la philosophie. — Ah ! vous êtes donc de ceux, répartit l'inconnu, qui aiment les paroles, sans s'inquiéter des œuvres ni de la vérité, et qui négligent la pratique pour la théorie. » L'attaque était vive ; Justin, qui ne s'y attendait pas, se mit à faire un éloge pompeux de la philosophie qui seule relève la condition humaine, tandis que sans elle toutes choses sont de moindre valeur. « Est-ce donc, fit le vieillard, que la philosophie rend l'homme heureux ? — Certes, en dehors d'elle il n'y a pas de bonheur. — Qu'est-ce donc que la philosophie et quel bonheur procure-t-elle à l'homme ? — La philosophie est la science de l'être et la connaissance de la vérité ; le bonheur est la récompense de cette science et de cette sagesse. — Et Dieu, quel est-il, selon vous ? — Dieu est l'être immuable et le principe de toutes choses... »

Jusque-là tout allait bien, et le jeune philosophe ne se trouvait pas à court de réponses. Toutefois, il venait de prêter le flanc à l'attaque par cette définition un peu ambitieuse « La philosophie est la science de l'être, » ce qui, dans la théorie platonicienne, voulait dire que la philosophie conduit l'homme à la contemplation de Dieu. C'est là-dessus que le vieillard entreprit son interlocuteur. « Nul doute, dit-il, que la raison humaine ne puisse arriver à savoir que Dieu existe, que la beauté morale résulte de la justice et de la piété ; mais autre est savoir que Dieu existe, autre le voir en lui-même, le contempler, comme vous, philosophes platoniciens, prétendez pouvoir le faire. Dieu ne tombe pas sous l'expérience comme les choses qui se voient et qui se touchent. Pour le connaître tel qu'il est, sans crainte de se tromper, il faudrait de deux choses l'une ; ou l'avoir vu soi-même ou être instruit par quelqu'un qui l'ait vu. Direz-vous que l'âme humaine possède la capacité naturelle de voir Dieu tel qu'il est? Vous voilà obligés, dans ce cas, d'attribuer la même faculté à l'âme des bêtes ! car vous autres, vous n'admettrez pas de différence spécifique entre elle et l'âme humaine, puisque vous êtes partisans de la métempsycose. Il y a plus : supposons même que vous puissiez arriver par vos propres forces à la contemplation de Dieu : elle ne ferait pas votre bonheur, car elle ne tarderait pas à en déchoir. Dans votre théorie, l'âme, en venant animer un nouveau corps, perd le souvenir de son état antérieur. Ne dites donc pas que vous possédez la science de l'être, que vous parviendrez à voir Dieu sans le secours de l'Esprit-Saint et par les seules forces de l'intelligence. Dites plutôt que la philosophie, tout en sachant que Dieu existe, n'a aucune connaissance certaine de ce qu'il est en lui-même. »

C'est ainsi que l'inconnu pressait Justin, pour l'amener à confesser l'impuissance de la philosophie païenne à résoudre le problème qu'elle se posait. L'argumentation de son adversaire n'avait pas laissé d'ébranler quelque peu la confiance du jeune philosophe ; voyant qu'il gagnait du terrain, le vieillard résolut de pousser plus avant, en passant de la théodicée de Platon à sa psychologie.

Si les philosophes n'ont rien d'arrêté sur la science de Dieu, ils ne sont pas plus avancés dans la connaissance de l'âme.

Une réfutation nette et vive de la doctrine de la métempsycose acheva de porter la conviction dans l'âme de Justin. Il se trouvait alors dans cette situation où l'homme, assiégé par le doute, voit faiblir une à une toutes les croyances qui lui étaient chères, sans savoir encore par quoi les remplacer. Après avoir erré du Portique au Lycée, d'Aristote à Pythagore, il avait cru trouver dans la doctrine de Platon une assiette sûre pour son esprit avide de vérité ; voilà que cette dernière illusion lui était enlevée. « Mais, s'écria-t-il, si ces grands esprits, qui sont les oracles de la philosophie, n'ont pas enseigné la vérité, où donc la trouver ? » Le moment était favorable pour porter le dernier coup et amener à la foi cette âme dans laquelle il n'y avait plus rien qui restât debout. L'inconnu le saisit adroitement pour indiquer à Justin le port du salut :

« A une époque déjà bien reculée ont vécu des hommes plus anciens que tous ceux qui passent pour philosophes, hommes bienheureux, justes et aimés de Dieu ; inspirés par l'Esprit-Saint, ils ont prédit les événements qui s'accomplissent aujourd'hui : on les appelle prophètes. Ceux-là seuls ont vu la vérité et l'ont annoncée aux hommes, sans crainte ni faiblesse ; étrangers à toute pensée de vaine gloire, ils ont enseigné ce que l'Esprit-Saint leur avait fait voir et entendre. Nous possédons leurs écrits : quiconque y ajoute foi après les avoir lus en retirera le plus grand profit pour la connaissance du principe et de la fin des choses, de tout ce qu'un philosophe doit savoir. Ce n'est point par voie d'arguments qu'ils procédaient dans leurs discours ; témoins de la vérité, i's étaient au-dessus de toute démonstration : l'accomplissement de leurs prophéties rend leur témoignage digne de foi. De plus, les miracles qu'ils faisaient accréditaient leur parole. Les faux prophètes, remplis de l'esprit d'impureté et de mensonge, osent bien tenter quelques prodiges pour frapper l'esprit des hommes, mais ils ne glorifient par là que les démons et les esprits de l'erreur ; les vrais prophètes, au contraire, annonçaient au monde Dieu le père créateur de toutes choses, et son fils Jésus-Christ envoyé par lui. Pour vous, ayez avant tout recours à la prière, afin que les portes de la lumière s'ouvrent devant vous ; car personne ne peut comprendre ces vérités, si Dieu et son Christ ne lui en donnent l'intelligence. »

Voilà l'horizon nouveau que l'inconnu découvrait devant Justin ; c'est vers cette perspective vaste et sûre qu'il essayait d'entraîner un esprit qui se sentait à l'étroit dans les spéculations incertaines de la philosophie. *Étudier l'Écriture sainte* en place des livres faits de main d'homme, *consulter les prophètes* au lieu des philosophes, *préférer* à l'arbitraire des affirmations humaines *l'autorité des envoyés de Dieu garantie par le miracle et par la prophétie* ; et pour assurer le succès de ces efforts, recourir à un moyen que la philosophie ne connaissait pas, *la prière de l'humilité* qui implore la lumière ; telle est la voie infaillible que la Providence venait d'indiquer à Justin et qui devait le conduire au terme tant désiré, du repos dans la certitude.

« Quand le vieillard m'eut dit ces choses, continue Justin racontant l'histoire de sa propre vie, il me quitta en me recommandant de méditer sur ce que je venais d'entendre ; depuis lors, je ne l'ai plus revu. Mais mon cœur, enflammé d'un saint désir, brûlait d'ardeur de connaître les prophètes et ces hommes qui sont les amis du Christ. En repassant dans mon esprit la conversation précédente, je trouvais que cette philosophie-là seule était sûre et utile. C'est dans ce sens et pour ce motif que je suis philosophe. Or, je voudrais que tous suivissent la même voie que moi, pour ne pas s'égarer loin de la doctrine du Sauveur ; car cette doctrine a une majesté propre à frapper ceux qui ont dévié du droit chemin ; quiconque la médite y trouve un repos plein de douceur. »

Justin avait atteint son but ; la vérité, objet de ses recherches, s'était offerte à lui avec un caractère de certitude qui bannissait toute hésitation. Dès lors, ce long voyage à travers les systèmes philosophiques de l'ancien monde était terminé ; la révélation, une fois découverte, coupait court à toute investigation ultérieure, en substituant la voie la plus simple et la plus facile, celle de l'autorité divine, à des circuits sans nombre au bout desquels l'esprit ne rencontrait que le doute et la lassitude. Le repos succédait à l'agitation et le calme de la possession à l'inquiétude d'un désir toujours renaissant et jamais satisfait.

Il me paraît difficile de dépasser les limites de la probabilité lorsqu'on cherche à déterminer le lieu ou l'époque à laquelle saint Justin se convertit au christianisme. On est assez généralement d'accord pour placer cet événement sous le règne d'Adrien ; mais à quelle année précise faut-il s'arrêter ? C'est ce qu'il est impossible de décider en l'absence de données certaines. Nous avons là une période de dix années, de 126 à 137, où la critique trouve un champ ouvert à des conjectures plus ou moins hasardées. La même incertitude règne sur l'endroit où se passa la scène décrite par Justin. Là-dessus, on s'est partagé entre trois villes, Flavia Néapolis, Éphèse et Alexandrie. Ce qui dirigeait assez naturellement le choix vers la première, c'est que Justin la désigne ailleurs comme son lieu de naissance. De plus, le mot « notre ville, » qu'il emploie dans le récit de sa conversion, semblait à première vue indiquer sa patrie ; mais il est évident que ce terme peut convenir à la ville où il se trouvait alors non moins qu'à celle où il était né. Deux raisons me paraissent devoir écarter Flavia Néapolis du débat ; la première, c'est qu'elle ne se trouvait pas sur le bord de la mer, comme le suppose la narration, mais à plusieurs lieues de là ; la deuxième c'est qu'il y a peu de vraisemblance à supposer dans une ville très secondaire toutes les écoles de philosophie que mentionne le *Dialogue avec Tryphon*. Reste donc à se prononcer pour Éphèse ou pour Alexandrie ; or, nous n'avons aucune raison suffisante de préférer l'une à l'autre. Car, s'il est vrai que Justin avait fait un séjour à Éphèse, où eut lieu sa conférence avec le Juif Tryphon, il n'est pas moins certain qu'il s'était arrêté à Alexandrie, puisqu'il rappelle, dans son *Exhortation aux Grecs*, ce qu'il avait vu dans cette cité. Toutefois, comme ce discours suivit d'assez près sa conversion, l'opinion des critiques qui penchent pour *Alexandrie* n'est pas dénuée de fondement. Je ne touche à ces questions qu'en passant, parce qu'elles n'ont pas une grande importance, et qu'elles n'offrent aucun élément de solution. J'en dirai autant à propos du vieillard dont la Providence se servit comme d'un instrument pour amener Justin à la religion chrétienne. Était-ce un ange sous forme humaine, comme l'ont pensé Halloix et Tillemont, ou bien saint Polycarpe, selon la conjecture de Fabricius ? Il me semble que le parti le plus simple et le plus naturel, c'est de voir en lui un chrétien des premiers temps, fort versé dans la connaissance des Écritures et de la philosophie ancienne. Toute recherche ultérieure ne saurait aboutir à un résultat positif. (S. J. 5ᵉ leçon).

C. **Ses écrits.** — S'il faut juger de son activité par ses écrits, il est facile de voir qu'elle s'exerça sur un terrain multiple et varié. Missionnaire de la foi, le philosophe chrétien ne limita pas à une ville ni à une contrée son zèle pour la propagation et la défense de l'Évangile. L'Égypte, l'Asie Mineure et l'Italie le virent tour à tour cherchant, par sa parole et ses écrits, à servir la grande cause qu'il devait soutenir plus tard au prix de son sang. Mais s'il résulte de maint endroit de ses ouvrages qu'il séjourna successivement à Alexandrie, à Cumes, à Éphèse et sur divers points de l'empire, Rome devint le centre de ses travaux et le foyer de son enseignement. C'est là qu'au témoignage d'Eusèbe et de Photius il s'arrêta pour fonder une *école théologique,* la plus ancienne dont l'histoire fasse mention ; et les *actes de son martyre,* en confirmant ce fait, nous obligent d'admettre qu'il fit deux séjours prolongés dans la capitale du monde romain : le premier sous Adrien et le second sous Marc-Aurèle.

Une triple controverse marque la carrière théologique et littéraire de saint Justin, selon qu'il tourna ses efforts contre le *paganisme,* le *judaïsme* ou les *hérésies.* Adversaire infatigable du polythéisme avec lequel il engage une polémique offensive et défensive, champion zélé de de la vérité chrétienne en face des Juifs esclaves de leurs préjugés, de l'intégrité de la foi contre les hérétiques qui cherchent à l'altérer, il résume dans ses travaux tout le mouvement de l'époque. De là trois genres d'écrits qui s'échelonnent dans un espace de trente années pour subvenir à des besoins et faire face à des périls de diverse nature. Or, dans cette lutte du philosophe martyr avec les erreurs de son temps, la première qui dut occuper son attention et stimuler l'ardeur de son âme, c'est le paganisme, d'où il était sorti. Trois traités, dont deux assez courts, ouvrent l'attaque qui se prolongera dans les deux apologies à côté de la défense ; *le Discours aux Grecs, l'Exhortation aux Grecs* et *le Traité de la monarchie ou de l'unité de Dieu.*

Après les trois monuments de la controverse païenne que nous venons de nommer, il faut placer les deux *apologies* dans lesquelles saint Justin revendique pour les *chrétiens* le libre exercice du culte ou la tolérance civile, prouve la divinité du christianisme par l'excellence de sa morale, trace à grands traits la liturgie catholique de son temps (1re *apologie*), développe la doctrine du Verbe exposée par saint Jean et met nettement en lumière l'unité de nature et la distinction de personnes en Dieu (2e *apologie*.)

Enfin dans le *dialogue avec Tryphon* il établit contre les *juifs* : que la loi mosaïque *devait* être abrogée dans sa partie cérémonielle et civile, qu'elle l'a été *réellement*, parce qu'elle n'avait, dans sa partie purement rituelle, qu'un caractère local, temporaire, figuratif, et que toutes les prophéties messianiques ont été accomplies dans la personne de Jésus de Nazareth.

Parmi les œuvres perdues de saint Justin, nous devons citer : un traité *contre toutes les hérésies*, un livre *contre Marcion*, un traité sur les *opinions des philosophes touchant l'âme humaine*, une *explication des six jours de la création*, un opuscule sur *la Providence*, un *commentaire de l'apocalypse*. Nous possédons encore de lui sur la *résurrection de la chaire* un fragment dont l'authenticité est révoquée en doute et quelques écrits que personne n'est plus tenté de lui attribuer, bien qu'ils figurent dans les éditions ordinaires. (S. J. *passim.*)

D. Appréciation générale. — 1. *Saint Justin apologiste.* Des travaux, si nombreux et si variés, assignent à saint Justin le premier rang parmi les apologistes du deuxième siècle. Nul autre ne résume d'une manière plus complète le mouvement doctrinal et littéraire de l'époque au sein du christianisme. Contemporain des Pères apostoliques, il inaugure une nouvelle période dans l'histoire de l'éloquence sacrée, celle des luttes de la parole chrétienne avec le monde païen. Sa voix franchit le cercle des fidèles pour s'élever au milieu du paganisme et retentir jusqu'au trône des Césars. S'il n'a pas créé ce genre de discours qui a jeté tant d'éclat sur la littérature chrétienne, il lui a donné, par ses deux *apologies*, la forme qu'on a conservée dans la suite. Ses *discours aux Grecs* sont également le premier modèle de ces traités sur l'idolâtrie et le polythéisme que nous rencontrons plus tard. Dans cette partie la plus importante de sa tâche, saint Justin a su frayer une voie large et sûre, soit qu'il attaque les religions de l'antiquité, soit qu'il défende le christianisme. Sa réfutation de l'idolâtrie est une critique vive et animée qui n'embrasse pas le polythéisme antique sous tous ses aspects, bien qu'elle en dévoile les principales erreurs. Sorti des rangs de la philosophie grecque, Justin l'apprécie avec équité et largeur : il sait rendre justice à Socrate et à Platon sans dissimuler le vide ou les défauts de leurs systèmes. En prouvant la divinité du christianisme, il fait valoir les arguments qui sont restés la base de la démonstration évangélique : l'accomplissement des prophéties de l'Ancien Testament, les miracles du Sauveur qui se prolongent dans l'Église, la rapide propagation de la foi malgré les nombreux obstacles qui semblaient devoir l'entraver, le changement de vie opéré dans les fidèles par la doctrine chrétienne, l'héroïque constance des martyrs au milieu des supplices, l'excellence et la supériorité du dogme, de la morale et du culte catholiques. L'apologétique chrétienne n'a fait que développer depuis lors ces moyens de défense indiqués par saint Justin. Il en est de même des droits de la conscience et de la vérité, que ce grand homme revendique et formule en face d'une légalité arbitraire ou d'une procédure inique : Tertullien et Origène se borneront à éclaircir ce point juridique défini par le premier des apologistes chrétiens. Enfin, sa *controverse avec les Juifs* détermine le terrain et les armes qu'il convient de choisir pour triompher dans cette lutte qui s'est prolongée jusqu'à nos jours. Il est à regretter que la perte d'une partie de ses écrits nous empêche d'apprécier sa polémique avec les hérésies : ces précieux documents achèveraient de prouver que saint Justin est, avec saint Irénée, l'expression la plus complète de l'éloquence chrétienne au deuxième siècle.

2. *Saint Justin témoin de la foi.* Si maintenant nous considérons en lui l'organe et l'interprète de la tradition, ses écrits prennent une importance singulière. Où trouver ailleurs un témoignage plus exact sur l'état des croyances dans l'Église primitive, que chez un homme dont la naissance touche au temps des apôtres et dont la mort ne dépasse guère la première moitié du deuxième siècle ? Saint Justin est un des premiers anneaux de cette chaîne traditionnelle qui s'étend des apôtres aux Pères du troisième siècle par une suite non interrompue de pontifes et de docteurs : c'est entre le règne d'Adrien et celui de Marc-Aurèle que ses œuvres s'échelonnent de distance en distance dans

un espace de trente années. Dès lors, quelle n'est pas l'autorité d'un témoin dont les écrits attestent que les dogmes de la Trinité, de la divinité de Jésus-Christ, de la présence réelle, de la transsubstantiation, du sacrifice de la Messe, de l'inspiration de l'Ancien et du Nouveau Testament, étaient admis comme la foi universelle de l'Église à l'époque la plus reculée ? Le témoignage du premier apologiste de la religion chrétienne n'écrase pas moins le protestantisme soi-disant orthodoxe que le rationalisme, en prouvant que les croyances, la liturgie, les livres saints reçus dans l'Église au deuxième siècle répondent, trait pour trait, aux usages et à l'enseignement de l'Église catholique. Mais saint Justin n'est pas seulement un interprète autorisé de la tradition ; il applique l'esprit philosophique au dogme révélé. C'est dans ses ouvrages qu'on surprend les premières tentatives de la raison chrétienne essayant d'éclaircir les données de la révélation à l'aide des connaissances naturelles, de les coordonner entre elles, de construire, en un mot, la philosophie du dogme ou la science de la foi. Cette tendance spéculative se manifeste dans la doctrine du Verbe exposée par l'apologiste : effort hardi mais heureux pour ouvrir au génie chrétien ces voies larges et spacieuses, où la foi, cherchant l'intelligence, trouve le progrès dans la lumière.

3. *Saint Justin, critique et érudit*. Certes, en face de ces travaux presque sans précédents, on ne saurait refuser à saint Justin une grande pénétration et un vaste savoir. Ses études philosophiques, commencées dès le jeune âge, l'avaient préparé et mûri pour les combats de la foi. En passant par les écoles de la Grèce, il y avait pris des habitudes littéraires et puisé un fond d'érudition profane vraiment remarquable. Tout le champ de la littérature grecque lui est ouvert; il le parcourt d'un bout à l'autre avec l'ai-

sance d'un homme qui n'en ignore aucune partie. Poètes, philosophes, historiens de l'antiquité, rien ne lui est inconnu : il cite, discute, commente leurs ouvrages. Le grand nombre d'extraits qu'il en tire n'est dépassé que par l'abondance de ses citations bibliques. Sans doute, le choix discret des matières n'égale pas, dans saint Justin, la profusion des textes, et sa critique ne marche pas toujours de pair avec son érudition. Il accepte parfois avec trop de confiance des documents dont l'authenticité, admise de ce temps, ne résiste pas à un examen sévère. Sous ce rapport, l'école juive d'Alexandrie a exercé sur lui, comme sur Clément et sur Origène, une influence fâcheuse. C'est sur la foi d'Aristobule et de Philon qu'il admet la théorie des emprunts directs faits aux livres saints par les philosophes grecs, et qu'il s'efforce de retrouver quelques dogmes chrétiens dans des passages évidemment apocryphes. Le même défaut de sévérité en matière de critique se remarque dans la facilité avec laquelle il ajoute foi à certaines traditions qui avaient cours, comme l'inspiration de Septante et l'histoire merveilleuse de la Sibylle de Cumes. Enfin l'opinion des Millénaires qu'il adopte, sans dissimuler qu'elle était rejetée par un grand nombre, des recherches trop subtiles dans l'interprétation des Écritures, l'abus de l'allégorie et du sens figuré, ces traits divers prouvent que sa méthode n'était pas à l'abri de tout reproche. Mais ce sont là des taches bien légères, dans un auteur qui a remué tant de questions, à une époque où ces points d'histoire et de critique n'avaient pas subi l'épreuve d'une longue discussion. En tous cas, elles n'effacent pas le mérite de l'apologiste, qu'elles font plutôt ressortir par leur peu d'importance et leur rareté.

4. *Saint Justin écrivain.* Comme écrivain, saint Justin marque également une nouvelle période dans l'histoire

de l'éloquence sacrée, celle où l'influence grecque commence à se faire sentir dans les lettres chrétiennes. Si l'homélie ou la lettre pastorale, destinée aux fidèles, pouvait n'être qu'une exhortation simple et pathétique, sans le moindre souci de la forme littéraire, l'apologie adressée à l'Empereur et au Sénat romains devait s'approprier à l'esprit des lecteurs. C'était un plaidoyer d'un autre genre, il est vrai, que les harangues de la Grèce ou de Rome, mais qui ne pouvait manquer de s'en rapprocher pour le ton et la couleur, sous peine d'être écarté par les juges comme l'œuvre d'un barbare. Indiquée par le but de l'apologétique, cette forme nouvelle de l'éloquence chrétienne empruntait à ceux qui l'employaient son origine et sa raison d'être. Les premiers défenseurs du christianisme étaient des rhéteurs ou des philosophes convertis qui, sortant des écoles du paganisme, avaient emporté avec eux le goût et le souvenir des modèles sur lesquels ils s'étaient formés. C'est ainsi qu'en commençant son *Exhortation aux Grecs* saint Justin imite l'exorde du plaidoyer de Démosthène en faveur de Ctésiphon. Assurément un pareil soin n'aurait jamais préoccupé saint Ignace ou saint Polycarpe. On s'explique donc sans peine que la première influence de l'éloquence grecque sur les Pères de l'Église coïncide avec l'origine des apologies. Toutefois, ce serait une erreur de s'imaginer que les apologistes du deuxième siècle se soient élevés, comme écrivains, à la hauteur de Démosthène et de Platon, ou même qu'ils aient visé à égaler ces maîtres de la parole. Malgré le soin qu'ils prenaient, en s'adressant aux païens, de ne pas les rebuter par un langage trop éloigné des formes classiques, ils auraient cru rabaisser la vérité en cherchant leur triomphe dans les artifices de la rhétorique. Ils regardaient cette recherche de l'élégance comme frivole et peu digne de la sévérité de l'Évangile. Le sublime défi jeté par saint Paul à l'éloquence humaine retentissait encore avec trop de force pour qu'on pût songer aux apprêts de la diction. D'ailleurs la littérature grecque était en pleine voie de décadence ; et les travaux des grammairiens ou des rhéteurs n'étaient pas de nature à la relever : ce soin était réservé aux Pères des siècles suivants. Gardons-nous donc d'exagérer le mérite de saint Justin envisagé comme écrivain. A la vérité, son style a deux grandes qualités, la *simplicité* et la *clarté* ; mais on y chercherait en vain l'élégance et la distinction. Il exprime sa pensée sans la moindre emphase, toujours avec netteté, souvent avec chaleur. Quand le sentiment l'échauffe, son ton s'élève par intervalle et sa diction se colore : hors de là, son langage est calme et contenu, son style sobre jusqu'à la sécheresse. Il y a parfois des incorrections dans sa phrase ; elle semble se traîner plutôt qu'elle ne marche ; de longues parenthèses la coupent et l'embarrassent. Justin ne suit guère l'ordre logique dans le développement de son sujet : la régularité du plan et l'exacte distribution des parties font presque toujours défaut à ses traités ; seul, le *Discours aux Grecs* forme, sous ce rapport, une heureuse exception. Il passe facilement d'une idée à l'autre, laisse là un argument inachevé pour le reprendre un peu plus loin, se laisse aller à des digressions fréquentes, sans perdre de vue la fin qu'il poursuit. Rien n'offre mieux l'image d'une improvisation écrite que ce discours spontané, familier, libre, où les pensées se pressent comme elles se présentent à l'esprit dans le seul but de convaincre et de persuader. Évidemment, les écrits que nous possédons de saint Justin ne sont pas des ouvrages composés avec grand soin dans les loisirs d'une vie non troublée : ils naissaient de la circonstance, avec le péril auquel ils faisaient face, avec l'ennemi qu'ils étaient destinés à combattre.

Mais, qu'est-ce que les qualités ou les défauts du style devant la grandeur de la cause et le caractère de l'homme ? Justin avait paru à l'une de ces époques où l'erreur cherche à triompher de la vérité par la persécution. Le spectacle de cette lutte enflamma son âme. Dès lors, il ne connut plus qu'une passion, celle de défendre et de propager la foi qu'il avait reçue lui-même. C'est à cette noble mission qu'il consacra sa vie entière. Tous ses écrits respirent ce sentiment du droit, cet amour de la justice et de la vérité que donnent les grandes causes et qui font les grandes âmes. Ardent comme sa foi, son zèle n'a rien d'amer : en défendant les opprimés, il prie pour les oppresseurs. C'était le caractère de ces hommes intrépides et doux qui allaient détruire le paganisme en se laissant tuer par lui ! Justin est à leur tête : il les précède par ses œuvres, il les égale par son sacrifice. Quand l'heure du témoignage fut venue, il n'hésita pas à sceller de son sang la sainte cause qu'il avait servie de sa parole et défendue par ses écrits. La philosophie et l'éloquence, la science et la foi s'étaient rencontrées dans le martyre, comme vers l'acte suprême du sacrifice de l'homme à Dieu. Tels sont les titres avec lesquel Saint Justin se présente à l'admiration des siècles ; c'est sa grandeur dans l'histoire et sa gloire devant Dieu. (S. J. 25ᵉ leçon.)

III. Tatien

A. Vie et conversion. — Pendant que saint Justin enseignait à Rome, il vit arriver dans cette ville un jeune sophiste qui lui témoigna le désir de se mettre sous sa conduite. Né en Assyrie, vers l'année 140, le nouveau disciple avait quitté de bonne heure sa patrie pour s'initier aux diverses connaissances dont la société de son temps était en possession. Ce fut d'abord la civilisation grecque qui attira son attention. Il fréquenta successivement les écoles les plus renommées de l'époque, et fit de rapides progrès dans l'art de la rhétorique. Il y avait, en effet, au deuxième siècle, des chaires de sophistes ou de rhéteurs sur différents points de l'empire, à Antioche, à Smyrne, à Béryte, à Gaza, à Tyr, à Athènes ; et ce n'étaient pas des noms obscurs que ceux d'Arrien de Nicomédie, de Polémon, d'Hérode Atticus, d'Ælius Aristide, d'Hérodien, de Marcellus Sidétès, etc. Il est probable que, dans son long voyage à travers l'Asie Mineure et la Grèce, le jeune Assyrien avait entendu plusieurs d'entre eux. Mais son esprit, avide de vérités plus hautes, ne pouvait se contenter d'études purement littéraires sans but ni caractère pratiques. Il résolut d'approfondir les systèmes de philosophie et les religions de son temps. Là, de cruelles déceptions l'attendaient. Il fut frappé du désaccord qui régnait entre les maîtres de la science sur des questions fondamentales ; mais ce qui blessa le plus vivement sa nature rigide et sévère, ce fut de voir que leur conduite démentait leur enseignement. On conçoit dès lors à quel point les turpitudes de la mythologie populaire durent révolter son sens moral. Il en conçut toute l'indignation que pouvait ressentir une âme énergique et ardente. Pour ne pas se laisser tromper par les apparences, il voulut pénétrer sous le voile de ces fables en se faisant initier aux mystères : peut-être trouverait-il dans cette partie plus intime, plus profonde, de la religion des Grecs, un enseignement moins immoral. Vaine tentative : les mystères d'Éleusis avaient perdu ce caractère religieux qu'ils présentaient à l'origine, pour devenir une école de corruption plus ténébreuse, il est vrai, mais non moins funeste pour les mœurs que les cultes publics. Trompé dans son attente, le jeune rhéteur se tourna vers Rome pour étudier le polythéisme dans le centre même de sa domination. Le spectacle qu'offrait la capitale du monde mit le comble au dégoût que lui avaient inspirées les ignominies dont l'Asie

Mineure et la Grèce étaient le théâtre. L'enseignement de la sagesse aux mains d'une troupe de charlatans sans pudeur, les désordres les plus hideux venant s'étaler sur la scène, des jeux sanglants prodigués comme passe-temps à une multitude féroce, des sacrifices humains offerts à Jupiter Latiaris et à la grande Diane dans les bois d'Aricie, les vices les plus infâmes déifiés : voilà ce qui acheva de rompre le dernier fil qui l'attachait au paganisme. Il avait quitté l'Assyrie dans l'espoir de trouver la vérité au milieu de cette civilisation tant vantée des Grecs et des Romains, et il n'avait retiré de ses longues recherches que la certitude de ne l'avoir rencontrée nulle part.

C'est dans cette disposition d'esprit que la grâce divine vint surprendre *Tatien*. Il vit des chrétiens : il parcourut leurs livres. Depuis qu'il avait quitté l'Assyrie pour chercher la vérité à travers le monde, rien de pareil ne s'était offert à cet esprit que les croyances de la foule et les systèmes philosophiques de l'antiquité n'avaient pu satisfaire.

La lecture des livres saints avait produit sur l'âme de Tatien une vive impression : c'était un premier pas vers la vérité.

Une fois entré dans la voie qui devait le mener au but, Tatien la suivit avec droiture et fermeté. Subjugué par la simplicité majestueuse des livres saints, il voulut observer de près la vie de ceux qui les prenaient pour règle de conduite ; car ce qui, plus que toute autre chose, l'avait détaché des philosophes, c'est la contradiction qu'il avait remarquée entre leur enseignement et leur vie. Ici un spectacle tout différent s'offrait à lui. Au milieu de cette Rome dissolue dont l'aspect avait allumé l'indignation de son âme, il y avait un groupe d'hommes dont les vertus formaient un contraste frappant avec les vices de la société païenne. On ne les voyait pas dans ces théâtres où l'immoralité mise en scène excitait les applaudissements de la foule ; on ne les rencontrait pas au cirque, spectateurs avides de jeux cruels : ils n'y paraissaient que pour verser leur propre sang, quand la tyrannie le leur demandait. Ils s'assemblaient pour chanter les louanges de Dieu, pour se fortifier dans la pratique du bien et dans l'exercice de la charité. Unis entre eux par les liens de l'amour fraternel, ils évitaient le mensonge, fuyaient la vaine gloire et mettaient leur bonheur à secourir les indigents. Le désordre était banni de leur sein, et plusieurs d'entre eux poussaient la chasteté jusqu'à la continence parfaite. Sans crainte de la mort, ils ne sacrifiaient point leur vie par ostentation, mais pour ne pas trahir leur foi et rester fidèles à leurs convictions. Enfin, ce qu'il y avait de plus surprenant, c'est que cette nouvelle philosophie n'excluait personne de ses rangs : femmes et enfants, riches et pauvres, savants et ignorants, tous profitaient de ses leçons et participaient à ses lumières. Quand Tatien eut comparé cette réunion d'hommes à la société païenne, qu'il eut observé avec soin la conformité de leurs mœurs avec les préceptes de l'Évangile, il n'hésita pas à conclure qu'ils étaient en possession de la véritable doctrine : à son tour il prononça ce mot qui jaillit comme un trait de flamme des méditations du génie, ou s'échappe comme un rayon de bonheur d'une âme droite et sincère : εὕρηκα, j'ai trouvé !

Après cette double étude des livres saints et de la vie des chrétiens, il ne restait plus à Tatien qu'à chercher un guide qui pût le diriger dans la vie nouvelle où il venait de s'engager. Or, il y avait à Rome, dans ce moment là, une école de catéchumènes à la tête de laquelle était saint Justin. La renommée dont jouissait le philosophe chrétien, les apologies qu'il avait écrites en faveur des fidèles persécutés, ses conférences publiques avec Crescens et les autres sophistes de l'époque, tout invitait Tatien à se mettre sous la conduite d'un tel maître. D'ailleurs, ces deux hommes étaient faits pour se comprendre : l'un et l'autre avaient suivi le même chemin pour arriver au christianisme. Comme le jeune Assyrien son disciple, Justin s'était converti à l'Évangile après avoir vainement cherché la vraie doctrine dans les religions et dans les systèmes philosophiques de son temps. Tatien n'aurait pu trouver une direction plus sûre ni mieux appropriée aux besoins de son âme. Aussi la haute admiration qu'il exprime pour saint Justin dans son Discours contre les Grecs témoigne t-elle de l'impression qu'avait produite sur lui l'enseignement du maître. Heureux si, docile aux leçons de ce grand homme, il avait su contenir son naturel ardent et impétueux dans les limites de la vérité !

Du vivant de saint Justin, Tatien avait partagé ses travaux et ses persécutions. Lui-même nous apprend que le chef de la secte des cyniques, Crescens, le confondait dans la haine qu'il avait vouée à l'apologiste. Quand la hache du bourreau eut tranché la tête du maître, le disciple reçut en héritage l'apostolat de la foi. Cet acte de violence brutale acheva d'exaspérer son âme déjà irritée par le spectacle des mœurs païennes. En vain le pressait-on de taire ses sentiments au lieu de les manifester à haute voix : Tatien, n'écoutait que son zèle pour la vérité, brava la fureur de ses adversaires par une réfutation directe de leurs doctrines. C'est dans ce but qu'il composa son *Discours contre les Grecs*, à Rome, peu de temps après la mort de saint Justin.

B. Son discours contre les Grecs. — Indigné du mépris que les Grecs affectent pour ceux qu'ils appellent des barbares, *Tatien* se plaît à humilier leur orgueil par le tableau de leurs misères intellectuelles et morales. Dans ce but, il déploie sa verve satirique contre les philosophes et les poètes de l'antiquité. Il déchire leurs fables ou leurs systèmes, relève leurs contradictions et flagelle leurs vices. Cette argumentation vive, passionnée, dénote, chez Tatien, un esprit vigoureux et incisif, un naturel ardent et sévère ; mais elle trahit également le côté faible de son caractère, *le défaut de mesure* ou l'absence de modération. L'énergie avec laquelle il exprime ses idées n'en rachète pas le peu de largeur, et la violence de ses invectives n'est guère tempérée par l'onction de la charité. C'est ce qui donne à sa polémique un ton d'exagération qui en affaiblit le mérite. Sans aller plus loin, il nous est facile de prévoir jusqu'où pourra l'entraîner plus tard cette fougue immodérée que l'autorité de la foi aura peine à contenir dans les limites du vrai et à discipliner.

En relevant ainsi ce qui me paraît une tache dans la polémique de Tatien, j'espère, que l'on ne s'est pas mépris sur le sens de mes paroles. Par là, je n'entends blâmer ni l'ardeur de ses convictions, ni le zèle qu'il met à les défendre. Gardons-nous bien de confondre la modération avec la faiblesse, et la réserve du langage avec la tiédeur des sentiments. L'esprit de modération dans la controverse ne consiste pas à sacrifier les droits de la vérité, à pactiser avec l'erreur, à lui faire des concessions maladroites ou coupables. A ce compte-là, il n'y aurait d'hommes modérés que les indifférents ou ceux qui n'ont pas de principes sûrs et bien arrêtés. La défense de la vérité ne comporte ni ces ménagements timides, ni ces réticences calculées ; rien ne la sert avec plus d'avantage que les positions franches et nettes. Point de ces compromis où les avances sont en pure perte ; de ces accomodements qui brouillent tout et ne concilient rien ; de ces transactions où la ruse n'est que de la frayeur et où l'habileté peut glisser dans la trahison. Le dogme ne se traite pas comme la diplomatie. S'agit-il d'attaquer une doctrine fausse ou dangereuse, il faut savoir parler haut et ferme, n'épargner ni l'argument ni le blâme. Ici, la rigueur n'est que de la justice, et l'indignation, de la charité. Car la vérité est une trop grande chose, elle est pour l'humanité une question trop vitale pour qu'il ne faille pas soutenir ses intérêts et défendre ses droits avec toute l'énergie qui est en nous.

Mais, si la modération n'est pas la faiblesse, la violence n'est pas davantage l'équivalent de la force. Après la mollesse des convictions qui produit l'indifférence, rien n'est plus préjudiciable à la cause de la vérité que l'exagération dans l'attaque.

Toutefois, les lacunes et les imperfections que nous découvrons dans le *Discours* de Tatien ne doivent pas nous faire oublier les qualités qui le distinguent. Quand l'apologiste lance son trait vif et acéré contre les *fables grecques*, ou bien quand il s'élève contre les *mœurs des Romains*, leurs théâtres et leurs jeux, il déploie toutes les ressources d'écrivain et de controversiste. Quand il essaie d'obtenir pour les chrétiens le libre exercice de leur culte, il a soin de montrer que la pratique de l'Évangile n'exclut aucun devoir et par conséquent n'enlève aucun droit de la vie civile. Enfin, quand il expose le dogme chrétien, sans faire violence au texte, il est facile d'expliquer dans le sens de l'orthodoxie toutes les propositions qui s'y trouvent développées.

C. Sa chute. — Mais si le point de départ de son hérésie ne fut pas une erreur dogmatique, ce fut un *rigorisme outré* qui perdit Tatien.

C'est la morale chrétienne qui, surtout, avait attiré son attention, de même que les désordres de la vie païenne l'avaient détaché des religions de l'antiquité. De là vient que, dans son Discours contre les Grec, il s'attache de préférence au côté psychologique et moral du christianisme : le dogme de la liberté humaine, l'origine du mal, la chute de l'homme, l'action des démons sur l'humanité, tels sont les points de doctrine qui l'occupent davantage. Or, la manière dont il envisage ces diverses questions montre que la religion chrétienne n'avait pas complètement saisi l'esprit de Tatien. Il ne sait en apprécier que le caractère sévère, impératif. Son Dieu n'inspire que de la crainte et semble inaccessible à la miséricorde. Chose étrange! Il n'est aucun endroit dans l'apologie où Dieu se présente à nous avec cet attribut de la bonté que l'Évangile révèle à chaque pas. Tout prend un aspect sombre sous sa plume. S'agit-il des réalités du monde invisible, son imagination écarte les anges qui protègent l'homme pour ne voir que les démons qui l'obsèdent. C'est dans cette situation d'esprit qu'il quitte Rome après le martyre de saint Justin. Indigné de cette exécution sanglante, qui achève de grossir à ses yeux l'empire du mal dans le monde, il se dirige vers l'Orient. Il traverse la Cilicie, la Pisidie, pour fortifier les chrétiens dans leur foi, et vient s'arrêter à Daphné, près d'Antioche. Là, sous ce ciel de l'Orient, dans ces contrées où saint Jean Chrysostôme devait s'élever plus tard avec tant de force contre la corruption des mœurs, Tatien fut choqué des désordres qui se glissaient même dans les rangs des fidèles. Pour combattre le mal par le plus grand des modèles, il composa un traité de perfection morale sous le titre « d'Imitation du Sauveur ». Mais son esprit violent et excessif ne sut pas se contenir dans les bornes de la modération et de la vérité. Égaré par un zèle aveugle, il confondit le *conseil* évangélique avec le *précepte*, et prétendit imposer à tous, comme un devoir absolu, ce qui n'était qu'une règle de perfection tracée pour quelques-uns. Sous prétexte de vouloir déraciner les vices de la chair, il proscrivit le mariage lui-même qu'il appela une source de corruption et une invention diabolique. Combattu vivement sur ce point, Tatien s'irrita de la contradiction qu'il trouvait. Il se tourna vers les Écritures pour y chercher la justification de son sentiment : appliquant à l'usage légitime ce qui ne devait s'entendre que de l'abus, il fit violence aux textes, en mutila quelques-uns, rejeta comme apocryphes ceux qui le contredisaient formellement. Bref, il prit la marche que l'hérésie a suivie de tout temps.

Toujours dominé par un ascétisme faux, il proscrivit l'usage de la viande et du vin comme souillant l'homme de leur nature. Mais, si la matière est impure, comment le Dieu suprême aurait-il pu la créer sans contracter une souillure incompatible avec sa sainteté ? Ne fallait-il pas, dans ce cas, attribuer la création de la matière à un être intermédiaire entre Dieu et le monde, au Démiurge ? Ici, vient se placer le point de jonction entre les erreurs morales et les erreurs dogmatiques de Tatien. D'une conséquence à l'autre, il était arrivé aux premières limites de l'hérésie de Valentin sans quitter le terrain des mœurs : les habitudes logiques de son esprit et la nécessité d'appuyer la pratique sur la théorie le poussèrent plus avant. A l'exemple de Valentin, il alla se perdre dans des rêveries au fond desquelles on découvre la théorie orientale de l'émanation. Pour écarter du Christ tout contact avec la matière, il réduisit l'*Incarnation à une apparition fantastique sans réalité sensible*. A cet effet, il composa une « Harmonie des quatre Evangiles », son fameux *Diatessaron*, où il supprima les deux généalogies du Sauveur qui lui paraissaient contraires à son système. Là ne se borna point l'activité de l'infatigable sectaire. Dans le nombre infini de ses ouvrages, selon l'expression de saint Jérôme, figuraient son commentaire sur les Épitres de saint Paul, qu'il cherchait à interpréter dans son propre sens, et son « livre des Problèmes », où, sous prétexte d'éclaircir les difficultés de l'Écriture sainte, il essayait d'y transporter ses doctrines. Une de ses assertions favorites, suivant le témoignage de l'Église primitive, c'est *qu'Adam ne pouvait pas être sauvé* : cette exclusion cadrait parfaitement avec les idées étroites de Tatien. Pour lui, l'*Église se réduisait aux proportions d'une secte* hors de laquelle il n'y avait pas de salut : cette grande société des hommes avec Dieu, que le Christ est venu fonder sur la terre, était devenue, aux yeux de ce puritain exalté, une coterie de fanatiques qui regardaient avec pitié le reste des mortels : eux seuls se disaient les hommes spirituels, les fils de la lumière, tandis que les autres n'étaient que les esclaves de la matière et les enfants des ténèbres.

D. **Jugement sur Tatien.** — Ainsi, nous arrivons au dernier mot qui explique toutes les chutes : l'orgueil. Ce que le défaut de mesure et l'absence de modération nous avaient fait craindre chez le disciple de saint Justin, l'orgueil, cette éternelle tentation de l'esprit humain, l'a réalisé. Sans nul doute, il est triste de voir figurer au nombre des hérésiarques un homme qui, dans la première partie de sa vie, avait marqué son nom au rang des apologistes de la religion catholique; mais cet exemple n'est pas isolé dans l'histoire de l'Église. Tatien avait mis un grand talent au service de la cause chrétienne. Son Discours contre les Grecs se recommande par la vigueur et le mouvement de la pensée. Même comme écrivain, le rhéteur assyrien occupe une place distinguée dans l'éloquence chrétienne au deuxième siècle. Son style, qui s'écarte rarement du dialecte attique, est vif, animé, et ne manque pas d'un certain coloris. A la vérité, il néglige quelquefois la construction de ses périodes, il s'inquiète peu de lier les propositions entre elles, ce qui empêche sa phrase de couler avec aisance. A l'exemple des sophistes de l'époque, il affecte les tournures recherchées, les mots techniques. Tout en accablant l'art grec de son mépris il ne dédaigne pas de lui emprunter ses ressources : le fougueux adversaire de la science des Hellènes ne parvient pas à effacer entièrement l'ancien rhéteur aux formes élégantes et polies. Bref, à n'envisager que le mérite de la diction, il faut convenir que Tatien laisse loin derrière lui saint Justin, son maître. S'il n'a pas son coup d'œil métaphysique, s'il lui est de beaucoup inférieur en largeur et en élévation, s'il manque de sûreté et de précision dans le jugement, on est obligé d'avouer qu'il a *saisi avec force les conditions morales de l'âme humaine*. Malheureusement le moraliste rigide trouva son écueil en voulant déterminer les limites du devoir. Tatien avait une de ces natures rebelles à la règle, que l'exagération du sentiment pousse facilement à l'extrême. Scandalisé de voir que le mal n'avait pas perdu tout empire parmi les disciples de l'Évangile, il crut pouvoir l'extirper en imposant un joug plus sévère à la liberté humaine. Partant de ce principe, il érigea le conseil en précepte, il enveloppa dans un même anathème l'usage et l'abus. Or, l'Église, qui mesure le devoir aux forces de l'homme, qui n'étend pas à tous ce qui est le privilège de quelques uns, parce qu'elle embrasse tout le genre humain dans la diversité des dons et des aptitudes ; l'Église ne pouvait suivre Tatien dans cette voie étroite et exclusive. Alors, froissé dans son orgueil, le réformateur s'isola de la grande société chrétienne : il chercha loin d'elle à se construire un système plus parfait avec les débris d'un symbole mutilé. S'il faut en croire saint Épiphane et saint Jérôme, il ne tarda pas à trouver dans l'esclavage des sens le châtiment réservé à l'orgueil de l'esprit : la secte des Encratites démentit par le dérèglement de ses mœurs la sévérité de sa doctrine. Quoi qu'il en soit, Tatien ouvre la liste de ces esprits superbes qui, ne pouvant entraîner l'Église à leurs opinions, se sont vengés de leur isolement en retournant contre elle l'arme qu'ils avaient employée à la défendre. Un demi siècle plus tard, nous rencontrerons, en Occident, un homme, qui offrira plus d'un trait de ressemblance avec l'apologiste assyrien. Sorti également des ténèbres du paganisme, lui aussi

marquera sa place au premier rang des athlètes de la
foi : nul autre ne surpassera son ardeur pour le triomphe de l'Église persécutée. Mais, chez lui comme dans
Tatien, le défaut de mesure et l'absence de modération
produiront les mêmes effets. Un jour viendra où le
prêtre de Carthage, égaré par un rigorisme impitoyable,
brisera les barrières que l'orthodoxie lui oppose :
l'Église ne suffira plus à cette âme altière qui entend la
faire plier sous le joug de ses opinions; il lui faudra
une morale plus dure, un dogme plus consolant, un
Christ aux bras étroits. Alors, à son tour, l'apologiste
africain quittera les rangs où il avait si noblement
combattu, pour se faire chef de secte. Il est rare que
l'histoire présente, à si peu d'intervalle, deux hommes
qui se rapprochent davantage par la trempe d'esprit,
par les nuances du caractère, par les circonstances de
la vie. Tatien est, en effet, une ébauche frappante de
Tertullien qu'il précède et qu'il semble annoncer : c'est
Tertullien moins le génie. (Apolog. 1re et 2e leçons.)

IV. Hermias.

Au deuxième siècle de l'ère chrétienne, les grandes
écoles de la Grèce étaient en pleine décadence. Une foule
de parasites et de charlatans cachaient sous le manteau
de philosophe le vide de leur esprit et le déréglement
de leurs mœurs. Il en était résulté, au sein du paganisme lui-même, une vigoureuse réaction contre les différentes sectes qui se disputaient la vraie doctrine. Lucien de Samosate composa contre elles quelques dialogues, parmi lesquels l'*Hermotisme* ou le *Choix des sectes*
et les *Sectes à l'encan*, qui figurent à juste titre parmi
ses meilleures productions. C'est à cette même époque
qu'un chrétien, nommé *Hermias*, écrivit contre les philosophes païens une *satire* remarquable pour détacher

les âmes d'un enseignement qui ne leur offrait que doutes et contradictions.

Après avoir montré que, sur la doctrine de l'âme, il y avait parmi les sages de la Grèce autant d'opinions différentes que d'écoles, *Hermias,* pour donner à son exposition une forme plus vive et plus animée, fait paraître les philosophes l'un après l'autre et leur donne la parole sur Dieu et sur le monde. Chacun vient, à son tour, plaider sa cause et ruiner celle de l'adversaire. Cette succession de personnages, qui défilent sous les yeux du lecteur et jettent en passant le mot de leur système, prête à la satire tout l'intérêt et la vivacité du dialogue : au lieu d'une nomenclature sèche et aride, nous avons un petit drame plein de mouvement, où le changement de ton et la variété des situations soutiennent l'attention. La finesse du trait satirique s'allie toujours chez lui à une exposition fidèle des opinions qu'il combat. S'il assaisonne son discours de sel attique il ne perd jamais la gravité qui convient au controversiste chrétien. Sans discuter lui-même leurs théories contradictoires, il charge les coryphées de l'hellénisme de se réfuter l'un par l'autre. Il serait difficile de mieux peindre les fluctuations de la philosophie païenne qui ne pouvait manquer de jeter les esprits dans un état de doute et d'indécision. Il y a beaucoup d'art dans l'exposition vive et rapide où chaque système se trouve placé dans la bouche de son auteur. Cette mise en scène ajoute à l'effet du discours sans lui faire perdre de sa clarté.

Par cette critique aussi spirituelle dans la forme que vraie au fond, *Hermias* amenait les esprits de son temps à reconnaître la *nécessité d'une révélation divine* qui pût mettre fin à leurs incertitudes par un enseignement invariable et sûr. Le seul reproche qu'on puisse faire au dénoûment de cette pièce satirique, c'est d'être trop brusque. Si, en regard du tableau des contradictions de la philosophie grecque, *Hermias* avait exposé la doctrine chrétienne dans sa majestueuse harmonie, ce contraste eut été conforme aux traditions de l'apologétique du deuxième siècle. Malheureusement il n'embrasse que la moitié du programme : aussi bien son ouvrage est-il moins une défense de la religion chrétienne qu'une attaque directe contre l'hellénisme. (A. 3ᵉ et 4ᵉ leçons, *passim.*)

V. Athénagore.

A côté d'Hermias et de Tatien, nous trouvons un apologiste qui, tout en tirant les mêmes conclusions, imite davantage saint Justin pour la modération du langage et le soin d'éviter ce qui peut aigrir des esprits déjà hostiles ou prévenus, c'est *Athénagore*. Controversiste savant et habile, écrivain ferme, plein de mesure et de dignité, rempli de déférence pour le pouvoir dont il déplore l'aveuglement, animé d'un profond esprit de justice, des droits de la vérité et des devoirs du chrétien, le philosophe athénien joint aux habitudes d'une logique sévère l'expression des plus nobles qualités de l'âme. Il est à regretter que l'histoire ne nous ait pas transmis plus de détails sur sa vie. Nous savons seulement que vers l'année 177, il adressa à Marc-Aurèle et à Commode une *requête* aussi raisonnable que modeste en faveur des chrétiens, réclamant pour eux le droit commun, c'est-à-dire pour les adorations du vrai Dieu une tolérance égale à celle qui était accordée aux adorateurs des chats et des crocodiles. Après avoir revendiqué pour ses frères la participation au bénéfice de la tolérance civile dont jouissaient tous les sujets de l'empire, il présentait une apologie en règle du christianisme,

La définition de l'idée chrétienne d'un Dieu unique et l'exposition du dogme de la Trinité, tels sont les deux points saillants qu'on remarque dans la partie dogmatique du *Discours* d'Athénagore. Par là il repoussait avec un plein succès le reproche d'athéisme que les païens adressaient aux disciples de l'Évangile. Là cependant ne se bornait pas son argumentation. Sans doute il suffisait de faire connaître le symbole des chrétiens pour les venger des accusations de leurs ennemis. Mais n'y avait-il pas une preuve plus éloquente encore de leur innocence dans leur conduite et dans leur vie ? Pourquoi ce soin de conserver la pureté, cette grande sévérité de mœurs, le mépris de la vie présente et ces aspirations vers la vie future, si la foi en Dieu ne remplissait pas leur âme ? En rapprochant leurs vertus des vices de leurs adversaires, il devenait facile de juger de quel côté se trouvaient les vraies croyances, les convictions fermes et ardentes. La vie des chrétiens, non moins que leur doctrine, réduisait à néant le reproche d'athéisme. Ainsi tombaient également les deux autres griefs qu'Athénagore s'était proposé de détruire, celui de cruauté, car on accusait les chrétiens de se nourrir de chair humaine (odieuse allusion aux repas eucharistiques) et celui d'immoralité, car on leur prêtait d'infâmes désordres. Une péroraison noble et touchante couronnait dignement une apologie où la force du raisonnement s'alliait à la modération du ton et de la forme.

Nous possédons encore d'Athénagore un traité sur la *Résurrection des morts*, véritable chef-d'œuvre de discussion claire, nerveuse, méthodique. On dirait une thèse de l'école, pour la finesse de l'analyse et la rigueur des déductions, tandis que d'autre part, l'agrément d'une rhétorique ornée bannit la sécheresse sans tomber dans l'enflure.

Athénagore divise son traité en deux parties, l'une négative, l'autre positive. Dans la première, il réfute les objections qu'on a coutume de faire contre la résurrection des corps; dans la seconde, il développe les preuves directes qui établissent ce dogme.

Pour que les adversaires de la résurrection fussent reçus à persévérer dans leur incrédulité, il leur faudrait pouvoir démontrer de deux choses l'une : ou que Dieu ne peut pas ressusciter les corps ou qu'il ne le veut pas. Dans le premier cas, c'est parce que Dieu n'aurait pas de science ou de force suffisante, ou bien parce que la chose en elle-même impliquerait contradiction. Dans le second cas, c'est parce que la résurrection répugnerait à la justice ou à la majesté divine. Or, rien de tout cela ne saurait se soutenir. Dieu peut ressusciter les corps, et rien ne l'empêche de le vouloir. Il le peut, car il ne manque pour cela ni de force ni de lumière. Dieu ne manque pas de lumière : il connaissait les éléments et les principes des corps avant leur union, il saura les distinguer après leur séparation, Dieu ne manque pas de force : la résurrection n'en demande pas plus que la création. D'autre part, rien n'empêche que les corps ressuscitent : chacun retrouvera ce qui lui appartient. L'anthropophagie même n'y mettra point obstacle ; tout aliment ne se change pas en suc nourricier ; tout suc nourricier ne devient pas chair ; toute chair accessoire ne fait point partie essentielle du corps, qui ne la retient que pour un temps. Enfin rien n'empêche que Dieu veuille ce qu'il peut, ni sa justice, ni sa dignité. Sa justice : en ressuscitant l'homme, Dieu ne fait tort à personne, ni aux autres créatures spirituelles, qui n'en restent pas moins ce qu'elles sont; et aux autres créatures matérielles qui, inférieures à l'homme, ne sauraient prétendre à la même destinée ; ni enfin à l'homme lui-même, considéré selon l'âme, qui recevra un vêtement incorruptible, ou selon le corps, pour qui la résurrection sera un surcroît d'honneur. Sa dignité : si Dieu n'a pas jugé qu'il fût au-dessous de lui de créer le corps de l'homme, sujet à la corruption, à plus forte raison ne saurait-il dédaigner de le rendre incorruptible. Donc les objections que l'on dirige contre la résurrection des corps sont vaines et futiles.

Après l'apologie, la démonstration. Non seulement la résurrection ne répugne pas, mais elle est au contraire très fondée en raison. La création et la nature de l'homme, le jugement qu'il doit subir et sa fin dernière en sont autant de preuves. La création de l'homme : car l'homme n'a pas été créé pour les besoins du Créateur ou pour l'utilité de quelque créature, mais afin qu'il jouît à jamais de la vie qui lui est propre : c'est par là qu'il se distingue des animaux, qui n'ont qu'une vie périssable; Dieu n'aurait pas fait de l'homme le chef-d'œuvre de ses mains, si son intention n'avait été qu'il subsistât toujours tel qu'il est, c'est-à-dire qu'il pût ressusciter. La nature de l'homme : car l'homme n'est pas un pur esprit, il est composé d'un corps et d'une âme : par conséquent, si l'âme est immortelle, il faut que le corps ressuscite un jour pour participer à son immortalité; sinon l'homme ne subsisterait pas tout entier, et l'harmonie de son être serait rompue à jamais. Le jugement : car, s'il y a une providence, il y aura un jugement : or il faut que l'homme tout entier soit jugé, puni ou récompensé, parce que le bien ou le mal, les passions, source du péché, les vertus et les vices, non moins que les lois, embrassent tout l'homme, le corps comme l'âme. La fin de l'homme : car tout être a une fin conforme à sa nature : par conséquent la fin particulière à l'homme n'est pas celle de son âme ou de son corps pris isolément, mais bien celle des deux réunis. Donc la résurrection des corps est nécessaire.

Tel est le résumé du discours dépouillé de la forme toujours simple, parfois élégante, qu'Athénagore a su lui prêter. Ce qui frappe tout d'abord dans cette argumentation pressante, nerveuse, c'est qu'elle emprunte sa force aux principes mêmes de la raison. Non pas qu'elle fasse abstraction de la foi, qui lui sert de base : on voit assez par quelques citations bibliques que l'apologiste prend pied dans la révélation, qu'il cherche à confirmer par le raisonnement. Il n'est pas moins vrai de dire que sa thèse porte le caractère d'une démonstration rationnelle. Or, cette application de l'esprit philosophique au dogme révélé est vraiment remarquable chez Athénagore. (A. 10e leçon.)

VI. Théophile d'Antioche.

Élevé sur le siège épiscopal d'Antioche vers l'année 168, *Théophile* mit toute son ardeur à défendre la cause de l'Évangile par sa parole et par ses écrits. Lui-même était sorti du paganisme, dont les erreurs avaient longtemps enchaîné son âme ; mais la lecture des livres saints avait déchiré le bandeau qui couvrait ses yeux : en voyant que les prophéties de l'Ancien Testament s'étaient accomplies à la lettre dans le Nouveau, il avait cessé de concevoir un doute sur la divinité de la religion chrétienne. C'est donc à bon droit qu'il pouvait se citer comme exemple au païen *Autolycus* pour le déterminer à suivre la même voie. Ce dernier était du nombre de ceux qui tournaient en dérision la doctrine des chrétiens et ramassaient, sur la foi du vulgaire, tout ce qu'on débitait contre elle. L'évêque d'Antioche vante, peut-être par un excès d'indulgence, l'érudition de son ami ; à voir la faiblesse des objections que propose Autolycus, il y aurait de quoi être surpris de cet éloge, si l'expérience ne montrait tous les jours que des hommes, d'ailleurs fort instruits en d'autres matières, des savants même, dénotent en fait de religion une ignorance profonde. Pour condescendre autant que possible aux préjugés de celui qu'il veut amener à de meilleurs sentiments,

Théophile discute l'un après l'autre les reproches que le polythéisme avait coutume de faire à la religion chrétienne : c'est l'objet de *trois opuscules* composés à des intervalles peu éloignés et qui forment un ensemble assez bien lié.

Le premier livre adressé à *Autolycus* est un éloquent résumé de la théodicée chrétienne. Théophile commence par indiquer les causes morales qui empêchent la plupart des païens d'arriver à la connaissance du vrai Dieu. Puis il s'applique à déchirer les images grossières que le polythéisme s'était formées de l'Être divin. Cette discussion, commencée dans le premier livre, se prolonge à travers le deuxième. L'évêque d'Antioche oppose aux écrivains grecs qui n'avaient d'autre guide que leur faible raison l'enseignement de Moïse et des prophètes, sur l'inspiration desquels il appuie avec force. Il les montre pénétrés du souffle de l'Esprit-Saint. Partant de là il décrit et commente l'œuvre des six jours de la création, telle qu'elle est retracée dans la Genèse. C'est le premier commentaire de ce genre que l'on rencontre dans l'histoire de l'éloqence chrétienne où, depuis lors, les *Hexamérons* sont devenus si fréquents jusqu'à saint Basile et saint Ambroise. Enfin dans le troisième livre, s'attachant à démontrer que Moïse et les prophètes sont de beaucoup antérieurs à la plupart des poètes et des philosophes de la Grèce, il établit dans ce but un calcul de chronologie qui embrasse tous les âges du monde depuis la création jusqu'à la fin du règne de Marc-Aurèle. C'est le premier système de chronologie complet que l'on trouve chez les apologistes : car Tatien n'avait fait qu'indiquer quelques-unes de ces grandes divisions du temps marquées par les faits principaux de l'histoire. (A. 11e, 13e et 17e leçon, *passim*.)

VII. Hégésippe.

De même que Théophile d'Antioche est l'auteur du premier tableau chronologique qui s'offre à nous dans la littérature chrétienne, de même les *cinq livres* composés par *Hégésippe*, dans le but de rapporter les faits mémorables qui se sont passés dans les deux premiers siècles, constituent un premier essai d'histoire ecclésiastique.

Né au commencement du deuxième siècle, Hégésippe s'était converti à l'Évangile en quittant le judaïsme, auquel il appartenait par naissance. Poussé par un vif désir de se fortifier dans la foi qu'il avait embrassée, il parcourut les principales églises pour recueillir les traditions apostoliques qui avaient cours dans chacune d'elles. A Corinthe, il eut de longs entretiens avec Primus, évêque de cette ville, et il put se convaincre que cette communauté de chrétiens, établie par saint Paul, avait persévéré dans la vraie doctrine. De là, il se rendit à Rome sous le pontificat d'Anicet, dont il nomme également les deux successeurs Soter et Éleuthère. Ce fut pour lui une grande consolation de voir que le même enseignement était en vigueur dans toutes les églises. Magnifique témoignage rendu à l'unité de foi dans le deuxième siècle chrétien, et qui suffirait à lui seul pour réduire à leur juste valeur les romans imaginés par le rationalisme protestant sur de prétendues divergences dont il n'y a pas trace dans l'histoire ! Après s'être ainsi assuré par lui-même de l'accord qui régnait entre les différentes églises, il résolut de consigner par écrit le résultat de ses voyages. A l'aide de renseignements qu'il avait pris de toutes parts, il rédigea en cinq livres l'histoire des événements qui s'étaient accomplis depuis la mort de Jésus-Christ jusqu'à l'époque où il vivait : narration d'un style simple, dit saint Jérôme, et conforme au caractère de ceux dont l'historien retraçait la vie.

Malheureusement, nous ne possédons plus ce précieux monument : c'est une des pertes les plus regrettables qu'ait faites la littérature chrétienne. Toutefois il nous en reste cinq fragments assez considérables conservés par Eusèbe. Je ne citerai que le portrait de saint Jacques encadré dans l'un de ces morceaux :

« Jacques, frère du Seigneur, prit avec les apôtres, le gouvernement de l'Église. On le nommait le juste dès le temps même du Seigneur : par là, on le distinguait de quelques autres qui, comme lui, portaient le nom de Jacques. Il était consacré à Dieu dès le sein de sa mère. Il ne but jamais de vin, ni aucune liqueur qui pût enivrer, et il garda une abstinence perpétuelle de viande. Jamais rasoir ne vint toucher à sa chevelure ; il n'avait pas l'habitude de se frotter d'huile, et l'usage du bain lui resta toujours inconnu. Ceux de la synagogue estimaient tellement sa vertu, qu'ils lui accordaient l'entrée du sanctuaire qui n'était ouvert qu'aux prêtres, et il avait aussi bien qu'eux le privilège de porter la robe de lin. Il avait coutume de prier dans le temple aux heures où personne ne s'y trouvait ; là, prosterné devant Dieu, il implorait le pardon du peuple : il demeurait si longtemps dans cette posture, que ses genoux finirent par s'endurcir comme la peau d'un chameau. Cette assiduité à la prière et cette éminente sainteté lui méritèrent d'être appelé la justice du peuple de Jérusalem, sa forteresse et sa défense. »

Les paroles d'Hégésippe peignent au vif cet Hébreu de l'ancienne marque que le Christ choisit pour disciple. Le genre de vie décrit par l'historien est celui des Nazaréens qu'avait également suivi saint Jean-Baptiste, et qui, modifié par l'esprit chrétien, est devenu le régime des ordres pénitents. Josèphe s'accorde avec Hégésippe pour témoigner de la haute vénération que les Juifs eux-mêmes professaient pour le premier évêque de Jérusalem. Quand le grand prêtre Anne eut soulevé contre l'apôtre les passions de la multitude, ses fureurs homicides excitèrent dans son propre parti l'indignation de tous les cœurs honnêtes. L'exaspération que produisit parmi les Juifs le supplice d'un homme si juste et si austère fut telle, que le roi Agrippa se vit obligé, sur leur demande, de déposer le grand prêtre. On voit par ces simples détails que l'ouvrage d'Hégésippe eût été pour nous une source féconde de renseignements sur les temps apostoliques. Les autres fragments conservés par Eusèbe n'offrent pas moins d'intérêt que le récit du martyre de saint Jacques. Ici, c'est la relation du supplice de saint Siméon, deuxième évêque de Jérusalem; là, c'est le compte rendu des voyages de l'historien à Corinthe et à Rome avec le catalogue des principales sectes juives ou gnostiques; plus loin, le récit fort curieux d'une entrevue de Domitien avec quelques parents du Seigneur, neveux de l'apôtre saint Jude. Assurément, il serait difficile de porter un jugement complet sur le premier historien de l'Église, à l'aide de ces rares débris : tout ce qu'on peut affirmer avec certitude, c'est qu'il se dessine à travers ce petit nombre de pages comme un témoin véridique de ce qu'il a vu et entendu ; son esprit d'observation, ses voyages dans les différentes églises portent à croire que ses cinq livres méritaient les éloges que leur ont décernés Eusèbe, saint Jérôme et Sozomène. (A. 18e leçon.)

VIII. Méliton de Sardes.

Méliton, évêque de Sardes, rappelle les grands hommes de l'âge apostolique dont peu d'années le séparent. Ses contemporains le vénérèrent à l'égal d'un prophète; c'est

Tertullien qui nous l'apprend. Ils voient en lui un autre saint Jean, vierge comme l'apôtre et honoré des mêmes faveurs divines : c'est l'éloge que lui décerne Polycrate d'Éphèse. Si l'on envisage son activité d'écrivain, elle paraît immense pour l'époque où il vivait. L'ensemble de ses ouvrages constitue une véritable somme théologique qui embrasse toutes les parties de la science divine et humaine. On y voit d'abord une sorte d'introduction à la théologie dans les traités plus proprement philosophiques sur la création, sur la nature de l'homme, sur l'âme et le corps, sur la vérité en général. De là, on passe à une série d'opuscules qui ont pour objet le dogme révélé, tel que le livre de l'obéissance due à la foi, ceux qui traitent de la génération du Verbe et de l'Incarnation. La controverse soulevée par le montanisme fournit à l'évêque de Sardes l'occasion de développer la notion de l'Église et de préciser les règles qui servent à discerner la véritable prophétie. Il intervient par ses traités sur la Pâque et sur le jour du Seigneur dans les querelles liturgiques qui agitaient vers ces temps une partie de l'Église. Ses travaux d'exégèse méritent encore plus d'attention. Il écrit un commentaire sur l'Apocalypse ; il dresse le premier catalogue des livres de l'Ancien Testament que l'on rencontre dans la littérature chrétienne ; il donne la clef du symbolisme biblique dans un livre remarquable entre tous. Enfin, il prend part à la défense des chrétiens opprimés par l'apologie qu'il adresse à Marc-Aurèle. Certes, voilà une activité théologique qui frappe d'étonnement, surtout si l'on considère qu'Eusèbe et saint Jérôme ne prétendent pas donner la liste complète des ouvrages de Méliton. Ajoutez à ces écrits si variés le ministère de la parole exercé sans relâche, les devoirs multiples de la charge pastorale, une sollicitude incessante pour tous les besoins de l'Église, la vigilance la plus active à soutenir ses intérêts, à défendre ses droits, et vous aurez l'image de ces grands évêques de l'Asie-Mineure, à la tête desquels brille Méliton de Sardes. Malheureusement, ici encore, nous avons à déplorer pour l'éloquence chrétienne la perte du plus grand nombre de ces précieux documents. A part quelques fragments peu considérables de ses autres écrits, il ne nous reste plus de l'évêque lydien que son ouvrage sur les allégories de l'Écriture, intitulé la *Clef*, et des morceaux assez courts de son apologie. (A. 18ᵉ leçon.)

IX. Les premières lettres des Papes.

Malgré les difficultés de leur situation extérieure, dans le temps même des plus violentes persécutions, aux jours où l'Église romaine, glorieuse martyre du Seigneur, versait son sang au Colisée ; du fond de la retraite où le despotisme impérial les contraignait à se cacher, les Papes exerçaient leur souveraineté spirituelle sur tous les fidèles dispersés par le monde. Pour communiquer librement avec eux, ils profitaient de ces rares intervalles où la violence leur laissait un instant de répit, où la hache du bourreau s'arrêtait, lasse de frapper ; et alors partait de Rome une de ces admirables lettres qui allaient porter au loin la lumière et la force. Lorsqu'on parcourt le *Livre pontifical*, cette chronique précieuse où le pape Damase relatait au quatrième siècle les actes de ses prédécesseurs d'après les souvenirs et les monuments qui en restaient, on admire combien ces temps de persécutions ont été féconds pour le règlement de la discipline et de la liturgie. Malheureusement, la littérature chrétienne a fait sous ce rapport des pertes immenses, et les regrets que nous avons exprimés si souvent sur la disparition de tant d'ouvrages des premiers siècles se reproduisent sur ce point plus vifs encore. Parmi les douze mille lettres pontificales qui précèdent le treizième siècle, et dont le recueil forme la plus belle chaîne traditionnelle que l'on puisse imaginer, il ne nous reste des trente-deux premiers Papes, que vingt-deux épîtres dont l'authenticité ne soit pas contestée, et une simple mention de vingt-sept autres perdues. Sans nul doute, les bûchers où brûlaient les livres saints et les actes des martyrs durent consumer également toutes les lettres saisies entre les mains des premiers secrétaires des Papes et dans les archives des catacombes. A ceux qui s'étonneraient que la Providence n'eût pas fait un miracle de conservation pour toutes les lettres des Papes, je répondrais que nous ne possédons pas même toutes les épîtres de saint Paul ; que les documents primitifs sur la prédication des apôtres se réduisent, en dehors des actes rédigés par saint Luc, à un petit nombre de légendes douteuses ou incomplètes. L'archiviste invisible qui veille sur l'héritage des siècles chrétiens n'a épargné que ce qui était nécessaire pour les besoins des fidèles, laissant à la tradition orale, vivante dans l'Église, le soin de suppléer au silence de l'écriture. C'est ainsi que les rares monuments échappés aux ravages du temps suffisent pleinement pour faire apprécier le rôle de la Papauté pendant les trois premiers siècles. (A. 19⁰ leçon).

X. Saint Denys l'Aréopagite.

Quel que soit le jugement qu'il faille porter sur l'authenticité des livres en tête desquels l'antiquité chrétienne a toujours lu le nom du grand platonicien devenu le disciple de St-Paul, nul ne peut s'empêcher de voir dans cette *synthèse théologique* une de ces créations originales qui commandent l'admiration des siècles.

A. Caractère de cette synthèse théologique. — Parmi les chefs-d'œuvre de l'éloquence chrétienne, il s'en trouve un dont la destinée est peut-être sans exemple dans l'histoire. Un voile mystérieux recouvre sa naissance. Comme ce fleuve de l'Égypte dont les sources se dérobent à la curiosité du voyageur, le livre dont je parle cache son origine dans l'obscurité d'une tradition silencieuse. Nulle voix contemporaine ne s'élève pour en signaler l'apparition ; quelques siècles s'écoulent pendant lesquels il est à peine possible d'en suivre la trace. Vous diriez une énigme placée au seuil de l'Église et dont le premier âge chrétien nous a laissé le soin de déchiffrer le sens. Mais voici que tout à coup cet antique monument déchire les ténèbres qui l'enveloppent pour paraître au grand jour de la publicité ou de la discussion ; et comme si tout devait être singulier dans la fortune de ces écrits, ce sont des hérétiques qui les étalent sous les yeux du monde étonné, bien que l'orthodoxie en soit irréprochable. A partir de ce moment l'attention s'y attache : lus, étudiés, analysés, ces livres deviennent l'objet d'une admiration toujours croissante. L'Église d'Orient y voit une sorte de somme théologique qu'interprètent tour à tour ses meilleurs écrivains. De là ils passent en Occident où leur renommée est encore plus vaste et leur influence plus puissante. Le moyen âge en fait une des bases de son enseignement, et l'on a tout dit en rappelant que saint Thomas les commente, que saint Bonaventure les imite. Arrive la Réforme et aussitôt la scène change. Alors l'admiration fait place à une froide indifférence ou à une hostilité ouverte et ces livres si célébrés dans le passé reçoivent pour le moins autant d'injures qu'ils avaient recueilli d'éloges auparavant. La plupart en nient l'authenticité ; plusieurs cherchent à en diminuer la valeur ; et ceux-là mêmes qui ne leur refusent pas tout mérite n'invoquent plus que timidement une autorité méconnue par le grand nombre. C'est au milieu de ce double concert d'applaudissements et de réprobations que ce livre est arrivé jusqu'à nous, également chargé d'anathèmes et de louanges. Je veux parler des œuvres attribuées à saint Denis l'Aréopagite.

B. Idée générale des écrits de saint Denys l'Aréopagite. — Commençons par donner une idée générale de ces écrits qui ont tant occupé l'attention et tourmenté la critique. Si l'on examine de près cette somme théologique qui s'offre à nous sous le nom de l'Aréopagite, on n'a pas de peine à la diviser en trois parties bien distinctes, dont la première traite de *Dieu en lui-même* tandis que la deuxième considère *Dieu dans ses rapports avec les créatures*, et que la troisième envisage *les créatures dans leur retour vers Dieu comme vers la fin dernière*.

On saisit d'un coup d'œil toute la largeur et la fécondité de ce plan. A la première division appartenaient surtout les *Institutions théologiques* que nous ne possédons plus et dans lesquelles l'auteur traitait de l'unité de nature et de la trinité des personnes en Dieu ainsi que de l'Incarnation du Verbe. C'est dans cette classe d'écrits qu'il faut ranger également le livre des *Noms divins* qui contient l'explication des attributs de Dieu, et la *Théologie symbolique* qui n'est pas arrivée jusqu'à nous et qui rendait raison des figures qu'on applique métaphoriquement à Dieu. La deuxième partie de cette vaste synthèse comprenait le livre de l'*Ame*, celui des *Choses intelligibles* et des *Choses sensibles*, qui par malheur sont perdus : véritable programme de psychologie qui servait d'introduction à l'économie surnaturelle de la foi. C'est dans cet ordre de conceptions plus hautes que le philosophe chrétien entre hardiment avec les deux traités de la *Hiérarchie céleste* et de la *Hiérarchie ecclésiastique :* l'un passe en revue les différents ordres qui forment la milice des anges ; l'autre expose la constitution de l'Église et la théorie des sacrements. Enfin le livre de la *Théologie mystique* considère les créatures dans leur retour vers le Créateur, dans leur union définitive avec Dieu, principe et fin de toutes choses : cette troisième partie achève le couronnement de l'édifice. Tel est, dans son ensemble et dans ses grandes lignes, cette somme théologique en tête de laquelle la tradition a toujours lu le nom de saint Denis l'Aréopagite.

C. **Le livre des Noms divins ou Exposition d'une théodicée chrétienne.** — Saint Denis se propose d'entreprendre l'explication des noms divins. Mais d'abord il se demande s'il est possible de donner à Dieu un nom qui lui convienne. Dieu n'est-il pas tellement élevé au-dessus de nos faibles conceptions, qu'aucune dénomination ne lui est applicable ? Voici comment l'auteur répond à cette difficulté qui surgit à l'entrée même de son discours. Il est également vrai de dire que Dieu ne saurait être nommé et qu'on peut lui appliquer des noms : et ceux qui ne parlent de Dieu que par négations s'expriment avec convenance, et ceux qui procèdent par voie d'affirmations peuvent justifier leur méthode. Car d'un côté l'Être divin dépasse infiniment toutes nos manières de voir et de dire ; de l'autre, il possède en réalité, bien que d'une façon suréminente et transcendantale, les qualités que nous lui attribuons. Cette distinction n'est point particulière à l'Aréopagite.

Après avoir appuyé comme de raison sur l'incompréhensibilité de l'essence divine, saint Denis n'hésite pas à se servir des noms que l'Écriture sainte applique à Dieu, parce qu'ils répondent à la réalité. En premier lieu, il distingue avec une grande finesse d'analyse les noms qui conviennent également aux trois personnes divines et les noms propres à chacune. C'est ainsi qu'on doit affirmer de la Trinité tout entière la bonté, la beauté, la sagesse, la vie et les autres propriétés absolues de l'essence divine. De même, il convient de rap porter sans distinction aux trois adorables personnes les opérations extérieures de la divinité, sauf l'Incarnation du Verbe. Au contraire, il importe de réserver à chacune les dénominations qui expriment son caractère personnel. Pour montrer que la plus stricte unité subsiste en Dieu avec la distinction la plus réelle, l'Aréopagite développe la comparaison des flambeaux qui déjà s'est offerte à nous dans les écrits de saint Justin.

« C'est ainsi, pour me servir d'exemples sensibles et familiers, que dans un appartement éclairé de plusieurs flambeaux les diverses lumières s'allient et sont toutes en toutes, sans néanmoins confondre ni perdre leur existence propre et individuelle, unies avec distinction et distinctes dans l'unité. Effectivement, de l'éclat projeté par chacun de ces flambeaux nous voyons se former un seul éclat total, une même splendeur indivise, et personne que je sache ne pourrait, dans l'air qui reçoit tous ces feux, discerner la lumière de ce flambeau d'avec la lumière des autres, ni voir celle-ci sans celle-là, toutes se trouvant réunies et non pas mélangées en un commun faisceau. Que si l'on vient à enlever de l'appartement une de ces lampes, l'éclat qu'elle répandait sortira en même temps, mais elle n'emportera rien de la lumière des autres, comme elle ne leur en laissera rien de la sienne propre ; car, ainsi que je l'ai dit, l'alliance de tous ces rayons était intime et parfaite, mais n'impliquait ni altération ni confusion. Or, si ce phénomène s'observe dans l'air, qui est une substance grossière, et à l'occasion d'un feu tout matériel, que sera-ce donc de l'union divine si infiniment supérieure à toute union qui s'accomplit non seulement entre les corps, mais encore entre les âmes et les purs esprits. » (S. l. 5ᵉ leçon.)

D. **Le livre de la Hiérarchie céleste.** — Le livre des *Noms divins* forme la première partie de cette somme théologique qui précède dans l'histoire tous les monuments du même genre. En expliquant les attributs de Dieu, l'Aréopagite avait été conduit à envisager la création en général, comme un effet de la puissance, de la sagesse et de la bonté divines. Mais après avoir indiqué la cause exemplaire, la cause déterminante et la cause efficiente du monde, il fallait de plus étudier l'œuvre divine dans les deux grandes divisions de l'ordre intellectuel et moral, en s'occupant successivement des anges et des hommes : tel est l'objet des deux traités de la *Hiérarchie céleste* et de la *Hiérarchie ecclésiastique*.

C'est encore ici que se révèle le génie de l'Aréopagite dans sa puissante originalité. Sans doute la révélation divine lui fournissait les éléments de son travail sur les réalités du monde invisible : les prophètes d'une part, saint Paul de l'autre, avaient nommé les divers chœurs des anges, en désignant d'une manière expresse ou en laissant supposer leurs qualités et leurs fonctions.

Mais il s'agissait de coordonner ces vérités entre elles, de les ramener sous l'unité d'un même principe ou d'une loi générale, de les réunir enfin dans l'enchaînement d'un système où l'esprit scientifique pût s'appliquer avec succès aux données de la foi. Là est le mérite de saint Denis : en procédant de la sorte, il a frayé une voie à tous ceux qui se sont essayés après lui dans cette partie de la science théologique.

Or, le principe général qui domine tout le traité de la *Hiérarchie céleste*, c'est que le monde des esprits, comme celui des corps, est régi par la loi de la gradation; car l'harmonie ou la beauté résulte de l'unité dans la variété. Cela posé, voici le plan du monde invisible tel que l'Aréopagite le déroule à nos yeux. Au sommet, ou plutôt au-dessus de l'échelle des êtres, apparaît comme un soleil infini l'essence divine. C'est de ce foyer suprême que les premiers rayons de la lumière céleste descendent immédiatement sur les intelligences les plus parfaites. Celles-ci, semblables à un miroir à deux faces qui renvoie l'image qu'il reçoit, réfléchissent à leur tour, sur les esprits d'un rang inférieur, cette clarté empruntée dont elles brillent; et ainsi le rayon divin descend, descend encore, descend toujours jusqu'au dernier échelon de l'intelligence. Assurément, cette conception est grandiose. L'Aréopagite déploie hardiment la milice céleste à travers le monde invisible comme une chaîne immense qui part du principe de toutes choses, et dont chaque anneau se rattache à celui qui le précède pour soutenir celui qui le suit :

« En raison de leur proximité de Dieu, les intelligences du premier rang, initiées par les splendeurs augustes qu'elles reçoivent immédiatement, s'illuminent et se perfectionnent sous l'influence d'une lumière à la fois plus mystérieuse et plus évidente : plus mystérieuse, parce qu'elle est plus spirituelle et douée d'une plus grande puissance de simplifier et d'unir; plus évidente, parce qu'alors, puisée à sa source, elle brille de son éclat primitif, qu'elle est plus entière et pénètre mieux ces pures essences. A cette première hiérarchie obéit la deuxième ; celle-ci commande à la troisième, qui est préposée à la hiérarchie des hommes: et suivant ainsi l'ordre harmonique de leur constitution, elles s'élèvent l'une par l'autre vers Celui qui est le souverain principe et la fin de toute belle ordonnance. »

On voit que saint Denis distribue les pures intelligences en trois hiérarchies, dont chacune comprend trois ordres. Chaque ordre a son nom particulier ; et parce que tout nom est l'expression d'une réalité, chaque ordre a véritablement ses propriétés et ses fonctions spéciales. Ainsi les Séraphins sont lumière et chaleur, les Chérubins science et sagesse, les Trônes constance et fixité : telle apparaît la première hiérarchie. Les Dominations sont ainsi appelées à cause de leur sublime affranchissement de toute chose fausse ou vile ; les Vertus doivent ce titre à la mâle et invincible vigueur qu'elles déploient dans leurs fonctions sacrées ; le nom des Puissances rappelle la force de leur autorité et l'ordre parfait dans lequel elles se présentent à l'influence divine : ainsi est caractérisée la deuxième hiérarchie. Les Principautés savent se diriger invariablement elles-mêmes et guider avec autorité les autres vers Celui qui règne par-dessus tout ; les Archanges tiennent aux Principautés, en ce qu'ils ramènent les Anges à l'unité par l'invisible ressort d'une autorité sage et régulière, et aux Anges, en ce qu'ils remplissent parfois comme eux la mission d'ambassadeurs : c'est ce qui constitue la troisième hiérarchie. Voilà les neuf chœurs de l'armée céleste, tels qu'on peut les distinguer suivant la signification des noms que l'Écriture sainte leur applique. L'Aréopagite épuise toutes les ressources du langage pour décrire ces esprits invisibles sur la nature desquels nous ne pouvons que bégayer. (S. l. 6ᵉ leçon.)

E. **Le livre de la hiérarchie ecclésiastique.** — Après le monde invisible vient le monde visible ; au dernier échelon de la hiérarchie céleste se rattache le premier degré de la hiérarchie terrestre. Quand le rayon de la grâce parti du foyer divin s'est réfléchi d'un milieu dans un autre à travers les neuf chœurs des anges, il ne s'arrête pas aux confins de l'existence purement spirituelle ; mais, déchirant le voile de la matière, il vient frapper l'homme, ange de la terre et point de départ d'une nouvelle série d'êtres. La société des purs esprits avec Dieu se prolonge dans l'humanité, et l'organisation de l'Église reproduit l'image de la milice des cieux. Or, quel est le principe, le moyen et la fin de cette hiérarchie nouvelle ? Peut-on y distinguer également divers degrés qui se succèdent dans la continuité d'une gradation descendante ? Comment et par quelle voie la vie divine se communique-t-elle à ces esprits enveloppés de matière ? Telles sont les questions que l'Aréopagite se propose de résoudre dans son traité de la *Hiérarchie ecclésiastique.*

Pour mesurer la profondeur du coup d'œil que saint Denis porte dans ces matières, efforçons-nous de saisir l'idée mère de son livre. Si je ne me trompe, la voici. La hiérarchie céleste et la hiérarchie ecclésiastique ont le même principe et le même but, car les hommes, aussi bien que les anges, reçoivent de Dieu la lumière, la force et la vie surnaturelles qui doivent les ramener à lui ; mais elles diffèrent par la manière dont les choses saintes sont dispensées aux uns et aux autres. Le mode d'illumination des pures intelligences n'a rien de sensible ni de corporel, tandis que l'économie de la foi, se proportionnant à la nature humaine, est toute symbolique : c'est par le moyen d'images ou de signes matériels que l'homme s'élève d'ordinaire aux choses intelligibles. Cette différence radicale entre l'ange et l'homme détermine le caractère particulier des deux hiérarchies ;

« Ce n'est qu'à l'aide d'emblèmes matériels que notre intelligence grossière peut contempler et reproduire la constitution des ordres célestes. Dans ce plan, les pompes visibles du culte nous rappellent les beautés invisibles ; les parfums qui embaument les sens représentent les suavités spirituelles ; l'éclat des flambeaux est le signe de l'illumination mystique ; le rassasiement des intelligences par la contemplation a son emblème dans l'explication de la sainte doctrine ; la divine et paisible harmonie des cieux est figurée par la subordination des divers ordres de fidèles, et l'union avec Jésus-Christ par la réception de la divine Eucharistie. Il en est ainsi de toute autre grâce : les natures célestes y participent d'une façon qui n'est pas de la terre, et l'homme, par le moyen des signes sensibles. »

Voilà l'idée fondamentale du traité de la *Hiérarchie ecclésiastique*. Image visible du royaume des cieux, la cité de Dieu sur la terre est spirituelle par un côté et matérielle par l'autre, car l'homme est à la fois esprit et corps. On ne saurait contester ce principe que l'Aréopagite pose au début de son œuvre, sans méconnaître la constitution de la nature humaine. Or, de ce point découlent des conséquences fort graves. En établissant que la religion doit répondre également aux deux aspects sous lesquels se présente l'humanité, saint Denis frappe du même coup le déisme et le protestantisme, ceux qui voudraient réduire le culte à un ensemble d'actes purement intérieurs, et ceux qui, à l'exemple de Luther, poursuivent l'idée chimérique d'une Église invisible. Mœhler disait avec beaucoup de sens que Luther n'a jamais compris ce mot de l'Évangile de saint Jean : « Le Verbe s'est fait chair ; » j'ajouterai que le chef de la Réforme ne s'est jamais bien pénétré de la définition de l'homme. En effet, l'homme n'est pas un pur esprit, mais un esprit uni à un corps, une intelligence incarnée. De là, d'abord, la nécessité d'un culte intérieur et extérieur tout ensemble, d'un culte où l'âme et le corps se rencontrent dans l'unité du même hommage. De là ensuite le caractère général de la révélation divine, spirituelle dans les vérités qu'elle enseigne, matérielle et sensible dans la parole et dans l'écriture, qui sont les moyens ordinaires par lesquels ces vérités arrivent jusqu'à nous. De là surtout l'Incarnation du Verbe qui ne s'est pas uniquement communiqué aux hommes par une voie intérieure, mais qui s'est fait chair comme eux pour les instruire et les sauver. De là enfin la forme ou la constitution de l'Église, à la fois invisible et visible : invisible dans la vérité, dans la foi, dans la grâce, dans les dons spirituels auxquels participent ses membres ; visible dans son organisme extérieur, dans la parole qui transmet la vérité et fait naître la foi, dans les sacrements qui opèrent la grâce, dans la hiérarchie qui prêche la parole et administre les sacrements. Il ne s'agit donc pas de dire : l'Église est toute spirituelle, le royaume de Dieu sur la terre est invisible, la religion est purement intérieure. Non, répond l'Aréopagite, c'est la hiérarchie céleste qui est toute spirituelle, c'est la milice des anges qui n'admet rien de corporel ni de sensible ; mais il n'en saurait être de même de l'Église. Elle est une société spirituelle sans doute, mais qui entre dans les conditions du temps et de l'espace, qui apparaît sous une forme visible, qui est corps et âme comme le Verbe fait chair dont elle est l'image, comme les hommes eux-mêmes qui la composent. Conséquemment, hiérarchie, enseignement, culte, sacrements, tout doit participer à la fois de ce double caractère, en se tenant à égale distance d'un spiritualisme exclusif et d'un symbolisme vide de sens. Telle est la loi qui dérive de l'Incarnation du Verbe et qui trouve son fondement rationnel dans la constitution même de la nature humaine.

Après avoir établi le principe général qui domine le traité de la *Hiérarchie ecclésiastique,* l'Aréopagite en suit l'application dans la constitution de l'Église et dans la théorie des sacrements. Ici encore il retrouve la loi de la gradation telle qu'elle existe dans les rangs de l'armée céleste. De même que les neuf chœurs des anges sont divisés en trois hiérarchies de trois ordres chacune, ainsi y a-t-il trois degrés dans la hiérarchie humaine, les évêques ou hiérarques, les prêtres et les diacres. En effet, les ministres sacrés ne participent pas tous dans la même mesure aux dons et au pouvoirs divins, mais ceux du deuxième et du troisième ordre reçoivent inégalement la plénitude du premier. Or, ces trois rangs de la hiérarchie ecclésiastique répondent aux trois phases de la vie chrétienne, la *vie purgative*, la *vie illuminative* et la *vie unitive*. La mission des diacres est de discerner les saints d'avec les profanes, d'agir sur les imparfaits en les préparant à la participation des mystères, de veiller à ce que l'accès des choses saintes ne s'obtienne qu'après purification complète. Les prêtres ont pour fonction d'éclairer les initiés en les admettant à la réception des divers sacrements ; enfin la vertu propre à l'ordre épiscopal est d'imprimer le sceau de la perfection à ceux qui ont été éclairés par les prêtres et initiés par les diacres. D'où il suit également que les laïques sont répartis en trois classes parallèles aux trois rangs de la hiérarchie : ceux qui accomplissent le travail de leur purification et sont exclus de la célébration des mystères ; ceux qui ont reçu la grâce de l'illumination et participent aux sacrements ; ceux qui aspirent à la vie parfaite, en particulier les thérapeutes ou les moines. Enfin les sacrements eux-mêmes correspondent aux trois ordres de la hiérarchie, aux trois classes d'initiés, aux trois phases de la vie chrétienne, en ce qu'ils possèdent la triple vertu de purifier les profanes, de conférer la lumière à ceux qui ont été purifiés et de consommer l'union surnaturelle avec Dieu. Telle est la série des matières que saint Denis développe dans le livre de la *Hiérarchie ecclésiastique*.

D'après l'aspect qu'il présente, cet ouvrage est à la fois un *traité de l'Eglise* et ce qu'on appellerait aujourd'hui, dans la langue liturgique, un *Sacramentaire* ou un *Pontifical*. L'auteur y expose, d'une part, les trois degrés de la hiérarchie, telle qu'elle est divinement ordonnée par rapport à la vie chrétienne, l'épiscopat, la prêtrise et le diaconat; de l'autre, il décrit, en les interprétant, les cérémonies et les rites usités dans l'administration des sacrements. Peut-être aurions-nous le droit de lui reprocher l'abus de la symétrie. A force de vouloir retrouver dans les choses de la terre une reproduction exacte du monde invisible, l'Aréopagite prolonge à perte de vue cette échelle systématique à étages ternaires, bien qu'il ne manque pas d'arguments pour la justifier. Mais ce qu'il y a de certain, c'est que son explication du symbolisme sacramentel étincelle de beautés. A côté de l'esprit philosophique qui plonge sous le voile des mystères, l'imagination du pieux écrivain se joue à travers les cérémonies du culte avec une grâce inépuisable. Tantôt c'est le théologien qui scrute la raison des choses divines ; tantôt le poète qui célèbre avec l'effusion d'une âme ravie les merveilles de l'ordre surnaturel. Cette souplesse avec laquelle l'évêque d'Athènes passe du raisonnement à la contemplation prête à ses écrits un caractère particulier.

F. **Le livre de la Théologie mystique.** — Il nous reste maintenant à envisager les écrits de l'Aréopagite sous une dernière face. En cherchant à déterminer de quelle manière les divers ordres de la hiérarchie tant céleste qu'ecclésiastique répondent aux trois degrés de la vie surnaturelle, la vie purgative, la vie illuminative et la vie unitive, l'auteur nous introduit au cœur du mysticisme chrétien. C'est à cet ordre d'idées que se rapporte surtout le livre de la *Théologie mystique* qui considère les créatures dans leur retour vers Dieu, principe et fin dernière de toutes choses.

Les grands mystiques du christianisme ont toujours considéré saint Denis l'Aréopagite comme leur père, et pris ses ouvrages pour base de leur enseignement. Ici comme ailleurs, le disciple de saint Paul a réduit la doctrine de son maître en système scientifique. Il suffit de lire les Épîtres de saint Paul pour y trouver un véritable code de la vie chrétienne qu'elles règlent à tous ses degrés, depuis le moins parfait jusqu'au plus élevé. L'apôtre y parle tour à tour aux hommes charnels et aux hommes spirituels ; il distribue aux uns le lait de la doctrine et réserve pour les autres un aliment plus substantiel ; il décrit les dons extraordinaires de la grâce comme il indique la voie par laquelle l'âme se purifie de ses souillures ; en un mot, il parcourt toute l'échelle du mysticisme chrétien. Nul doute qu'un commerce familier avec ce grand maître de la vie intérieure n'ait initié l'Aréopagite à tous les secrets de cette psychologie divine. Aussi la trace de cette influence est-elle visible dans la théorie mystique de saint Denis. Voici comment il conçoit et décrit l'ascension progressive de l'âme vers la Divinité. Dieu, dit-il, est pureté, lumière et perfection. Or, tous les efforts de l'homme doivent tendre à la ressemblance ou à la conformité avec l'idéal divin. Il faut par conséquent que l'âme se purifie, s'illumine et se perfectionne. La purification de l'âme est le premier acte de la vie surnaturelle. Rompre avec le péché, s'affranchir du joug des passions, détruire un à un les obstacles qui empêchent l'homme de parvenir à l'union avec Dieu, tel est le travail de préparation qui ouvre la voie du progrès moral. Quand l'âme est ainsi purifiée de ses taches, elle ressemble à la surface d'une eau limpide. C'est un miroir poli qui reçoit et réfléchit les rayons de l'éternelle lumière. La grâce divine pénètre en elle sans difficulté, l'illumine par degrés et lui communique l'intelligence des vérités révélées. Éclairée de la sorte, l'âme se retire des créatures, se replie sur elle-même, se ramasse, se simplifie pour ainsi dire et se porte tout entière vers la source du vrai et du bien. C'est alors que l'union parfaite avec Dieu achève de la dégager de tout lien terrestre, pour la tenir constamment attachée à son principe et à sa fin.

Ramené dans ces termes, le mysticisme n'est que la théorie de la vie chrétienne envisagée dans les diverses phases de son développement. Sous ce rapport, tout chrétien est un mystique, parce que nous devons tous nous purifier de nos fautes, ouvrir notre intelligence aux lumières de la grâce et nous unir avec Dieu. Aussi l'Aréopagite a-t-il raison d'établir que les sacrements et la hiérarchie ecclésiastique ont pour fin essentielle de purifier, d'illuminer et de parfaire les âmes. Si donc la théologie mystique se réduisait à ce que je viens de dire, elle se confondrait avec la théologie morale. Ce qui la distingue, c'est qu'elle étudie spécialement les moyens par lesquels l'âme peut parvenir à un degré plus qu'ordinaire d'illumination et d'union avec Dieu. On conçoit en effet que la prière et la contemplation puissent devenir pour l'homme comme des ailes qui l'élèvent au-dessus des conditions habituelles de la vie, pour le placer dans un état tout particulier. Quand l'âme, disent les mystiques, a étouffé en elle toutes les affections terrestres, qu'elle s'est dégagée entièrement des choses visibles, pour s'accoutumer à converser avec le ciel, elle peut arriver à un mode de connaissance qui lui permet d'atteindre Dieu par une sorte d'intuition, sans raisonnement et sans images corporelles. Ce ravissement la porte vers la beauté infinie avec une telle force que les sens, l'imagination et la raison, vaincus et comme enchaînés, n'exercent plus que faiblement leurs fonctions. Absorbée dans une contemplation muette, l'âme reste pour ainsi dire passive sous l'action de Dieu, qui l'illumine et l'élève jusqu'à lui. Elle cède à cet attrait immense qui la sollicite pour se fondre en Dieu, si l'on peut parler de la sorte. Comme le fer qui, jeté dans une ardente fournaise, rougit, blanchit, étincelle, prend les propriétés et la forme du feu, ainsi l'âme, plongée dans les abîmes de l'amour infini, conserve, il est vrai, son essence créée et sa personnalité, mais perd tout ce qu'elle avait d'humain et de terrestre pour acquérir des facultés de connaître et d'aimer qu'elle avait crues impossibles jusqu'alors. Écoutons l'Aréopagite décrivant cette ascension de l'âme par la contemplation mystique :

« Pour vous, ô bien-aimé Timothée ! exercez-vous sans relâche aux contemplations mystiques ; laissez de côté les sens et les opérations de l'entendement, tout ce qui est matériel ou intellectuel, les choses qui ne sont pas, comme celles qui sont, et d'un essor surnaturel allez vous unir, aussi intimement qu'il est possible, à Celui qui est élevé au-dessus de toute essence et de toute notion. Car c'est par ce sincère, spontané et total abandon de vous-même et de toutes choses, que, libre et dégagé d'entraves, vous vous précipiterez dans l'éclat mystérieux de la divine obscurité... Alors, délivrée du monde sensible et du monde intellectuel, l'âme entre dans la mystérieuse obscurité d'une sainte ignorance, et, renonçant à tout procédé scientifique, elle se perd en Celui qui ne peut être ni vu, ni saisi ; tout entière à ce souverain objet, sans appartenir à elle-même ni à d'autres ; unie à l'inconnu par la plus noble portion d'elle-même, et en raison de son renoncement à la science ; enfin, puisant dans cette ignorance absolue une connaissance que l'entendement ne saurait conquérir. »

Bossuet trouvait le style de l'Aréopagite extraordinaire, et il faisait observer avec raison à quelques mystiques de son temps qu'il ne faut pas en abuser. Nul doute que Dieu ne puisse favoriser une âme sainte de ces vues intérieures qui dépassent toute science, de cet état de ravissement ou d'extase qui est comme une anticipation de la vision béatifique. Mais d'abord cette suspension des puissances ou facultés intellectuelles, ce qu'on appelle, en termes de l'école, l'oraison passive, n'est que passagère et ne saurait en aucun cas constituer l'état habituel de l'âme : ce serait la négation de la liberté humaine, partant du mérite personnel. Bossuet a parfaitement démontré ce point dans son *Instruction sur les états d'oraison.* De plus, cette ascension vers Dieu par la voie contemplative ne doit pas exclure, comme inutile ou insuffisant, le procédé ordinaire par lequel l'intelligence s'élève à Dieu. Une telle exclusion aboutirait au scepticisme en substituant le sentiment à la logique et l'imagination à la science; par là, on ouvrirait le champ à toutes les aberrations de l'illuminisme. Aucune impression du cœur n'échappe au contrôle de la raison, et les jugements de l'Église conservent tous leurs droits sur les phénomènes de la vie surnaturelle. Enfin, il ne faut pas prendre au pied de la lettre ces mots d'*unification*, de *déification*, qu'emploie le mysticisme. Quel que soit le degré d'union avec Dieu auquel l'homme puisse arriver par la grâce, il n'y a jamais absorption d'une substance par une autre : la distinction de la personnalité humaine d'avec l'Etre divin reste tout entière; le panthéisme seul pourrait les identifier. Voilà pourquoi cette erreur, si monstrueuse et si subtile à la fois, est l'écueil ordinaire du mysticisme : en dehors de la religion chrétienne, les doctrines mystiques ont presque toujours abouti à l'identification de Dieu avec l'homme ; et même dans les siècles chrétiens, le panthéisme s'est retrouvé au fond de la plupart des sectes mystiques qui se sont séparées de l'Église, depuis les rêveries des gnostiques jusqu'aux extravagances de l'illuminisme protestant.

G. **Appréciation générale.** — Les écrits de saint Denis l'Aréopagite ne seraient pas authentiques, qu'ils mériteraient encore toute notre attention ; mais rien ne nous autorise à dépouiller de son plus beau titre de gloire celui que l'antiquité chrétienne a regardé à la fois comme le premier évêque de Paris. Il est une classe d'ouvrages que j'ai toujours peine à ranger parmi les écrits apocryphes, ceux qui portent le cachet d'une puissante originalité ; car les fraudes littéraires conviennent mal aux esprits créateurs et les hommes de génie ne sont pas des faussaires. Oui, il s'est rencontré au berceau de la littérature chrétienne un homme de génie qui a embrassé d'un seul coup d'œil vaste et sûr toutes les parties de la science théologique. Disciple de Platon et de saint Paul, il a corrigé la philosophie de l'un pour en faire le frontispice de la théologie de l'autre. Métaphysicien de premier ordre, nul n'a plongé plus avant que lui dans cet ensemble de vérités qu'on appelait, au moyen âge, les préambules de la foi : le livre des *Noms divins* est un modèle d'analyse philosophique. Mais la révélation ouvrait un champ plus large à ses méditations fécondes. D'une part, elle dévoilait à ses yeux les réalités du monde invisible; de l'autre, elle déroulait devant lui les merveilles de la cité de Dieu sur la terre. Pénétrant jusqu'aux mystères de l'ordre surnaturel, l'Aréopagite étudia, dans leurs rapports et dans leurs différences, la *Hiérarchie céleste* et la *Hiérarchie ecclésiastique*. Constitution de l'Église, théorie des sacrements, liturgie, rien n'échappa aux investigations de cet esprit profond et compréhensif. Enfin, pour achever cette vaste synthèse, il chercha dans la *Théologie mystique* le couronnement et le faîte de la science sacrée. Écrivain original autant que hardi penseur, il sut allier, dans un style plein de magnificences et d'éclat, l'enthousiasme du poète à la précision du philosophe et du théologien. Je ne suis donc pas étonné de la brillante renommée que les écrits de saint Denis l'Aréopagite ont acquise dans le cours des siècles ; et bien que la date et le lieu de leur composition les reportent vers la Grèce, nous avons le droit d'être heureux et fiers que la Providence en ait fait rejaillir l'honneur sur les Gaules et sur le siège de Paris. (S. I. 5ᵉ leçon.)

XI. — Saint Irénée. (140-202)

A. L'Eglise de Lyon et saint Irénée. — C'est par des scènes de martyre que s'ouvre l'histoire de l'éloquence chrétienne dans les Gaules. *La lettre des églises de Vienne et de Lyon* à celles de l'Asie Mineure nous place au cœur de cette lutte du droit et de la force morale contre l'abus de la puissance matérielle. Ecrite en grec, d'un style simple et sans apprêt, cette pièce historique est un drame plein de mouvement et de vie, dont les divers actes se succèdent avec un intérêt toujours croissant. Les deux sociétés qui se disputent l'avenir se trouvent en présence l'une de l'autre, chacune sous les traits qui la distinguent. Ici, un peuple sensuel, qui cherche son divertissement dans un massacre dont la vue flatte sa haine ; là, une réunion d'hommes qui déploient une vertu héroïque, depuis l'évêque qui couronne sa longue carrière par le sacrifice de la vie, jusqu'à la jeune esclave dont la condition achève de se transfigurer dans la gloire du martyre. Admirable tableau de cet âge de foi où le christianisme étonnait le monde par le spectacle d'une grandeur morale inconnue jusqu'alors !

Or, l'église de Lyon comptait dans ses rangs un prêtre dont le nom et les travaux devaient la couvrir d'un éclat immortel. Venu de l'Asie Mineure, il avait reçu, dans sa première jeunesse, les leçons de saint Polycarpe, et, comme il le dit lui-même, les paroles du disciple de saint Jean avaient retenti au fond de son âme comme un écho fidèle de l'enseignement du Christ. Élevé à l'école du grand évêque de Smyrne, il avait eu également pour maître un autre disciple de l'évangéliste, saint Papias. Le commerce de ces hommes apostoliques lui avait permis de puiser aux sources les plus pures la doctrine qu'il était appelé à défendre contre les altérations des novateurs. En même temps, son esprit actif et pénétrant s'était familiarisé avec les meilleurs écrivains de l'antiquité païenne, parmi lesquels Homère et Platon paraissaient avoir été l'objet de sa prédilection. C'est muni de ce riche trésor de connaissances, tant profanes que sacrées, qu'il était arrivé à Lyon, où saint Pothin l'ordonna prêtre et l'associa au gouvernement de son église. Je veux parler de saint Irénée.

Nous ne possédons que peu de détails sur la vie de ce grand homme. Son nom, qui veut dire *pacifique*, dénote suffisamment son origine grecque, et ses relations intimes avec saint Polycarpe semblent reporter son lieu de naissance vers cette partie de l'Asie Mineure dont Smyrne était la métropole. Grégoire de Tours raconte que saint Polycarpe lui-même l'envoya dans les Gaules. Ce qu'il y a de certain, c'est qu'il apparaît comme prêtre de Lyon, à l'époque où le massacre des chrétiens ensanglanta cette ville, et ce n'est pas sans motif qu'on lui attribue la fameuse lettre dont nous avons parlé. Le style en est conforme aux écrits de saint Irénée, et l'on conçoit que la rédaction en ait été confiée à celui que son mérite et sa science désignaient au choix de tous. Nous voyons assez, par la lettre des martyrs de Lyon au pape Éleuthère, quelle haute estime ils professaient pour le saint prêtre. Affligés des troubles que les montanistes excitaient dans l'Église, et voulant donner à saint Pothin un successeur digne de lui, ils envoyèrent saint Irénée pour faire connaître au pape leur sentiment sur les doctrines de Montan et le choix qu'ils avaient fait d'un nouveau pasteur. Eusèbe nous a conservé le passage de la lettre où ils rendent un éclatant témoignage aux grandes qualités de leur futur évêque :

« Nous avons chargé, écrivent-ils au pape Éleuthère, notre frère et collègue Irénée de vous porter ces lettres. Nous vous prions de l'accueillir avec bienveillance comme un grand zélateur de la loi du Christ. Si nous pensions que le rang ajoutât au mérite de la justice, nous vous le recommanderions particulièrement comme prêtre de notre église, car il est élevé à cette dignité. »

La mission confiée à Irénée par les martyrs de Lyon eut pour résultat de le soustraire à la persécution qui sévissait dans cette ville. Quand l'avènement de Commode eut rendu la paix aux chrétiens, nous le trouvons sur le siège de saint Pothin, travaillant à réparer les pertes que la violence des païens avait fait subir à son église. Ses efforts furent couronnés d'un succès merveilleux : en peu d'années, dit Grégoire de Tours, il convertit par ses prédications la majeure partie de la cité. Mais son zèle ne se renferma point dans les limites de son troupeau. Non content d'avoir fait de la chrétienté lyonnaise la plus florissante des Gaules, il étendit son activité aux villes voisines. Il envoya le prêtre Ferréol avec le diacre Ferrution à Besançon, pour y prêcher l'Évangile ; et à Valence, le prêtre Félix avec les diacres Fortunat et Achillée. Ce n'est là toutefois qu'une face de cette vie laborieuse et féconde. A côté de l'évêque et de l'apôtre apparaît le docteur dont les travaux, admirés par toute l'antiquité chrétienne, ont recueilli les suffrages de la science moderne, et que Théodoret ne craignait pas d'appeler la lumière des Gaules et la gloire de l'Occident.

Lorsque saint Irénée monta sur le siège de Lyon, de graves dissensions affligeaient l'Église. Si le règne de Commode permettait aux chrétiens de respirer au sortir des persécutions de Marc-Aurèle, des périls intérieurs menaçaient la foi. C'est, l'éternelle condition de la vérité dans le monde, de ne pouvoir échapper à la violence qui essaie de la détruire que pour se retrouver en face de l'erreur qui cherche à l'altérer. D'un côté, la controverse liturgique sur la célébration de la Pâque avait fait naître des germes de division qui pouvaient amener un schisme ; de l'autre, les rêveries de Montan séduisaient bon nombre d'esprits par les apparences spécieuses d'un rigorisme affecté. Enfin, les systèmes gnostiques enlaçaient de toutes parts la simplicité de la foi dans les subtilités d'une fausse science. Irénée était merveilleusement doué pour faire face à ces dangers multiples.

Son esprit calme et plein de mesure le rendait propre à remplir l'office de médiateur dans la question de discipline qui s'agitait entre le pape saint Victor et les évêques de l'Asie Mineure. Éloigné de toute exaltation religieuse qui ne se laisse pas ramener à l'autorité de la règle traditionnelle, il était l'adversaire naturel de cette secte d'illuminés au sein de laquelle s'égara l'imagination ardente de Tertullien. Mais, c'est au gnosticisme qu'il lui était réservé de porter les plus rudes coups. Pour combattre avec succès ce protestantisme primitif, il fallait un écrivain dont le vaste coup d'œil pût embrasser tout le mouvement doctrinal des deux premiers siècles, un historien versé dans la connaissance des hommes et des choses de son temps, un critique dont le regard pénétrant plongeât au milieu de cette fourmilière de sectes aussi différentes de formes que rapprochées par leur principe, un polémiste vigoureux qui, s'attaquant aux hérésies dévoilées et mises à nu, pût manier avec une égale dextérité les armes de la raison et celles de l'Écriture ou de la Tradition. C'est la tâche qu'entreprit saint Irénée dans son admirable *Traité contre les hérésies*, qu'il avait intitulé *Manifestation ou réfutation de la fausse science*. Cette œuvre capitale nous introduit au milieu des luttes de l'éloquence chrétienne avec le gnosticisme.

B. **Idée générale et plan du Traité contre les hérésies.** — Saint Irénée indique lui-même, dans sa préface, les *circonstances* qui l'ont déterminé à écrire son livre et le *but* qu'il s'est proposé d'atteindre :

« Il est des hommes qui méprisent la vérité pour s'attacher à des discours mensongers et à de vaines généalogies plus propres à des disputes, comme dit l'apôtre, qu'à l'édification de Dieu qui est dans la foi. Ils trompent l'esprit des simples en prêtant un air de vraisemblance à leurs inventions ; ils les séduisent par les fausses interprétations qu'ils donnent à la parole du Seigneur, et, sous prétexte de leur communiquer la science, ils les détournent de Celui par qui toutes choses ont leur subsistance et leur forme, comme s'ils pouvaient leur montrer quelque chose de plus élevé et de plus excellent que le Dieu qui a fait le ciel et la terre avec tout ce qui s'y trouve renfermé. Captivés par l'éloquence artificieuse de ces nouveaux docteurs, les esprits faibles se livrent à des recherches qui n'aboutissent qu'à leur perte ; car, ne sachant pas distinguer l'erreur de la vérité, ils arrivent à blasphémer le Créateur en le rabaissant dans leur pensée.

« C'est le propre de l'erreur de dissimuler : en se montrant à découvert, elle se trahirait infailliblement. Aussi s'enveloppe-t-elle avec art d'un vêtement spécieux ; et sous cette forme empruntée, elle cherche à paraître aux yeux des simples plus vraie que la vérité elle-même. Un homme qui nous est bien supérieur disait à ce sujet : Certes, l'émeraude est une pierre précieuse, très estimée des connaisseurs, et ce serait lui faire injure que de la comparer avec le verre ; mais, quand le verre est travaillé avec soin, la ressemblance devient trompeuse pour quiconque n'est point capable de surprendre l'artifice de l'ouvrier. Mêlez l'airain à l'or, il faudra un coup d'œil exercé pour distinguer l'alliage. Eh bien ! il est de notre devoir d'empêcher que ces hommes, qui se présentent revêtus d'une peau de brebis et que le Seigneur nous a ordonné d'éviter, entraînent les fidèles comme des loups ravisseurs ; car il est difficile de discerner des gens qui tiennent le même langage que nous, tout en professant une doctrine différente. J'ai eu occasion de lire les écrits de ceux qu'on appelle les disciples de Valentin, de converser avec quelques-uns d'entre eux et d'apprendre ainsi à connaître leurs sentiments. C'est pourquoi j'ai cru devoir, cher ami, vous révéler ces monstrueuses théories que tous ne comprennent pas, faute d'une pénétration suffisante. De cette façon, vous pourrez à votre tour en instruire ceux qui sont avec vous, pour préserver vos frères de cet abîme de démence d'où sort le blasphème contre le Christ. En résumant, selon nos forces, d'une manière claire et succincte, les opinions des docteurs du jour, des disciples de Ptolémée, qui forment la fine fleur de l'école valentinienne, nous fournirons à d'autres l'occasion de combattre une doctrine dont nous aurons démontré le vice et l'absurdité. »

Voilà dans quels termes l'évêque de Lyon exprime l'idée de son ouvrage et les motifs qui l'ont porté à entreprendre ce travail. C'est qu'en effet le péril était proche de lui. L'école de Valentin avait poussé des reconnaissances jusque dans les Gaules, et l'un de ses principaux adeptes, Marc, était allé répandre ses erreurs dans les contrées que traversent le Rhône et la Garonne. Justement alarmé du péril qui menaçait les âmes simples et confiantes, incapables de se défendre par elles-mêmes contre les artifices de cet imposteur et de ses pareils, Irénée résolut d'opposer une digue puissante au torrent de l'erreur. Le plan de son ouvrage est fort simple et comprend deux parties, *l'exposition* et la *réfutation* du gnosticisme. Dans le premier livre, l'auteur analyse les divers systèmes qu'il discute dans les quatre derniers. Telle est la division naturelle du Traité. (S. I. 9ᵉ leçon.)

C. **Mérite littéraire de ce traité.** — Il est à regretter que la perte presque complète du texte original ne nous permette plus guère d'apprécier le mérite littéraire du *Traité contre les hérésies* ; mais, autant qu'on peut en juger par les fragments grecs qui nous restent, et d'après une traduction latine moins élégante que fidèle, le style de l'auteur se recommande par une simplicité qui n'est pas dépourvue de charme.

On y chercherait vainement une trace d'enflure ou d'affectation : tout entier aux pensées qu'il veut exprimer, l'évêque de Lyon songe moins à les relever par l'agrément de la forme qu'à leur prêter un vêtement convenable. On souhaiterait qu'il eût varié davantage ces comparaisons dont il sait faire un emploi si heureux dans les rares endroits où l'éclat des images vient s'ajouter à la justesse de l'idée. Cette sobriété de couleurs étonne d'autant plus qu'elle contraste avec l'abondance asiatique qui distingue les écrivains du pays d'où sortait le disciple de saint Polycarpe. Chose singulière, cet homme de l'Orient, conduit par la Providence au milieu de la Gaule du deuxième siècle, a toutes les qualités de l'esprit occidental, et, si je ne craignais le paradoxe, j'ajouterais de l'esprit français : la clarté et la précision. En effet, s'il règne quelque obscurité dans certaines parties de son ouvrage, elle est due à l'étrangeté même des doctrines qu'il réfute, et non à un défaut de méthode dans l'exposition toujours nette et bien suivie. De même, les mots techniques et les locutions inusitées qui altèrent chez lui la pureté de la langue grecque sont empruntés au vocabulaire des gnostiques qu'il est obligé de reproduire pour faire connaître leurs théories. Saint Irénée excelle dans l'analyse et dans la discussion des doctrines : c'est le mérite particulier de son livre, plus remarquable comme traité de controverse que comme œuvre de style ou d'éloquence. Chez lui, l'écrivain ou l'orateur s'efface trop souvent derrière l'érudit et le théologien. Son raisonnement s'enchaîne dans un ordre rigoureux, se développe avec beaucoup d'ampleur ; mais on y désirerait en général plus de chaleur et de vivacité. Tout occupé à faire valoir les preuves qu'il tire des principes et des faits, l'évêque de Lyon s'abandonne rarement à ces mouvements de l'âme qui éclatent chez Tertullien comme l'explosion d'un sentiment longtemps contenu ; il n'a pas cette logique passionnée, cette verve brûlante qui fait tourner la controverse au pamphlet dans le polémiste africain. Plus calme et plus maître de lui-même, il supplée à la véhémence oratoire par une analyse pénétrante des erreurs qu'il combat, par une critique fine et déliée qui les suit dans le détail autant qu'elle les saisit de haut et dans l'ensemble. Bref, le *Traité contre les hérésies* est, avant tout, une œuvre de science et d'érudition : c'est à ce point de vue que nous avons dû l'envisager de préférence, nous attachant au fond, qui est d'une richesse extrême, plutôt qu'à la forme qui n'a qu'une moindre importance. Car la première condition pour apprécier sainement les ouvrages de l'esprit, c'est de ne pas surfaire leur mérite et de savoir le chercher là où il se trouve en réalité. Les cinq livres du grand docteur de Lyon contre le gnosticisme resteront comme le plus beau monument de la controverse catholique pendant les deux premiers siècles : c'est un titre que nul autre écrit ne pourra lui disputer. (S. I. 21ᵉ leçon.)

D. Saint Irénée interprète des Saintes-Ecritures. — Saint Irénée porte dans l'interprétation de texte sacré un coup d'œil large et pénétrant qui lui avait permis de saisir dans leur harmonieuse unité les différentes parties de l'Ecriture-Sainte. Sans doute, il n'explique pas toujours avec bonheur tous les passages dont il cherche à déterminer le sens. Je n'hésite pas à reconnaître que, sur un si grand nombre de textes qu'il commente, qu'il cite, on peut en trouver quelques-uns dont la véritable signification lui échappe. Prenons, par exemple ces mots de saint Paul : « Et pour ces infidèles dont le Dieu de ce siècle a aveuglé l'esprit. » Les gnostiques concluaient de là que le Dieu de ce siècle ou le Démiurge est nécessairement différent du Dieu tout-puissant et infini duquel tout procède. Pour leur enlever cet argument, saint Irénée suppose que l'apôtre a fait usage d'une hyperbate, en intervertissant l'ordre naturel du discours, de telle sorte qu'il faudrait lire : « Dieu a aveuglé l'esprit des infidèles de ce siècle. » Assurément, cette explication n'est pas heureuse : il eût mieux valu dire que saint Paul veut désigner, sous ce titre, le démon auquel Jésus-Christ donne un nom analogue dans l'Évangile de saint Jean (*Princeps hujus sœculi*). Mais cette exégèse subtile et contournée n'apparaît que rarement dans le *Traité des hérésies*. On y remarque, au contraire, un soin presque constant de se renfermer dans l'interprétation littérale du texte sacré. Quand l'auteur argumente contre les gnostiques, ou qu'il cherche à établir le dogme, il s'en tient préférablement au sens propre et naturel. Ce n'est pas qu'il exclue l'allégorie là où le sujet l'indique et où la tradition l'autorise, mais il en fait un usage beaucoup plus sobre et plus réservé que les écrivains de l'école d'Alexandrie. Le trente-sixième chapitre du quatrième livre est un véritable modèle d'explication allégorique, et l'on admire avec quelle légèreté et quelle délicatesse saint Irénée soulève le voile qui recouvre les paraboles de l'Évangile. Plusieurs parties de son commentaire sont devenues pour ainsi dire classiques dans l'éloquence sacrée, comme, par exemple, la signification symbolique qu'il attache aux présents que firent les mages au Dieu nouveau-né : « La myrrhe figurait son humanité, dans laquelle il devait, pour le salut du monde, mourir et être enseveli ; l'or signifiait le caractère royal de Celui dont le règne n'aura pas de fin ; l'encens désignait le Dieu *connu dans Juda*, et manifesté plus tard à ceux qui ne le cherchaient pas. » Toutefois, je le répète, ce qui distingue surtout la méthode exégétique de l'évêque gaulois, c'est l'exactitude scrupuleuse avec laquelle il développe d'ordinaire le sens littéral des Écritures. S'agit-il d'expliquer les textes dogmatiques de la Bible, ou bien les faits de l'histoire sainte dont abusaient les gnostiques, il pèse les termes et discute l'idée avec une rigueur qui laisse peu de prise à la critique. Sa démonstration de l'unité de Dieu et de la divinité de Jésus-Christ par les livres saints est une analyse aussi fine que profonde des passages qu'il cite. Il en est de même lorsqu'il répond aux objections que tiraient ses adversaires de certaines particularités qui ont également servi de thème aux sophistes du dix-huitième siècle. Ainsi, pour me borner à un seul point, on ne saurait mieux apprécier que ne l'a fait saint Irénée le fait des Hébreux emportant avec eux, sur l'ordre de Dieu, les vases et les vêtements qu'ils avaient empruntés aux Égyptiens. Étendue d'esprit dans la compréhension de l'ensemble, sûreté de coup d'œil dans la science des détails, tout se réunit pour ranger l'évêque de Lyon parmi les interprètes les plus habiles de l'Écriture sainte, comme il est d'ailleurs un témoin irrécusable de son authenticité. (S. I. 19ᵉ leçon.)

E. Saint Irénée et la Tradition Catholique. — Pourquoi les hérétiques s'égaraient-ils dans l'explication des livres saints ? Parce qu'ils n'admettaient d'autre guide que leur raison particulière, au lieu de s'en rapporter au sens *traditionnel*, au jugement de l'Église, que saint Paul appelle la colonne et le firmament de la vérité.

La Tradition, la Tradition orale et vivante dans l'Église, tel est, d'après saint Irénée, l'unique moyen de couper court aux controverses : sans elle, l'Écriture sainte n'est plus qu'un champ ouvert à toutes les disputes des partis. Vous voyez, que, sans le vouloir ni le chercher, nous nous retrouvons en face du protestantisme dont l'erreur réfutée par l'évêque de Lyon est le principe fondamental. Les gnostiques se retranchaient dans l'Écriture qu'ils interprétaient à leur façon ; et si, pressés par les arguments qu'on tirait de là contre eux, ils en appelaient quelquefois à la Tradition, ce n'est pas l'enseignement oral de l'Église qu'ils invoquaient, mais une communication particulière qui leur aurait été faite à eux seuls, ce qui revient toujours en définitive au système du libre examen. La Réforme s'est montrée encore plus radicale sur ce point : pour elle, la Bible est l'unique source des vérités révélées, la règle exclusive de la foi et le seul juge des controverses ; chaque particulier doit se former sa croyance d'après l'Écriture, en la lisant et en l'interprétant avec l'assistance ou sous l'inspiration de l'Esprit-Saint.

Telle est du moins la véritable pensée de Luther, qui allait jusqu'à dire que « tout ce qui se fait en dehors de l'Écriture, dans les choses divines, vient du diable, » expression que le doux Mélanchthon a cru devoir reproduire en appelant la Tradition un enseignement diabolique. Malgré toutes ces clameurs, l'Église a renouvelé cette déclaration solennelle : la révélation chrétienne est renfermée dans les livres saints et dans les traditions non écrites que les apôtres ont reçues de la bouche de Jésus-Christ ou par l'inspiration de l'Esprit-Saint, et qui sont arrivées de main en main jusqu'à nous. Partant de ce principe incontestable, que la parole de Dieu mérite un égal respect, quel que soit le canal qui la transmette, elle professe la même vénération pour les livres dont Dieu est l'auteur et pour les traditions d'origine divine. De plus, elle n'abandonne ni les unes ni les autres à la libre fantaisie de chacun ; elle en attribue le dépôt et l'interprétation authentique au corps des pasteurs divinement institué à cet effet. Conséquemment, la règle de la foi catholique, c'est la parole de Dieu, écrite ou non écrite, telle qu'elle est conservée dans l'Église et proposée par elle à la croyance de tous. Il suffit d'exposer l'un et l'autre système pour faire voir lequel des deux répond le mieux aux conditions de la nature humaine et au caractère d'une révélation divine. Mais, pour ôter à la Réforme toute velléité de se chercher un modèle dans l'Église primitive, il importe de montrer comment celle-ci répondait, par l'organe de saint Irénée, à ce protestantisme anticipé qui s'agitait autour d'elle sous le nom de Gnose. Et d'abord, afin de déterminer d'une manière exacte et rigoureuse les rapports de l'Écriture sainte avec la Tradition, le docteur catholique du deuxième siècle commence par établir que l'enseignement oral est antérieur aux écrits du Nouveau Testament.

D'après saint Irénée, la Tradition ou l'enseignement oral est parfaitement suffisant pour former la croyance des fidèles, sans le secours de l'Écriture sainte, *sine chartâ et atramento* : il cite des nations entières qui n'ont reçu la doctrine chrétienne que par ce seul canal et qui n'en persévèrent pas avec moins de force dans la vérité. Il va même jusqu'à supposer le cas où les apôtres n'auraient absolument rien écrit, et, loin d'en conclure la ruine de l'Église, il voit dans la Tradition vivante et orale un moyen sûr de conserver la vraie doctrine. Voilà quels étaient les sentiments de l'Église primitive sur les rapports de l'Écriture avec la Tradition ; et je ne crois pas qu'il soit possible de trouver une contradiction plus flagrante avec le protestantisme, qui fait de la Bible l'unique source ou règle de la foi, le juge exclusif des controverses. Est-ce à dire pour cela qu'il faille regarder comme superflus les écrits du Nouveau Testament ? Pas le moins du monde. En fixant par écrit une partie des doctrines qu'ils avaient d'abord enseignées de vive voix, les apôtres ont voulu par là les préserver plus sûrement de toute altération. Il est incontestable, en effet, que l'écriture a l'avantage naturel d'enchaîner la pensée à un texte immuable et précis. Elle conserve ce que la parole explique et propage. L'une a pour elle l'immobilité ; l'autre, le mouvement et la vie ; celle-ci est le moyen ordinaire de la diffusion, le grand instrument de l'apostolat ; celle-là, le pivot fixe et invariable de la législation et du gouvernement. Ce n'est donc pas sans une disposition admirable de la Providence que la révélation chrétienne est arrivée aux hommes par ce double canal de la parole et de l'écriture. Vouloir séparer ce que Dieu a uni par un lien indissoluble, c'est méconnaître l'harmonie qui règne dans l'œuvre de la Rédemption. Dans l'hypothèse que les apôtres se fussent proposé de mettre par écrit toute la doctrine chrétienne, la Tradition serait restée un mode de transmission indispensable avant la fixation définitive du canon des Écritures. J'ajoute que l'enseignement oral n'eût rien perdu de sa nécessité depuis lors, par l'impossibilité où se trouve le plus grand nombre de comprendre un livre que beaucoup d'hommes ne sont pas même en état de lire. Mais cette hypothèse de Luther et de Calvin est d'une fausseté manifeste. Jamais les apôtres n'ont prétendu renfermer toute la révélation chrétienne dans ce peu d'épîtres qui sont arrivées jusqu'à nous, ni dans ces courtes relations qui portent le nom d'Évangiles. Il suffit, pour s'en convaincre, d'écouter leurs déclarations formelles et d'étudier de près la physionomie du Nouveau Testament. A quel propos les premiers prédicateurs de l'Évangile se décident-ils à écrire ? A l'occasion d'un conflit qui vient d'éclater à Corinthe ou à Rome, chez les Galates et les Thessaloniciens ; ou bien parce que de fausses doctrines menacent de faire invasion à Éphèse ou dans l'île de Crète. Il n'y a rien, dans ces pièces détachées, dans ces œuvres fragmentaires, nées pour la plupart de la circonstance, il n'y a rien, dis-je, qui indique le dessein prémédité ou le parti pris de confier à l'Écriture le dépôt intégral de la révélation divine. On ne saurait soutenir davantage que la Providence ait ménagé les événements de manière à produire ce résultat ; car les paroles mêmes des écrivains sacrés détruisent cette supposition. D'abord, il est fort douteux que tous les écrits des apôtres soient parvenus jusqu'à nous. Saint Paul, en particulier, mentionne deux épîtres que nous n'avons plus, l'une adressée aux Corinthiens, l'autre aux Laodicéens. Donc le Nouveau Testament, tel que nous le possédons, ne contient pas tout l'enseignement apostolique, à moins qu'on ne veuille rejeter comme superflues pour nous les épîtres que saint Paul lui-même ordonnait de lire dans l'assemblée des fidèles. Faut-il citer le témoignage des auteurs inspirés du Nouveau Testament, déclarant à diverses reprises qu'ils se réservent d'enseigner de vive voix et de confier à la traditon orale les vérités qu'ils ne transmettent point par l'écriture ? Après avoir parlé de la célébration de l'Eucharistie, saint Paul mande aux Corinthiens qu'il réglera le reste à son arrivée. A quel endroit du Nouveau Testament se trouve ce règlement liturgique ? Nulle part. La Tradition seule nous fait connaître la liturgie telle qu'elle a été réglée par les apôtres dans ses formes essentielles. En écrivant aux Thessaloniciens, saint Paul les exhorte « à demeurer fermes et à conserver les traditions qu'ils ont apprises, soit par ses paroles, soit par sa lettre. » Il est impossible de dire plus clairement que la Tradition et l'Écriture sont les deux sources de la révélation chrétienne et qu'elles jouissent d'une égale autorité. C'est ce que l'apôtre ne cesse d'inculquer à Thimothée : « Gardez fidèlement le dépôt que je vous ai confié, » expression qui désigne l'enseignement oral, traditionnel, le seul que le maître eût jusqu'alors transmis à son disciple. — « Proposez-vous pour modèle les paroles du salut que vous avez entendues de moi. — Quant aux choses que vous avez apprises de moi en présence d'un grand nombre de témoins, confiez-les à votre tour à des hommes fidèles. » D'où il suit que la Tradition est le canal par lequel la doctrine chrétienne était arrivée à Timothée et qui devait lui servir à la transmettre après lui. Si ces textes si clairs et si positifs ne suffisent pas encore pour prouver que, dans la pensée des apôtres, l'Écriture n'est pas l'unique source des vérités révélées, écoutons saint Jean. Il déclare à la fin de son Évangile qu'il n'a nullement eu l'intention d'écrire toutes les choses qu'a faites Jésus-Christ ; et, pour montrer que l'enseignement oral supplée sur bien des points au silence de l'Écriture, il s'exprime ainsi dans sa deuxième épître : « J'aurais encore beaucoup de choses à vous écrire, mais je n'ai pas voulu le faire sur du papier et avec de l'encre, parce que j'espère aller vers vous pour vous les communiquer de vive voix. » En agissant de la sorte, les apôtres obéissaient au commandement du Sauveur qui n'avait pas dit : « Allez et écrivez ce que vous avez vu et entendu, jetez des Bibles par le monde, afin que chacun puisse se former une croyance d'après ses lectures ; » mais : « Allez, prêchez l'Évangile à toutes les créatures et enseignez-leur à garder tout ce que je leur ai confié. » Paroles qui n'excluent sans doute pas le mode de transmission par l'écriture, mais qui consacrent en même temps, par le plus solennel des préceptes, la légitimité de la Tradition ou de l'enseignement oral. Inutile d'insister davantage sur un fait qui peut se passer de toute autre preuve. Il faut renoncer à vouloir tirer un argument quelconque de l'Écriture sainte, ou reconnaître que les auteurs du Nouveau Testament ne se sont pas proposé de mettre par écrit toutes les vérités révélées, et qu'il en est parmi elles un certain nombre dont la connaissance est arrivée de bouche en bouche jusqu'à nous. Aussi les gnostiques n'osaient-ils pas contester d'une manière absolue l'existence de la Tradition : le fait était trop notoire pour leur permettre une négation si radicale. Seulement, ils s'en attribuaient le privilège et le secret : ils ne la cherchaient point là où elle se trouvait saine et intacte. C'est sur ce terrain que les poursuit saint Irénée.

Nous venons d'établir que la Tradition et l'Écriture sont les deux canaux par lesquels la doctrine chrétienne est arrivée aux hommes. Après avoir communiqué dans le principe les vérités révélées par la première de ces deux voies, comme dit l'évêque de Lyon, les apôtres en confièrent plus tard une partie à l'écriture, suivant que l'occasion s'en présentait, tout en laissant à la Tradition le soin de transmettre le reste aux siècles futurs. Il résulte de là qu'entre la parole de Dieu écrite et la parole de Dieu non écrite la différence n'est que dans la forme ; car ce n'est pas l'encre et le papier qui donnent du prix à la vérité : Dieu peut la faire connaître par tel moyen qu'il lui plaît, l'écrire dans les cœurs aussi bien que sur le parchemin. Cela posé, où trouver l'Écriture sans augmentation ni diminution ? Où trouver la Tradition pure et intègre ? A qui appartient-il d'interpréter l'une et l'autre, d'en fixer le sens avec autorité ?

« Il ne faut point, dit saint Irénée, chercher la vérité autre part que dans l'Église, où il est facile de s'en instruire. Les apôtres ont placé dans son sein le riche dépôt qui contient avec abondance le trésor de la vérité. C'est à cette source de vie que chacun peut venir puiser selon ses besoins. L'Église est la porte par laquelle on entre dans la vie : chercher à y entrer par un autre côté, ce serait agir à la manière des voleurs et des larrons. Voilà pourquoi il faut éviter soigneusement tout contact avec les hérétiques, s'en tenir à ce qu'enseigne l'Église et s'attacher à la véritable Tradition... Ce qui constitue la vraie science, c'est l'enseignement des apôtres et l'ensemble des croyances que l'Église, répandue sur toute la terre, n'a cessé de professer dès le principe. Cette connaissance exacte de la vérité est le signe caractéristique du corps de Jésus-Christ qui se prolonge dans la succession des évêques, auxquels les apôtres ont confié la charge de gouverner l'Église disséminée en tout lieu. Là s'est conservé jusqu'à nous par une transmission fidèle, sans addition ni retranchement, le dépôt des Écritures. Là on les lit sans y mêler d'erreur ; là on a soin d'exposer la doctrine d'après elles par une interprétation légitime qui écarte tout péril et fait éviter le blasphème. » (S. I. 19ᵉ leçon.)

F. Saint Irénée et la Primauté du Pape. — C'est par le double canal de l'Écriture et de la Tradition que la révélation chrétienne est arrivée aux hommes. Entre la parole de Dieu écrite et la parole de Dieu non écrite la différence n'est que dans la forme : l'une et l'autre, dérivant d'une même source, ont droit à une égale vénération. Confié à l'Église, ce dépôt sacré se conserve au milieu d'elle dans son intégrité. Elle seule transmet sans altération l'enseignement qu'elle a reçu des apôtres, comme elle maintient le canon des livres saints sans addition ni retranchement. Investie d'une autorité divine, elle propose à la croyance de tous et interprète dans son véritable sens la doctrine révélée. Par là, elle sauvegarde l'unité de foi parmi ses membres, en face des variations et des contradictions qui sont le partage inévitable du schisme ou de l'hérésie. En se laissant guider par elle, on ne court nul risque de s'égarer ; car là où est l'Église, là est l'Esprit de Dieu, c'est-à-dire la vérité. Telle est, en résumé, la thèse que saint Irénée soutient et développe contre les gnostiques dans sa réfutation générale des hérésies.

En parcourant ce vaste plan de démonstration catholique, il est facile de voir que l'évêque de Lyon assigne à l'Église les véritables caractères qui la distinguent des sectes détachées d'elle. Avec quelle pompe et quelle énergie de langage il célèbre l'*unité* et l'*universalité* de l'Église ! bien que disséminée sur toute l'étendue de la terre, dans les Germanies, parmi les Ibères, chez les Celtes, en Orient, dans l'Égypte, dans la Lybie et en tous lieux, elle n'en professe pas moins une seule et même croyance, tandis que les différentes sectes, resserrées chacune dans d'étroites limites, ne s'accordent pas plus entre elles qu'elles ne sont d'accord avec elles-mêmes. A ces deux marques qui la font reconnaître facilement, l'Église ajoute le privilège de la *sainteté*. Elle est sainte dans sa doctrine qui a pour résultat de conduire l'homme à la sainteté par la pratique des vertus qu'elle recommande, tandis que les gnostiques regardent les bonnes œuvres comme inutiles au salut. Elle est sainte dans les sources de grâces toujours ouvertes au milieu d'elle, dans les dons surnaturels que Dieu ne cesse de lui conférer, dans les miracles qui s'accomplissent par l'effet de ses prières, pendant que le pouvoir des sectaires se réduit à tromper les simples par de vains artifices et par de faux prestiges. Enfin elle est sainte dans ses membres dont la vie exemplaire contraste avec les déréglements des hérétiques : ceux-ci ne peuvent citer qu'un ou deux martyrs depuis l'établissement de la religion chrétienne, en regard de cette foule de témoins héroïques que l'Église a envoyés de tout temps vers le Père Céleste ; ils vont même jusqu'à enseigner qu'il n'est pas nécessaire de confesser la foi au péril de la vie. La véritable société de Jésus-Christ est là où se trouvent les martyrs, les vrais thaumaturges, les hommes d'une vertu héroïque. Mais, si nous pouvons la discerner sans peine à ce triple signe de l'unité, de l'universalité et de la sainteté, il est un moyen encore plus simple et plus facile de la reconnaître, c'est le caractère *apostolique* de l'Église. Aucune secte ne peut y prétendre. Toutes sont plus récentes que l'Église qui, seule, remonte jusqu'aux apôtres par une succession non interrompue d'évêques et de pasteurs. C'est l'argument que saint Irénée fait valoir avec le plus de force et d'insistance contre les hérétiques de son temps.

Puis il se demande : Où trouver dans son intégrité le dépôt de la doctrine, sinon là où le pouvoir de l'enseignement s'est transmis, à partir des premiers fondateurs de l'Église, par une voie régulière et légitime. C'est à cette succession des évêques qu'est attaché le maintien de la vraie foi.

« Pour ce qui est de la Tradition des apôtres manifestée par tout l'univers, il est facile de la trouver dans l'Église entière, pour quiconque cherche sincèrement la vérité. Nous n'avons qu'à produire la liste de ceux qui ont été institués évêques par les apôtres, et de leurs successeurs jusqu'à nous. Jamais ils n'ont su ni enseigné ce que rêvent les gnostiques. Certes, si les apôtres avaient eu quelque connaissance de ces mystères cachés que supposent nos adversaires, ils n'auraient pas manqué de les transmettre à ceux de leurs disciples qui étaient plus avancés dans la perfection et auxquels ils ne craignaient pas de confier la direction des églises. Ils voulaient en effet que ceux qui devaient leur succéder et enseigner à leur place fussent parfaits et irréprochables, pensant avec raison que la sagesse de ces derniers procurerait à l'Église de grands avantages, de même que leurs chutes pourraient devenir pour elle une source de calamités. Mais comme il serait trop long de rapporter dans ce volume les successions de toutes les églises, nous nous contenterons de marquer la Tradition de la plus grande et de la plus ancienne de toutes, de celle qui est connue du monde entier, qui a été fondée et constituée à Rome par les glorieux apôtres Pierre et Paul. En rapportant cette Tradition qu'elle a reçue des apôtres, cette foi qu'elle a annoncée aux hommes et transmise jusqu'à nous par la succession de ses évêques, nous confondons tous ceux qui, de quelque manière que ce soit, par vaine gloire, par aveuglement ou par malice, font des assemblées illégitimes. Car c'est avec cette Église, *à cause de sa principauté supérieure*, que doivent nécessairement s'unir et s'accorder toutes les églises, c'est-à-dire tous les fidèles quelque part qu'ils soient.

C'est en elle que la Tradition des apôtres a été conservée par les fidèles de tous les endroits du monde. »

Voilà ce qu'écrivait un évêque des Gaules vers la fin du deuxième siècle ; et je ne crois pas qu'un évêque français parlant au dix-neuvième, après les luttes nombreuses qui ont obligé la langue ecclésiastique à plus de précision et de clarté, je ne crois pas, dis-je, qu'il puisse s'exprimer sur la *suprématie de l'Église romaine* dans des termes plus justes ni plus énergiques. Aussi ce célèbre passage a-t-il été regardé de tout temps comme une preuve péremptoire du sentiment de l'Église primitive sur la primauté du Pape. Avant de l'examiner de près, permettez-moi de suivre jusqu'au bout le raisonnement de saint Irénée. Après avoir réduit toute la question à savoir ce que l'on croit et enseigne à Rome, il dresse le catalogue des évêques de cette ville depuis la mort des apôtres jusqu'à la fin du deuxième siècle. Il commence par Lin dont saint Paul fait mention dans ses épîtres à Timothée. De là, il passe à Anaclet auquel succède Clément dont l'évêque de Lyon rappelle la puissante intervention dans le schisme de Corinthe. Viennent ensuite Évariste, Alexandre, Sixte, Télesphore, Hygin, Pie, Anicet, Soter et Éleuthère. La liste s'arrête à ce dernier sous le pontificat duquel Irénée rédigeait le troisième livre de son *Traité contre les hérésies*. Puis, après avoir cité les noms des douze premiers évêques qui ont occupé le siège de Rome à partir de saint Pierre, l'auteur ajoute ces remarquables paroles :

« C'est dans cet ordre et par cette succession qu'est arrivée jusqu'à nous la Tradition des apôtres dans l'Église et la prédication de la vérité. Par là nous démontrons pleinement que la foi conservée jusqu'à nos jours et transmise en toute vérité est la foi vive et vivifiante confiée à l'Église par les apôtres. »

Depuis le moment où saint Irénée opposait aux gnostiques la liste des douze premiers successeurs de saint

Pierre, comme le canal vivant de la Tradition chrétienne, l'auguste dynastie apostolique a traversé bien des siècles. Deux cent soixante noms sont venus s'ajouter à ceux que citait le contemporain des Éleuthère et des Victor. Et quelle histoire que celle de ces deux cent soixante-treize hommes qui ce sont succédé dans un espace de dix-huit cents années, la veille encore obscurs pour la plupart, et le lendemain les représentants du Christ ici-bas, les gardiens de sa doctrine sur la terre ! Lutter pendant trois siècles avec toutes les puissances de l'ancien monde, sans autre arme que la foi, la résignation, la conscience ; profiter de la victoire achetée au prix du sang pour produire au grand jour de l'histoire l'œuvre préparée lentement dans le silence des catacombes ; fortifier la hiérarchie, définir le dogme, défendre la morale, régler la discipline, fixer la liturgie, opposer à tous les novateurs de l'Orient et de l'Occident cette immutabilité qui ne cède ni ne plie ; puis entreprendre l'éducation de l'Europe, convertir les nations barbares, envoyer des apôtres chez les Gaulois, les Germains, les Anglo-Saxons, les Slaves, les Scandinaves ; et, après avoir fondé et organisé la république chrétienne, la gouverner, intervenir avec l'autorité d'une médiation pacifique et acceptée par tous, entre les forts et les faibles, entre les victimes et les oppresseurs ; briser le despotisme, d'où qu'il vienne et sous quelque nom qu'il paraisse, en soutenant le droit, les libertés publiques, les constitutions sociales ; protéger les princes contre la révolte, et les peuples contre la tyrannie ; rappeler aux plus puissants monarques, par la parole et au besoin par l'anathème, que les préceptes de l'Évangile n'obligent pas moins les grands que les petits, et qu'il n'est pas plus permis de fouler aux pieds les lois de la morale sur un trône que dans une chaumière ; former ainsi la conscience publique, l'éclairer, la développer ; d'un côté, prémunir la société chrétienne contre les périls qui la menacent, pousser le cri d'alarme pendant trois siècles en présence de l'islamisme envahisseur ; d'un autre côté, fonder ou patronner les univerversités sur toute l'étendue de l'Europe, travailler incessamment au progrès des sciences, des lettres et des arts, se mettre à la tête de la renaissance des littératures grecque et latine ; et enfin après tant d'efforts et de vicissitudes, se retrouver en face des hérésies et des révolutions modernes, rajeunie, retrempée par l'épreuve, plus grande et plus forte que jamais par ses vertus et par sa faiblesse même ; telle est l'histoire dix-neuf fois séculaire de cette dynastie unique au front de laquelle il a plu à Dieu de faire resplendir toutes les gloires divines et humaines, le martyre, l'apostolat, la science, le génie, la sainteté ! (S. 1. 20ᵉ leçon.)

G. Saint Irénée et le culte de vénération rendu à Marie. — Saint Irénée fait remonter au péché originel la source commune de notre perte et attribue à l'efficacité du sacrifice de la croix, au mérite des souffrances de Jésus-Christ, le salut du genre humain. Or, cette partie de son sujet l'amenait tout naturellement à parler de la créature, privilégiée entre toutes, qu'il a plu à Dieu d'associer au grand œuvre de la Rédemption, en l'appelant à devenir la Mère de son Fils, je veux dire la vierge Marie. Non seulement le disciple de saint Polycarpe appuie avec force sur le dogme ne la maternité divine, comme étant l'un des fondements de la religion chrétienne, mais encore il met en relief le rôle personnel qu'a joué l'Ève de la nouvelle alliance par sa soumission à la volonté de Dieu, et la puissance d'intercession qui est devenue son partage. On conçoit toute l'importance de ce passage qui exprime les sentiments de l'Église primitive sur l'éminente dignité de la sainte Vierge.

« Nous trouvons la vierge Marie soumise et répondant

par ces mots : Voici la servante du Seigneur, qu'il me soit fait selon votre parole. Ève, au contraire, se montre désobéissante. De même que cette dernière, encore vierge, bien qu'elle fût la compagne d'Adam, devint, par sa désobéissance, une cause de mort pour elle et tout le genre humain, ainsi Marie, vierge quoiqu'ayant un mari, devint, par sa soumission une cause de salut pour elle et pour l'humanité entière. En se conformant à la volonté divine, Marie a dénoué les nœuds formés par la faute d'Ève. Ce que la vierge Ève avait lié par son incrédulité, la vierge Marie l'a délié par sa foi... Ève, dit ailleurs saint Irénée reprenant le même parallèle, Ève prête l'oreille à la parole de l'ange séducteur qui l'engage à se détourner de Dieu ; Marie au contraire, obéit à la parole de l'ange qui lui annonce qu'elle portera Dieu dans son sein. L'une résiste aux ordres de Dieu, l'autre s'y soumet, afin que par cette soumission la vierge Marie devînt l'avocate de la vierge Ève. De même que le genre humain avait été dévoué à la mort par une vierge, il a été sauvé par une autre vierge ; et, par un juste équilibre, l'obéissance virginale a réparé ce qu'avait perdu la désobéissance virginale. »

Il est impossible, à coup sûr, de méconnaître la grande place que saint Irénée assigne à la sainte Vierge dans le plan divin de la Rédemption ; et je ne sache pas que de nos jours un théologien catholique se soit prononcé là-dessus avec plus d'énergie. L'évêque du deuxième siècle voit, dans l'adhésion libre et volontaire de Marie aux décrets divins, l'origine et le commencement de notre salut ; il lui attribue dans l'œuvre de notre réparation la même part qu'Ève avait eue à notre ruine ; il reconnaît son pouvoir d'intercession en l'appelant l'avocate ou la patronne d'Ève. Tout cela justifie à merveille le *culte de vénération* que l'Église catholique rend à la Mère de Dieu et la confiance qu'elle place dans sa *toute-puissance* suppliante. (S. I. 21ᵉ leçon.)

IIIe Siècle

Les Pères Africains

INTRODUCTION

1. L'empire romain, ébauche humaine de l'Église. — 2. Marche suivie par la prédication évangélique le long de la Méditerranée. — 3. Carthage, Alexandrie et Rome vers la fin du deuxième siècle et troisième siècles. — 4. Travaux de l'éloquence chrétienne pendant les trois premiers siècles.

1. Il entrait dans les vues de la Providence que l'unité politique servît de prélude à l'unité religieuse et que le christianisme vînt déployer son activité naissante là même où le vieux monde avait fini par concentrer tout ce qui lui restait de force et de vie. L'empire romain, ce résultat prodigieux du travail de vingt siècles, ce réseau formidable qui enveloppait les peuples, *l'empire romain était comme le moule destiné à prêter ses formes à l'œuvre divine,* jusqu'à ce que ce moule, devenu inutile, se brisât de lui-même pour laisser paraître au dehors la société chrétienne toute fondée et organisée. Sa capitale sera le centre de l'unité catholique et le siège de l'autorité religieuse; ce roc, où s'est assise la domination romaine, deviendra la pierre qui supportera l'édifice chrétien. Ces provinces, qui se déploient autour de Rome comme les lames d'un immense éventail, formeront autant d'églises particulières qui convergent vers l'Église mère et maîtresse de toutes. Les missionnaires de l'Évangile suivront les voies que les légions de César se sont ouvertes à travers le monde. Le génie des Romains a marqué d'avance les grands lieux où l'esprit chrétien s'épanouira dans la splendeur de sa fécondité. Là où les proconsuls ont établi un centre de gouvernement, les évêques créeront un foyer de doctrine et de

sainteté. Ces métropoles célèbres, disséminées sur toute l'étendue de l'empire comme autant de capitales secondaires formées à l'image de Rome, réfléchiront les rayons de l'autorité partis de la chaire principale. Partout une puissante organisation matérielle devance et prépare l'organisation du règne de Dieu : *l'empire romain est une ébauche anticipée de l'Église.* C'est ainsi que la main de l'homme dessinait à son insu le plan de la cité de Dieu, en disposant les lieux et les choses pour l'accomplissement des destinées religieuses du genre humain.

2. C'est autour de la Méditerranée, de ce lac romain sur les bords duquel était venu se résumer tout le mouvement historique de l'antiquité, c'est là, dis-je, que le christianisme devait faire ses premières conquêtes et asseoir les fondements de son empire. Aussi bien le sacrifice de la croix s'était-il accompli non loin des rivages de cette mer fameuse. De là, comme du point extrême de ce bassin central, l'apostolat de la foi s'était avancé pour l'embrasser dans son ensemble, d'un côté, par l'Égypte et la Libye, de l'autre, à travers l'Asie Mineure, la Grèce, l'Italie, la Gaule et l'Espagne. A la fin du deuxième siècle, l'œuvre était déjà en partie achevée, et la Méditerranée pouvait, dès ce moment-là, revendiquer en quelque sorte le beau titre de *lac chrétien.* Mais on n'avait encore fait que contourner cette mer intérieure dont Juste-Lipse disait au seizième siècle « qu'elle est jetée à travers le monde comme un baudrier sur le corps de l'homme. » L'éloquence chrétienne s'est d'abord établie à Rome, où elle nous offre ses premières productions en dehors des Écritures inspirées, à Rome, où *saint Clément* inaugure, par ses épîtres aux Corinthiens, ce genre de littérature pastorale qui se prolonge après lui dans les lettres des Papes ; où *Hermas* résume la morale évangélique dans le livre du Pasteur ; où *saint Justin* fonde la première école théologique et pose les

bases de l'apologie chrétienne devant le paganisme. Du centre da la chrétienté elle se dirige ensuite vers l'Asie Mineure et la Grèce, toujours en longeant ces côtes où la civilisation ancienne s'était déployée avec tant d'éclat. Là, divers groupes d'écrivains se sont présentés à nous. A Smyrne et à Antioche, *saint Ignace* et *saint Polycarpe* reprennent et continuent, sous la forme de l'exhortation morale, cet enseignement familier et sublime dont le Nouveau Testament est resté l'inimitable modèle. Après eux, *Théophile d'Antioche* et *Méliton de Sardes* élèvent la voix en faveur de la religion, calomniée par les uns, persécutée par les autres. Un peu plus loin, *Claude Apollinaire* d'Hiérapolis et *Polycrate* d'Éphèse viennent marquer leur rang au milieu de ces grands évêques de l'Asie Mineure qui surgissent de toutes parts dans les deux premiers siècles. Puis, voici la docte Athènes qui revendique sa place dane cette période de l'éloquence sacrée : *Denys l'Aréopagite* y élève un magnifique monument de philosophie chrétienne; *Quadratus, Aristide* et *Athénagore* y tracent les grandes lignes de l'apologétique primitive. Enfin, avec *saint Denys l'Aréopagite* et *saint Irénée*, elle repasse en Occident à travers Rome et l'Italie, et se met dans l'Église des Gaules aux prises avec les hérésies. Le mouvement littéraire des deux premiers siècles nous a fait parcourir, d'une extrémité à l'autre, tout le littoral de la Méditerranée, dans cette partie qui termine l'Europe et l'Asie. Après avoir été les témoins de la grandeur romaine, il était réservé à ces rivages de servir de théâtre aux premiers triomphes de l'Église catholique.

3. Toutefois, en décrivant la marche qu'a suivie la prédication évangélique ou l'éloquence sacrée le long de cette mer privilégiée autour de laquelle s'est constituée l'unité chrétienne à la place de l'unité romaine, nous avons à peine effleuré les côtes méridionales de la Médi-

terranée. En face de ces régions diverses où s'élèvent les grandes cités que nous avons visitées tour à tour, Smyrne, Éphèse, Athènes, Corinthe, Rome, s'étend sur une ligne parallèle un vaste territoire vers lequel nous conduit la suite de nos études. Cette terre que le mahométisme a replongée depuis mille ans dans les ténèbres de la barbarie, brillait au deuxième siècle de toutes les lumières de la foi et de la science sacrée. A ses deux points extrêmes apparaissent deux villes que j'appellerais volontiers les pôles de la littérature chrétienne dans la période où nous entrons. Ni les grands noms, ni les grands souvenirs n'avaient manqué à ces deux reines de l'Afrique ; mais l'antique rivale de Rome et la capitale des Ptolémées allaient recevoir du christianisme une nouvelle couronne de gloire. A *Carthage*, c'est l'éloquence latine qui met pour la première fois au service de l'Église cette énergie et cette majesté propres à la langue du peuple-roi. A *Alexandrie*, c'est l'éloquence grecque qui déploie dans l'exposition et dans la défense de la foi les richesses d'un idiome harmonieux entre tous. Ici, l'esprit occidental, plus positif et plus réfléchi, porte dans les questions morales, dans le domaine de la vie pratique, ces habitudes d'ordre et de discipline qui le distinguent. Là, le génie grec ou oriental, plus hardi et plus spéculatif, se joue avec complaisance à travers les abstractions de la théorie, et parcourt les sommets de la métaphysique chrétienne, au risque de s'égarer quelquefois dans les régions où il plonge. Assurément, voilà un grand spectacle : l'activité théologique de ces deux écoles contemporaines offre à l'historien de l'éloquence sacrée un sujet d'études digne du plus vif intérêt ; et ce n'est pas sans un dessein particulier de la Providence que l'Afrique chrétienne a vu s'établir au milieu d'elle ces deux centres de lumière où l'éloquence et l'érudition, la rhétorique et la critique, la rigueur des principes et les souplesses de l'art, la stabilité dans la conversation et le progrès dans la recherche, les mûres réflexions de l'esprit d'examen et l'élan spontané du génie créateur, la fermeté du sens traditionnel et la libre expansion de l'intelligence, les mâles sévérités de la foi et les condescendances de la charité, le culte de la science divine et le goût des lettres humaines, en un mot, les qualités et les aptitudes les plus diverses se rencontrent, se mélangent et s'harmonisent pour produire un épanouissement splendide de la littérature chrétienne.

Et cependant, tel n'eût pas été le résultat du travail que je viens de décrire, si, entre Carthage et Alexandrie, entre l'Occident et l'Orient, la Providence n'avait établi un pouvoir modérateur, destiné à maintenir l'équilibre de la vérité entre ces deux forces extrêmes qui se balancent l'une par l'autre. Telle est, en effet, la fonction de *Rome* au milieu du mouvement théologique qui remplit le troisième siècle. Certes, je n'hésite pas à le dire, l'école scientifique de cette ville, représentée par *Caïus* et par *saint Hippolyte*, ne saurait rivaliser ni pour l'éloquence avec *Tertullien* et *saint Cyprien*, ni pour la science avec *Clément d'Alexandrie* et *Origène*. Là n'est pas la mission propre au siège suprême de l'Église. Je répéterais volontiers pour les Papes du troisième siècle ces mots presque prophétiques de Virgile : D'autres ont pu déployer plus d'art ou de talent dans les ouvrages de l'esprit et dans les luttes de la parole ; leur mission, à eux, était de gouverner. Et voilà ce qu'il y a d'admirable dans la destinée providentielle de Rome à l'époque qui va nous occuper. Elle est là, entre Carthage et Alexandrie, entre l'esprit aventureux des Grecs et le caractère altier des Latins, toujours occupée à contenir l'imagination des uns dans les limites de la vérité et à ramener les autres sous le joug de l'obéissance, préservant ceux-ci des écarts d'une spéculation excessive, prémunissant ceux-là contre les dangers d'une indépendance trop jalouse de ses droits, et leur traçant à tous la règle immuable sous laquelle doivent plier également l'éloquence et le génie. Lors donc qu'une sévérité outrée portera tel écrivain de l'Église d'Afrique à élargir le cercle du devoir, ou à rétrécir le chemin du salut, une voix partie de Rome franchira la mer pour laisser tomber au milieu de Carthage, avec le calme de l'autorité, ce mot sacramentel : *Nihil innovetur, nisi quod traditum est.* Quand, d'autre part, les raffinements d'une dialectique subtile menaceront d'altérer la pureté de la foi, Rome suivra de l'œil ces symptômes inquiétants qui annoncent les grands orages des siècles futurs ; et l'un des disciples d'Origène, tout patriarche d'Alexandrie qu'il est, sera obligé de rendre compte devant ce trinal suprême d'une terminologie suspecte. Grâce à l'existence de ce pouvoir central qui étouffe l'erreur dans son germe, dirige l'élan de la pensée, tempère la sévérité par l'indulgence, prévient ou réprime, règle, mesure, pèse et combine toutes choses avec une sagesse qui n'est qu'à lui, grâce à l'intervention de cette autorité médiatrice, Carthage et Alexandrie, l'éloquence et la philosophie travailleront de concert au progrès de la science, sans mettre en péril l'unité de la foi. (Tertullien, 1ʳᵉ leçon.)

4. — Les travaux de l'éloquence chrétienne jusqu'au troisième siècle se rapportaient à un triple objet, selon qu'il s'agissait de *maintenir la foi et la discipline* au sein de l'Église, de *défendre la religion chrétienne* contre le polythéisme, ou de *réfuter les hérésies*. Depuis les écrits des Pères apostoliques jusqu'aux œuvres morales de Tertullien et de saint Cyprien, toute une série de *lettres* et de *traités* a pour *but* de *régler la vie chrétienne par l'application des préceptes de l'Évangile.* Ce qui domine dans ces instructions pour la plupart courtes et familières, c'est le ton de l'*homélie* ou de la

parénèse. Exhorter à la pratique des vertus chrétiennes, réveiller la foi dans le cœur des fidèles, réprimer les désordres qui se glissaient parmi eux, faire ressortir l'efficacité des moyens de salut tels que la prière et les sacrements, assurer par les recommandations les plus pressantes le maintien de la discipline et le respect de la hiérarchie, tel est le thème habituel de cette littérature tout imprégnée de la sève du christianisme naissant. Certes, l'éloquence sacrée n'aurait pu remplir une plus noble tâche : les épîtres de saint Ignace et du pape saint Clément, ainsi que les lettres pastorales de saint Cyprien, sont restées à cet égard autant de modèles qu'il serait difficile de surpasser.

A côté de ces belles productions de l'esprit chrétien, qui rentrent davantage dans le genre didactique, les besoins de la religion persécutée avaient donné naissance à une nouvelle branche de la littérature ecclésiastique. Il n'était pas moins nécessaire, en effet, de repousser l'assaut des ennemis du dehors, que d'entretenir et de développer la vie religieuse dans l'intérieur de la société chrétienne. Alors les *apologistes* s'étaient levés avec l'ardeur qu'inspire la défense de la plus sainte des causes ; et, depuis saint Justin jusqu'à Tertullien, une deuxième série d'écrits avait fait revivre les formes de l'art antique rajeuni par un esprit nouveau. Ici, ce n'est plus l'homélie ou l'exhortation morale, avec les transports d'une foi vive et les doux épanchements de la charité, mais *le plaidoyer de l'orateur* qui, fort des droits de la conscience et de la vérité, flétrit les violences d'une procédure inique, démontre l'absurdité de superstitions dégradantes, réfute les calomnies inventées contre ses frères, et oppose aux vices des tyrans l'innocence et la sainteté des victimes. Tel est le cadre où devait se déployer l'*apologétique*, dont la tâche principale consistait à prouver, d'un côté, la fausseté du polythéisme, de l'autre, la divinité de la religion chrétienne.

Enfin, la lutte de l'Église avec les hérésies avait obligé l'éloquence chrétienne à se produire sous une troisième forme. Car, s'il est vrai que le paganisme s'attaquait à l'existence de la société nouvelle, les sectes la menaçaient d'un danger non moins grand, en s'efforçant de la dénaturer dans son dogme et dans sa morale. De là ces *ouvrages de controverse*, ces travaux d'une analyse si patiente et si ferme, qui déchirent les rêveries de la gnose, soit qu'ils les confondent dans une réfutation générale, comme le traité de saint Irénée *contre les Gnostiques* ou le traité *des Prescriptions* de Tertullien ; soit qu'ils les détruisent par des attaques partielles, à la manière des écrits où le prêtre de Carthage combat chaque hérésie prise isolément. En résumé, controversistes, apologistes, moralistes, tous avaient mis la main à l'œuvre : ceux-ci pour faire triompher l'Evangile des passions humaines, ceux-là pour venger le christianisme des calomnies de ses persécuteurs ou pour arrêter l'action dissolvante des sectes ; et les défenseurs de l'Église, fidèles à ce triple devoir, pouvaient se flatter de n'avoir reculé devant aucun effort, et d'avoir su faire face à tous les périls.

Il semblerait donc, que l'activité théologique et littéraire des trois premiers siècles, se fût exercée dans tous les sens, et qu'il ne restât plus de place pour quiconque essaierait de frayer des voies nouvelles au travail de l'esprit chrétien. Et cependant, comment le supposer, si l'on considère quelle puissante impulsion l'intelligence humaine avait reçue du christianisme, et quelles vastes perspectives la foi ouvrait devant elle ? Comment supposer que la raison, placée devant ce nouvel ordre de choses et d'idées, ne chercherait pas à creuser une mine si féconde, pour enrichir le trésor des connaissances humaines ? Sans doute, l'esprit aventureux des gnostiques s'était perdu dans ces hautes régions désormais accessibles à la spéculation ; mais, sans imiter leur témérité, ne pouvait-on pas renouveler leur tentative avec plus de succès, en se laissant diriger par le fil conducteur de la foi? Et d'ailleurs, quel moyen plus sûr pour désabuser tant d'esprits éblouis par les systèmes de ces faux savants, que d'opposer à son pseudonyme la véritable gnose, la science de la foi, la philosophie de la religion? N'était-ce pas en même temps la meilleure réponse à faire aux Grecs, qui, enflés de leur culture intellectuelle, méprisaient le christianisme comme incapable d'élever ses adhérents au-dessus d'une foi aveugle? Les apologistes chrétiens, Tertullien surtout, avaient prouvé par le tableau des erreurs du vieux monde combien la raison humaine est faible, quand elle reste abandonnée à elle-même; mais, tout en laissant ces conclusions intactes, n'était-il pas possible de montrer d'autre part que la philosophie ancienne, dans ce qu'elle avait de vrai et de légitime, préparait les voies à l'Evangile? Au lieu de creuser un abîme entre le passé et le présent, ne valait-il pas mieux jeter un pont de l'un à l'autre, et sans méconnaître ce qui devait diviser les esprits, ne rien négliger de ce qui pouvait les rapprocher? L'unité de l'histoire ne deviendrait-elle pas plus manifeste par ces harmonies providentielles, et dès lors le plan divin ne se déroulerait-il pas avec plus de majesté et d'ensemble? Le polythéisme avait abusé de tout, de l'art, de la littérature, de la philosophie; mais était-ce une raison pour se priver de ressources précieuses, qui, mises au service de la vérité, tourneraient à son profit en facilitant son triomphe? On le conçoit sans peine, la direction que j'indique ne pouvait manquer d'être suivie par l'un ou par l'autre groupe d'écrivains dans les trois premiers siècles. Il y avait là une place à prendre, une mission à remplir, mission qui allait être féconde en résultats. Supposez donc des hommes qui, par la tendance philosophique de leur esprit et par le milieu auquel ils appartiennent, inclinent davantage à saisir la doctrine chrétienne par les côtés que je viens de décrire : ils chercheront à établir *les rapports de la science et de la foi*, à montrer l'accord de la religion avec la vraie philosophie ; ils essaieront d'approfondir les dogmes révélés, de les justifier aux yeux de la raison, et de les coordonner entre eux dans une vaste synthèse; ils rattacheront à la théologie toutes les branches des connaissances humaines pour les faire servir d'auxiliaires à la foi ; ils recueilleront toutes les semences de vérité éparses dans le vieux monde comme autant de rayons émanés du Verbe, soleil unique des intelligences ; et portant ainsi dans la doctrine et dans l'histoire ce coup d'œil large et pénétrant, ils élèveront en face des écoles de la Grèce et des sectes gnostiques, le majestueux édifice de la philosophie chrétienne. Voilà ce que *les Alexandrins* ont osé : leur gloire est d'avoir entrepris cette tâche, comme c'est leur mérite d'avoir su la remplir dans la mesure que les ressources du temps et les difficultés de l'œuvre marquaient à leur génie. (Cl. d'A. 4ᵉ leçon.)

I. Tertullien (160-245).

A. — Sa Vie.

1. Naissance et Education. — 2. Sa conversion. — 3. Sa carrière théologique et littéraire. — 4. Voyage et séjour à Rome.

1. — Vers l'année 160 naquit à Carthage le fils d'un centurion païen qui servait dans la milice du proconsul d'Afrique. Outre son nom patronymique de Tertullien, il reçut les prénoms de Quintus Septimius Florens, dont les deux premiers semblent désigner l'ordre de sa naissance et la race à laquelle appartenait sa famille. On a

cherché bien des fois à l'identifier avec le jurisconsulte Tertullien, dont le *Digeste* a conservé quelques fragments ; mais cette conjecture, dénuée de toute preuve historique, ne repose que sur la ressemblance des noms et sur les termes de droit répandus dans les écrits du prêtre de Carthage. Ce qui est hors de doute, c'est que le jeune Africain s'appliqua de bonne heure à l'étude de toutes les matières qui composaient la science de son temps. Doué d'un esprit vif et pénétrant, il dévora les monuments littéraires de l'antiquité païenne avec cette énergie passionnée qui faisait le fond de sa nature. En même temps qu'il se perfectionnait dans l'usage simultané de la langue latine et de la langue grecque, il embrassait avec une égale facilité les genres les plus variés. A défaut des Pères de l'Eglise, qui admirent tout d'une voix sa grande érudition, ses œuvres suffiraient pour attester que cette vaste intelligence avait parcouru tout le champ des connaissances humaines. Poètes, historiens, grammairiens, rhétorique et jurisprudence, médecine et philosophie, rien ne lui est étranger : il a tout lu, tout étudié, tout approfondi. Les détails manquent pour pouvoir décider si Tertullien a réellement exercé la profession d'avocat avant sa conversion. Il est assez naturel de penser qu'une âme aussi oratoire que la sienne devait se sentir portée vers une carrière qui lui permettait de déployer ses qualités : en l'absence de tribune politique, le barreau attirait à lui tout ce qui restait alors d'éloquence sérieuse. De plus, Eusèbe l'appelle un homme fort versé dans la science des lois romaines ; mais ces paroles n'indiquent pas que Tertullien ait, en effet, rempli l'office de jurisconsulte. Il me semblerait difficile d'admettre que le grand défenseur des chrétiens n'eût pas fait quelque allusion à ses précédentes fonctions, s'il avait eu l'habitude de plaider d'autres causes. Au contraire, j'incline à croire que Tertullien s'est converti dans sa jeunesse, avant d'avoir exercé aucun emploi de rhéteur ou d'avocat; car, d'après saint Jérôme, il se laissa séduire par les doctrines de Montan au milieu même de sa vie, et déjà de nombreux écrits avaient précédé cette chute. Maintenant, quelle est l'année précise à laquelle le jeune lettré embrassa la religion chrétienne? C'est ce qu'il est impossible de déterminer.

Toutefois, malgré l'obscurité qui recouvre la première partie de la vie de Tertullien, un trait de lumière nous indique quelle était déjà vers cette époque la tendance de son esprit. Encore jeune homme, dit saint Jérôme, il avait adressé à l'un de ses amis un petit traité sur *Les inconvénients du mariage;* et le solitaire de Bethléem ne craignait pas d'en recommander la lecture à l'une de ces illustres pénitentes qu'il dirigeait par ses lettres, à Eustochie. Le néophyte, car il n'est pas croyable que saint Jérôme ait pu conseiller à une vierge chrétienne de prendre pour guide un livre conçu dans les idées du paganisme, le néophyte, dis-je, s'occupait déjà de ces grandes questions de l'ordre moral qui allaient devenir l'écueil de sa vie. Il y a dans cette œuvre de la jeunesse de Tertullien comme un premier essai du moraliste sévère qui méconnaîtra plus tard les conditions ordinaires de la nature humaine. Et cependant à une époque postérieure, nous trouvons l'auteur du traité en question engagé dans les liens du mariage. Faut-il voir en cela une de ces inconséquences qui lui sont trop familières, ou bien une étude plus attentive de la loi évangélique lui avait-elle fait comprendre la sainteté du mariage chrétien? La loi Papia Poppæa, dont Septime-Sévère n'avait pas encore adouci les rigueurs, l'avait-elle obligé, pour des causes que nous ignorons, d'accepter un joug qu'il redoutait? Toujours est-il que les préoccupations morales de Tertullien se trahissent dès le premier pas dans sa carrière d'écrivain.

2. — Il n'est pas difficile de se rendre compte des motifs qui déterminèrent le jeune Africain à embrasser la foi chrétienne. Sans doute la grâce divine est le principe de la conversion par les lumières qu'elle fait briller aux yeux de l'intelligence et par la force qu'elle communique à la volonté ; mais les causes extérieures facilitent ce travail intime. En signalant plus tard les raisons qui amenaient les païens à l'Évangile, Tertullien semble indiquer celles qui avaient fait impression sur lui-même. D'une part, l'absurdité manifeste des religions polythéistes et l'insuffisance des systèmes philosophiques pour la satisfaction des besoins de l'âme ; de l'autre, la divine majesté des Écritures, la vie exemplaire des chrétiens, le pouvoir surnaturel que ceux-ci exerçaient sur les démons, voilà, pour un esprit observateur comme le sien, autant de marques qui lui servaient à discerner la vérité de l'erreur. Mais un spectacle qui a dû agir avec plus de force encore sur cette âme faite pour comprendre la grandeur et la beauté de l'héroïsme, c'est la constance des martyrs au milieu des tourments qu'ils souffraient pour la foi. Tertullien en reçut une impression qui ne devait plus s'effacer. Longtemps après ce moment qui avait décidé de sa propre conversion, il aimait encore à montrer quelle puissante influence doit exercer un tel exemple sur tout homme qui cherche sincèrement la vérité. « Qui peut assister à ce spectacle, s'écriait-il, sans éprouver le désir de scruter le mystère qu'il renferme ? Le mystère une fois pénétré, ne vient-on pas se joindre à nous ? Une fois dans nos rangs, n'aspire-t-on pas à souffrir ?... Pas d'homme qui, à l'aspect de cette prodigieuse patience, se sentant pressé comme par un aiguillon d'examiner ce qui est en cause, n'embrasse la vérité aussitôt qu'il la connaît. » En parlant de la sorte, le prêtre de Carthage nous révèle ce qui avait dû se passer en lui-même, quand son esprit logique, remontant de l'effet à la cause, le

portait autrefois à rechercher dans les martyrs le principe de leur force.

3. — A partir de ce moment-là, Tertullien mit au service du christianisme toutes les puissances de son âme énergique et ardente. C'était une de ces natures qui ne se donnent pas à demi, mais se vouent tout entières à la cause qu'elles embrassent, passionnées dans leurs sympathies comme dans leurs répulsions, et joignant à un amour enthousiaste de la vérité des haines vigoureuses contre l'erreur ou ce qui leur semble tel. La chaleur de ses convictions se manifesta dès lors par l'activité littéraire qu'il ne cessa de déployer durant un demi-siècle. Jusqu'à l'extrême limite de l'âge, on le voit constamment sur la brèche, défendant la religion contre le paganisme, attaquant les hérésies, encourageant les martyrs et tonnant contre le désordre des mœurs avec une véhémence qui ne se lasse jamais. La souplesse de son talent lui permet d'aborder les genres les plus divers : apologies, pamphlets, traités de controverse, exhortations morales, tout coule de sa plume avec une égale facilité; et depuis l'homélie jusqu'à l'invective, il répand sur tout ce qu'il touche une verve intarissable. Toutefois, il est facile de ramener à trois chefs principaux les différents écrits de Tertullien, en l'envisageant successivement comme *apologiste*, comme *moraliste* et comme *controversiste*. Ou bien, pour porter encore plus de clarté dans mon sujet, je dirai que les œuvres de ce grand écrivain embrassent la *doctrine et la vie chrétiennes* considérées soit *dans leurs rapports avec le paganisme*, soit *en elles-mêmes*, soit *dans leur opposition avec les hérésies*.

4. — Après sa conversion au christianisme, Tertullien s'était rendu à Rome, car lui-même nous apprend qu'il avait séjourné dans la capitale du monde chrétien, et il me paraît fort vraisemblable qu'il ait entre-

pris ce voyage dans le but d'étudier la doctrine à sa source même, au sein de cette Église principale dont il devait faire plus tard un si magnifique éloge. Il n'est guère de personnage célèbre dans les trois premiers siècles, sans en excepter Origène lui-même, que le sentiment de l'orthodoxie chrétienne n'ait porté à visiter le siége apostolique. Maintenant, est-ce à Rome déjà ou plus tard après son retour à Carthage, que Tertullien fut ordonné prêtre ? C'est là une question fort controversée, que le manque de renseignements plus détaillés ne permet pas de décider avec certitude. Comme la tradition a toujours associé le nom de Tertullien à celui de Carthage, il me paraît plus naturel de penser qu'après son retour de Rome, le nouveau converti fut élevé dans sa patrie même au rang auquel l'appelaient ses talents et ses vertus. Lorsque la persécution eut jeté dans les prisons de Carthage un grand nombre de chrétiens, Tertullien se sentit ému à la vue d'un tel spectacle, et pour exhorter les confesseurs de la foi à soutenir vaillamment le combat qui les attendait, il résolut de leur adresser quelques paroles d'édification ; c'est le sujet de son *Discours aux Martyrs* (T. 5ᵉ leçon).

B. — Ses écrits.

I. — *Tertullien apologiste*. — Considéré comme *apologiste*, Tertullien nous a laissé :

1° Son *Discours aux Martyrs*, dont nous venons de parler et où l'on remarque cet éloquent passage :

« Le monde est mille fois plus obscur que votre pri-
« son : ses ténèbres aveuglent les cœurs.

« Le monde a des chaînes plus pesantes : ses liens
« captivent les âmes.

« Le monde exhale des miasmes plus impurs : ce
« sont les passions des hommes.

« Le monde enferme plus de coupables : j'allais dire
« le genre humain tout entier.

« Là, ce n'est pas le proconsul qui juge : c'est Dieu
« qui condamne.

« Vous habitez un séjour ténébreux : mais vous êtes
« vous-mêmes une lumière.

« Des liens vous enchaînent : mais vous êtes libres
« pour Dieu.

« Vous respirez un air infect : mais vous êtes un par-
« fum de suavité.

« Vous attendez la sentence d'un juge, mais vous ju-
« gerez vous-mêmes les juges de la terre ! »

2° Les *deux livres aux Nations* qui comprend deux parties : une *défense* de la religion chrétienne dans laquelle il insiste sur l'étrange procédure qui consistait à condamner les chrétiens sans avoir examiné leur doctrine ni instruit leur cause et une *critique* vive, spirituelle, pleine d'érudition et d'éclat du polythéisme.

3° Son *Apologétique* qui est non seulement son chef-d'œuvre, mais encore le plus parfait et le plus précieux de tous les ouvrages de l'antiquité chrétienne. Cette éloquente plaidoirie, composée vers l'an 200, est adressée aux magistrats de Carthage en particulier, et dans leur personne à ceux de tout l'empire. L'exorde respire la noble fierté que donne à l'âme le sentiment du droit et de la justice :

« S'il ne vous est pas libre, souverains magistrats de l'empire romain, qui rendez ouvertement la justice dans le lieu le plus éminent de cette ville, d'instruire et d'examiner la cause des chrétiens sous les yeux de tous ; si, pour cette affaire seule, votre autorité craint ou rougit de rechercher la justice ; si, enfin, la haine de notre nom, trop portée, comme nous l'avons déjà vu, aux délations domestiques, s'oppose à notre défense devant les tribunaux, qu'il soit permis au moins à la vérité de parvenir à vos oreilles par la voix cachée d'une écriture muette. Du reste, la vérité ne demande point de grâce, parce qu'elle n'est pas même étonnée de son sort. Étrangère ici-bas, elle sait que parmi des étrangers on trouve facilement des ennemis. Son origine, sa demeure, son espérance, son crédit, sa gloire, tout est dans le ciel. Pour le présent, elle ne réclame qu'une chose, c'est qu'on ne la condamne pas sans la connaître. Qu'ont à redouter vos lois, au sein de leur empire, si vous l'écoutez? Leur pouvoir ne sera-t-il pas plus respecté quand elles ne condamneront la vérité qu'après l'avoir entendue? Que si vous la condamnez sans l'écouter, outre l'odieux qui s'attache à une pareille iniquité, vous donnez lieu de croire que vous refusez de l'entendre parce que vous ne pourriez plus la condamner après l'avoir entendue? »

Tertullien examinant ensuite le principe païen de l'*omnipotence de l'Etat en matière religieuse*, revendique pour les chrétiens le libre exercice de leur culte. Par un double argument, l'un basé sur le droit de la vérité, l'autre sur le fait de la tolérance établie, il démontre que la religion chrétienne étant sainte et vraie, l'Etat n'a pas le droit de la proscrire et que toutes les religions étant admises dans l'Empire, il est inique d'exclure le christianisme du bénéfice du *droit commun*. Si d'ailleurs il professe que nul ne doit être contraint à faire un acte religieux que sa conscience réprouve, il n'entend pas interdire à l'Etat la répression d'erreurs dangereuses.

Le principe général que pose Tertullien est incontestable. Un acte religieux n'a de valeur morale qu'autant qu'il est l'expression d'une conviction intérieure et l'on ne saurait forcer un homme d'agir contre sa conscience sans l'exposer à faire un acte d'hypocrisie dont il résulterait aussi peu d'honneur pour la Divinité que de profit pour l'âme. L'hommage que nous devons à Dieu a besoin d'être volontaire et libre pour rester à la fois digne de celui qui le reçoit et de celui qui le rend. C'est pourquoi les armes de la persuasion sont les seules dont la vérité ait le droit de faire usage pour convertir les âmes ; j'ajouterai même qu'il lui serait impossible d'en employer d'autres dans ce but, et que par le fait elle n'a jamais songé à obtenir l'assentiment des esprits sinon par l'influence de la parole et de l'exemple ; car il serait absurde de vouloir emporter l'adhésion de l'intelligence à une doctrine autrement que par des motifs ou des raisons. Vous auriez beau fustiger un homme jusqu'au sang pour lui faire accroire une chose ; il se hâtera de vous dire qu'il y croit pour mettre fin à l'opération, mais il n'en sera pas plus convaincu intérieurement, si vous ne lui donnez aucune preuve. Il ne saurait donc y avoir le moindre doute à cet égard : la vérité, qui est d'un ordre spirituel, s'adressant également à des esprits, n'a pas, ni ne saurait avoir, ni ne pourrait songer à revendiquer d'autres armes que celles de la persuasion ; pas plus qu'on ne pourrait se servir de bateaux à vapeur pour aller à pied ou de chemins de fer pour naviguer. Mais, cela posé, les paroles de Tertullien demandent une explication, afin que toute équivoque disparaisse et qu'on ne soit pas tenté de prêter à l'apologiste des opinions que démentent tous ses écrits.

En déclarant que chaque homme a le droit d'adorer ce qu'il juge à propos, Tertullien n'a pu vouloir dire que *toutes les religions soient également bonnes,* ni que l'on ne commette pas de faute en préférant l'erreur à la vérité. Cette maxime, qui consacre *l'indifférence en matière religieuse,* ne saurait être imputée à un homme dont la vie entière s'est passée à démontrer que le christianisme est la seule religion véritable, et que l'on encourt la damnation éternelle pour avoir fermé les yeux volontairement à l'évidence de ses preuves. Sous ce rapport, l'homme n'a qu'un droit comme il n'a qu'un devoir, celui d'embrasser la vérité qui se présente à lui avec des caractères propres à la faire reconnaître et distinguer de l'erreur. Nous avons bien le pouvoir, ou si vous le voulez, la faculté de professer une religion, comme nous avons la faculté de mentir, de voler, d'assassiner même ; mais le droit, jamais. C'est parce qu'on perd de vue cette distinction élémentaire entre le droit et la faculté de faire une chose, que la question de la liberté de conscience donne lieu à tant de divagations et de malentendus. L'homme n'a pas plus le droit d'admettre l'erreur que de commettre le mal mais, encore une fois, il en a le pouvoir, *naturalis potestas*, comme le dit très bien Tertullien, par le fait même que nous sommes doués du libre arbitre. Voilà donc un premier sens qu'il faut écarter des passages que nous discutons : le prêtre de Carthage ne prétend nullement qu'il soit indifférent pour l'homme, pour ses destinées éternelles, d'adorer Jupiter ou le vrai Dieu ; au contraire, il s'attache continuellement à démontrer aux païens qu'ils se ferment la voie du salut en rejetant de mauvaise foi la seule religion véritable, celle du Christ. La proposition se restreint à la liberté extérieure dont l'homme doit jouir au milieu de ses semblables dans la profession de son culte : c'est ce que l'auteur appelle un droit humain, *jus humanum*.

Mais encore, ce droit humain lui-même doit-il être expliqué d'après les développements que Tertullien donne à sa pensée dans tout le cours de ses écrits. Et d'abord, la distinction que nous venons d'établir entre le droit et la faculté de faire une chose revient ici tout entière. Comme il ne saurait y avoir de droit contre le droit, les hommes ne peuvent pas nous conférer *le droit d'enseigner ou de professer l'erreur*, non plus que celui de commettre le mal : dans ce cas, le mot droit équivaut derechef à celui de faculté, de pouvoir, de licence, etc. Les lois humaines peuvent bien tolérer ce que Dieu réprouve, mais non pas créer le droit de le faire. Admettons néanmoins le mot qu'emploie Tertullien, quoiqu'il prête à l'équivoque, toujours est-il que l'apologiste n'accepte pas sans réserve cette liberté extérieure dont l'homme doit jouir dans l'exercice d'un culte quelconque. Nous l'avons entendu tout à l'heure opposer aux païens ce raisonnement : si le christianisme était un mal et que vos dieux fussent réellement ce que vous pensez, vous auriez le droit de nous proscrire, mais comme nous vous prouvons le contraire par des arguments auxquels il vous est impossible de répondre, vos mesures préventives sont iniques. En d'autres termes, si vous professiez la vérité et nous l'erreur, nous ne nous plaindrions pas ; mais parce que c'est précisément l'inverse, vous violez toutes les lois de la justice en sévissant contre nous. Voilà pourquoi la démonstration de la vérité du christianisme et de la fausseté des doctrines polythéistes forme le point capital de son apologie. Évidemment Tertullien n'impose pas à la vérité le devoir de tolérer toujours et partout l'erreur à côté d'elle : il reconnaît qu'il peut y avoir des cas où cette tolérance doit se renfermer dans certaines limites ; bref, il n'admet pas la *liberté des cultes dans un sens absolu et illimité.* Or, ces restrictions suffisent pleinement pour justifier en principe la conduite qu'ont tenue les États catholiques au moyen âge dans la répression des hérésies.

Certes, l'éloquent écrivain a parfaitement raison de dire que tout sacrifice demande à être fait de bon cœur, que la religion, étant une affaire de conscience, doit être embrassée volontairement et non par la force, partant que la vérité n'a d'autres armes pour pénétrer dans les cœurs que celles de la persuasion. Mais autre chose est de contraindre quelqu'un à faire des actes religieux auxquels sa conscience se refuse, ce qui n'est jamais permis, autre chose de l'empêcher de pervertir les âmes par la parole et par l'exemple. Il ne faut pas s'obstiner à vouloir sauver un homme malgré lui, soit ; mais ce qu'on peut exiger de lui, c'est qu'il ne travaille pas à perdre les autres malgré eux. Car le droit de chacun finit là où commence le droit d'autrui. Supposez donc un État catholique comme ceux dont je viens de parler, où la vérité règne sans partage, acceptée de tous comme le bien suprême de leur âme : à coup sûr chacun y a le droit de conserver sa foi, de telle sorte que personne ne vienne l'inquiéter dans ce qu'il a de plus cher et de plus précieux. Supposez maintenant une poignée de gens comme les Albigeois et les Vaudois, venant ressusciter les plus hideuses théories du manichéisme, trompant la foi des âmes simples et honnêtes, foulant aux pieds toutes les lois divines et humaines, faisant un appel aux plus mauvaises passions de l'homme, et menaçant en outre le repos de l'État par leurs attaques contre l'Église : certes, les princes chrétiens avaient non seulement le droit, mais encore le devoir de protéger la conscience de leurs sujets contre de pareilles invasions, d'éloigner d'eux les périls auxquels le sophisme aidé par les passions exposait la foi, de réprimer même par la force matérielle ceux qui les premiers en avaient fait usage pour appuyer des prédications incendiaires : ils se trouvaient dans le cas de légitime défense contre une agression injuste ; ils assuraient la liberté des âmes menacée par l'oppression de l'erreur et du vice. Et qu'on ne dise pas que cette répression des hérésies au moyen âge justifie les persécutions des empereurs païens contre le christianisme. Tertullien nous montre qu'il n'y a pas la moindre analogie entre ces deux faits. Ce n'est pas pour protéger la conscience de ses sujets que l'ancienne Rome proscrivait le culte chrétien, puisqu'elle avait ouvert la porte à toutes les religions du monde entier ; par conséquent, elle ne pouvait, sans faire preuve d'une partialité révoltante, exclure le christianisme du droit commun. De plus, les disciples de l'Évangile ne soutenaient pas leurs doctrines les armes à la main : loin d'exciter ni trouble ni sédition dans l'empire, ils ne se défendaient même pas contre leurs oppresseurs, se bornant à supporter avec courage les supplices et la mort auxquels on les condamnait. Il y a loin d'une pareille conduite à celle des hérétiques dont je parle, y compris les luthériens et les calvinistes. Enfin, la différence essentielle, c'est que la vérité se trouvait du côté des chrétiens ; or, nul, dit Tertullien en s'adressant à ses adversaires, nul n'a le droit de proscrire la vraie religion, tandis que nous serions justement punissables si, refusant d'adorer vos dieux, nous attaquions la vérité. (T. 6ᵉ leçon.)

C'est dans l'*Apologétique* que se trouve le magnifique *tableau de la vie des premiers fidèles* qui a été si fréquemment cité :

« Unis ensemble par le nœud d'une même foi, d'une même espérance, d'une même morale, nous ne faisons qu'un corps. Saintement ligués contre Dieu, nous l'assiégeons de nos prières, afin de lui arracher par une violence qui lui est agréable ce que nous demandons. Nous l'invoquons pour les empereurs, pour leurs ministres, pour toutes les puissances, pour l'état présent du siècle, pour la paix, pour l'ajournement de la catastrophe dernière. Nous nous assemblons pour lire les écritures, où nous puisons, selon la circonstance, les lumières et les avertissements dont nous avons besoin. Cette sainte parole nourrit notre foi, relève notre espérance, affermit notre confiance, et resserre de plus en plus la discipline en inculquant le précepte. C'est là que se font les exhortations et les corrections, là que se prononcent les censures au nom de Dieu. Pénétrés de cette pensée que Dieu nous regarde, nous jugeons, avec maturité et c'est un terrible préjugé pour le jugement futur, quand quelqu'un a mérité d'être banni de la communion des prières, de nos assemblées et de tout ce saint commerce. Des vieillards président ; ils parviennent à cet honneur, non par l'argent, mais par le témoignage d'un mérite éprouvé. Rien de ce qui concerne les choses de Dieu ne s'achète : si l'on trouve chez nous une espèce de trésor, on ne peut pas nous reprocher d'avoir vendu la religion pour l'amasser. Chacun apporte tous les mois son modique tribut, lorsqu'il le veut, s'il le veut, et dans la mesure de ses moyens : personne n'y est obligé ; rien de plus libre que cette contribution. C'est là comme un dépôt de piété qui ne se consume point en festins, en débauches, en stériles prodigalités ; il n'est employé qu'à nourrir et à enterrer les indigents, à soulager les orphelins délaissés, les domestiques cassés de vieillesse, les naufragés... Une telle réunion d'hommes probes, pieux et chastes, n'est pas une faction ; on doit l'appeler un sénat. » (Tertullien, 8ᵉ leçon.)

4° En prouvant dans l'*Apologétique* la conformité des données de la foi avec les principes de la raison, Tertullien avait invoqué le témoignage de l'âme humaine. Dans un opuscule qui peut être considéré comme un appendice de l'*Apologétique* qui porte le titre de traité du *Témoignage de l'âme*, il a développé ces arguments empruntés au sens intime, ces *témoignages d'une âme naturellement chrétienne*, qui s'incline instinctivement et spontanément devant certaines vérités du christianisme.

5° Le *Scorpiaque* ou *antidote contre la morsure des scorpions* est une glorification du martyre qui peut être comparée au *discours* que le prêtre de Carthage avait adressé aux confesseurs de la foi.

6° La *lettre à Scapula*, proconsul d'Afrique, en faveur des chrétiens persécutés, termine la carrière de Tertullien, considéré comme défenseur de la religion chrétienne contre les païens.

7° Son traité *sur les Spectacles*, où, reproduisant le sentiment de Platon et d'Aristote sur le danger des représentations théâtrales, il démontre que la fréquentation du théâtre païen équivaut pour les fidèles à une participation à l'idolâtrie. Il s'élève à une haute éloquence quand il montre au chrétien quels sont ses divertissements véritables.

8° Son *Traité de l'Idolâtrie*, où, plaçant la conscience chrétienne en face des difficultés qui surgissaient du contact des deux sociétés, il repousse comme entaché d'idolâtrie tout ce qui rappelle l'ancien monde, condamnant toute profession, toute industrie qui aurait pour objet le côté matériel de l'idolâtrie. Dans cet ouvrage déjà l'on remarque une tendance au *rigorisme* qui devait l'entraîner peu à peu jusqu'aux excès où il aboutit plus tard. C'est ainsi que, voulant convaincre du péché d'idolâtrie les ouvriers chrétiens qui gagnaient leur vie à fabriquer des idoles, à construire ou à décorer des temples païens, il confond deux choses que la théologie morale a soin de bien distinguer, la coopération matérielle au péché d'autrui et la coopération formelle, celle-ci, influant sur la mauvaise volonté du prochain et par conséquent toujours illicite, celle-là, posant pour des motifs graves un acte bon ou indifférent de sa nature mais dont le coupable profite pour faire le mal contre l'intention du coopérateur, qui n'en a point la responsabilité. C'est ainsi encore qu'il lui arrive de confondre le conseil évangélique de la pauvreté avec le précepte de l'aumône.

Le Traité de Tertullien sur l'*Idolâtrie* est fort important à étudier, parce qu'il marque le commencement des erreurs qui vont s'enchaîner dans sa vie. Certes, à voir le zèle que déploie l'austère moraliste contre tout ce qui rappelle le polythéisme, on ne saurait suspecter la droiture ni la pureté de ses intentions. Cette vive opposition à des coutumes et à des pratiques qui lui semblaient inconciliables avec l'Evangile partait d'une âme profondément chrétienne. Mais le zèle le plus pur peut devenir dangereux quand il n'est pas tempéré par la prudence. Or nous avons déjà pu observer que, chez Tertullien, la sûreté du jugement n'égale pas toujours la chaleur des convictions. Lui qui sait faire preuve dans l'occasion d'un admirable bon sens perd toute mesure quand la passion vient se jeter en travers. La contradiction l'irrite et le fait sortir des bornes de la sagesse : alors il ne voit plus que l'objection qu'il a devant lui, et dans l'ardeur qu'il met à réfuter la thèse de ses adversaires, il exagère la sienne. Ajoutez à ce défaut de modération dans le caractère un penchant vers les opinions extrêmes, vers tout ce qui peut rétrécir le domaine de la liberté et élargir le cercle de la loi. Assurément, il n'y a que les âmes fortes qui puissent être tentées de vouloir imposer à la nature humaine un joug trop sévère, et le stoïcisme trouvera toujours plus d'admirateurs que la morale épicurienne ; mais enfin il n'y a pas un moindre péril à décourager la vertu qu'à flatter le vice. Cela posé, on devine sans peine à quel danger allait être exposé le prêtre de Carthage. Il était évident que son rigorisme soulèverait des réclamations: non seulement le parti relâché ne devait pas lui pardonner la vivacité de ses attaques, mais encore les hommes les plus sincèrement dévoués aux intérêts de l'Évangile ne pouvaient que désapprouver ces théories excessives. Bref, Tertullien allait se trouver entre le blâme des uns et l'irritation des autres. Redoutable épreuve pour un homme de génie que ses bonnes intentions mêmes peuvent contribuer à entretenir dans l'illusion ! Dans ces moments critiques, le talent au lieu d'éloigner le péril ne fait que le rapprocher, quand il n'a pas pour préservatif la grande vertu de l'humilité chrétienne. Averti à temps par la voix de l'autorité, l'impétueux écrivain va-t-il s'arrêter sur la pente qui l'entraîne ? Ou bien, n'écoutant que sa raison propre et ses ressentiments, s'engagera-t-il plus avant dans la voie où il vient d'entrer ? La réponse à cette question se trouve dans les divers traités qui ont suivi celui de *l'Idolâtrie*. (T. 12ᵉ leçon.)

9° Un incident survenu vers l'année 202 dans quelque partie de l'empire fournit à Tertullien l'occasion de manifester la répulsion que lui inspirait la profession des armes. Lui-même va nous apprendre dans quelle circonstance il composa son opuscule sur *la Couronne du soldat*.

« Voici ce qui s'est passé ces jours derniers. Les très puissants empereurs distribuaient des largesses aux soldats, qui venaient les recevoir la couronne de laurier sur la tête. L'un deux, plus soldat de Dieu, plus intrépide que ses frères, qui s'imaginent pouvoir servir deux maîtres, se distinguait de tous les autres, en ce qu'il s'avançait la tête nue, tenant à la main sa couronne inutile et manifestant par là qu'il était chrétien. Tous de le montrer au doigt : de loin on le raille, de près on s'indigne. La clameur arrive jusqu'au tribun ; le soldat se présente à son tour.— Pourquoi, lui dit aussitôt le tribun, es-tu si différent des autres ? — Je ne puis, répondit-il, faire comme eux. Sur ce qu'on lui en demandait la cause : — Je suis chrétien, répliqua-t-il. O soldat glorieux dans le Seigneur ! On délibère sur ce refus, on instruit l'affaire ; l'accusé est traduit devant les préfets. Là, prêt à revêtir un joug plus léger, il dépose son lourd manteau, quitte sa chaussure incommode, pour marcher désormais sur une terre sainte; il rend cette épée qui n'avait pas été jugée nécessaire à la défense du Seigneur, et laisse tomber la couronne de sa main. Depuis lors, rougi en espérance de son sang, chaussé comme le demande l'Évangile, prenant pour glaive la parole de Dieu, revêtu de toute l'armure dont parle l'apôtre, et sur le point de recevoir la blanche couronne du martyre, plus glorieuse que l'autre, il attend au fond d'un cachot les largesses du Christ. »

Tel est le fait qui avait mis en émoi l'Église de Carthage. On blâmait généralement l'acte de ce soldat comme inspiré par un zèle intempestif et outré. A quoi bon cette protestation isolée, qui avait l'air d'un blâme jeté sur la conduite du reste des soldats chrétiens ? Pourquoi braver ainsi la colère publique et rallumer les persécutions à propos d'une chose indifférente, d'un usage militaire qui n'avait rien de répréhensible ? N'était-ce pas se jeter en désespéré au-devant de la mort, et s'exposer aux supplices de gaieté de cœur sans motif suffisant ? Tertullien ne fut pas de cet avis : il trouva la conduite du soldat héroïque, et celle de ses compagnons souverainement blâmable. Il développa ses preuves dans un écrit spécial, plein de verve et d'originalité, mais où la force du raisonnement n'égale pas la hardiesse et la véhémence du langage.

Le livre de la *Couronne du soldat* est un de ceux où le talent de Tertullien éclate davantage. Je n'en connais pas où le crayon de ce grand artiste ait dessiné son sujet en traits plus vifs ni plus énergiques. Il fallait toutes les ressources d'une imagination puissante pour trouver dans un mince détail de quoi alimenter jusqu'au bout une discussion palpitante de vie et d'intérêt. Puis, quelle dépense d'esprit! quelle verve étincelante! quel coloris et quelle vigueur dans ce style où la passion éclate sous l'idée qu'elle pousse comme un flot d'images ou fait jaillir en traits de feu! Toutefois, une qualité nouvelle vient de se révéler à nous, ou pour mieux dire un défaut, c'est l'art dangereux que possède Tertullien de manier le sophisme en lui prêtant les apparences de la vérité. Il n'y a pas jusqu'à son ton dogmatique et tranchant qui ne contribue à faire illusion sur la faiblesse de quelques-unes de ses preuves. Il étonne, lors même qu'il ne convainc pas, tant il y a de hauteur dans ses affirmations. Ce n'est déjà plus ce calme et cette sécurité d'une intelligence qui se repose dans la certitude de la vérité. On sent l'agitation fiévreuse d'une âme en lutte avec elle-même. Un esprit sombre et farouche, qui n'est pas celui de l'Évangile, circule dans les pages que nous venons de parcourir. L'auteur veut rompre violemment avec tout ce qui s'appelle vie civile, société politique, biens terrestres : il voit les pompes de Satan et ses œuvres dans les choses les plus indifférentes. Autrefois il avait démontré aux païens que les disciples de l'Évangile sont les meilleurs citoyens et les soldats les plus fidèles ; aujourd'hui il ne veut plus entendre parler ni de serment de fidélité, ni de service militaire, ni de fonctions publiques ; tout cela lui paraît incompatible avec les devoirs de la vie chrétienne. Viennent ensuite les gros mots, les épithètes insultantes jetées à la face des adversaires, le ton du libelle et du pamphlet, tous ces symptômes ordinaires de la surexcitation d'un homme qui commence à se fâcher. Évidemment, à l'époque où Tertullien commença son traité sur *la Couronne du soldat*, un changement s'était opéré dans son esprit. Sans doute, nous devrons l'attribuer tout d'abord au développement des germes funestes que nous avions observés dès l'origine dans cette nature plus ardente que mesurée. Mais il est rare que des circonstances extérieures ne viennent pas hâter ces moments de crise, et de déterminer ces ruptures violentes avec le passé. Eh bien ! quels sont les faits contemporains qui avaient pu exercer une telle influence sur l'esprit de Tertullien ? Dans quel milieu d'idées ou d'opinions courantes s'était-il laissé entraîner ? Dans l'hérésie montaniste. (T. 15ᵉ leçon.)

10ᵉ L'esprit montaniste qui avait commencé à poindre dans le traité sur l'*Idolatrie*, pour se manifester davantage dans le livre de la *Couronne du soldat*, se montre pleinement développé dans l'opuscule *sur la Fuite pendant la persécution*.

C'était vers l'année 202. Une persécution devenait imminente. Effrayé du progrès du christianisme, Septime-Sévère songeait à y mettre un terme par un édit de proscription. Alors, une question surgit parmi les fidèles. Peut-on se soustraire au péril par la fuite, ou même prévenir la dénonciation en se rachetant à prix d'argent ? Il ne s'agissait pas de savoir s'il est permis à un chrétien de renier sa foi devant un tribunal quelconque. L'obligation de le confesser en pareil cas ne fournit un objet de doute pour personne. Seulement, l'on se demandait s'il faut regarder comme licite l'emploi de moyens humains dans le but d'échapper à un danger de mort. Tertullien n'hésite pas à se prononcer pour la négative dans un ouvrage adressé à l'un de ses amis, Fabius. Selon lui, tout le débat porte sur ce point unique : la persécution vient-elle de Dieu ou du démon ? Si elle vient de Dieu, il n'est pas permis de la fuir. Voici comment il développe sa proposition :

« La persécution est un tribunal devant lequel l'homme est éprouvé ou réprouvé. Or le jugement n'appartient qu'à Dieu. C'est le van au moyen duquel le Seigneur purifie son aire, qui est l'Église, en agitant de son souffle cet amas confus de fidèles, pour séparer le froment des martyrs d'avec la paille des apostats. C'est encore l'échelle que Jacob vit en songe, et sur laquelle les uns montaient au ciel, tandis que les autres descendaient vers la terre. Il faut donc regarder la persécution comme une arène. Or, qui invite au combat, sinon celui qui promet la couronne et les récompenses ?... Tout ce qu'opère la persécution se fait à la gloire de Dieu qui éprouve ou réprouve, qui élève ou abaisse. Or ce qui intéresse la gloire de Dieu ne peut arriver que par sa volonté. Quand croit-on plus fermement à Dieu, si ce n'est lorsqu'on redoute davantage, au temps de la persécution ? Alors l'Église se tient sur ses gardes. Alors la foi est plus active, plus soumise à la règle, plus assidue aux jeûnes, aux veilles, à la prière, aux exercices de l'humilité, de la dévotion, de la charité envers le prochain ; plus zélée pour les œuvres de la sainteté et pour la pratique de la tempérance. L'homme n'a d'autres mobiles que l'espérance et la crainte. Il n'est donc pas permis d'attribuer au démon un événement qui a pour résultat de rendre meilleurs les serviteurs de Dieu. »

Tertullien conclut de là qu'il n'est pas permis de fuir la persécution, parce qu'elle vient de Dieu et qu'elle est une source d'avantages spirituels. C'était l'une des thèses favorites de Montan et de ses disciples. Or, lorsqu'on y regarde de près, ce raisonnement se réduit à un pur sophisme. Nul doute que rien n'arrive sans la volonté de Dieu, en ce sens que Dieu veut positivement le bien, et qu'il n'enlève pas toujours à l'homme le pouvoir de faire le mal ; mais il ne s'ensuit nullement qu'il soit l'auteur des maux qui nous arrivent. Tertullien confond la simple permission divine avec la volonté positive et directe. Il est des choses que Dieu permet, ou pour mieux dire, qu'il n'empêche pas, soit pour tirer un plus grand bien, soit afin de ne pas détruire la liberté humaine, mais il ne les en réprouve pas moins pour cela. Ainsi, quelque avantage qui puisse en résulter, la persécution reste toujours en soi un mal moral et physique, parce que, d'une part, elle est une injustice, et de l'autre une source de peines et de tourments. Assurément Dieu sait faire sortir le bien du mal, c'est le secret de sa providence ; mais le mal n'en demeure pas moins le mal, et il est toujours permis de le fuir ou de l'éviter par des moyens légitimes. Les adversaires de Tertullien auraient pu lui répondre par cet argument personnel : toutes les maladies qui affligent l'homme arrivent par ce que vous appelez la volonté de Dieu, et l'âme peut retirer le plus grand profit de ces épreuves physiques qui affaiblissent l'empire des sens, nous font rentrer en nous-mêmes et nous permettent de faire éclater notre patience et notre résignation. En conclurez-vous qu'il n'est pas permis de se préserver de la maladie ou de la guérir par les remèdes que procure la médecine ? Tertullien a beau dire que la persécution ne vient pas du démon, mais par le démon : rien n'est plus faux. C'est l'erreur et le vice qui cherchent à opprimer la vérité et la vertu. Vouloir faire remonter la cause de cette iniquité jusqu'à la source de tout bien, ce serait regarder Dieu lui-même comme l'auteur du mal. (T. 14º leçon.)

II. *Tertullien moraliste.* — Les écrits de Tertullien sur la doctrine et la vie chrétiennes considérées non plus dans leurs rapports avec le paganisme, mais en elles-mêmes, dans les lois morales et disciplinaires qui les régissent, comprennent :

1º Un traité de *la Patience.*

2º Un traité de l'*Oraison dominicale,* dans lequel ayant montré que cette prière est à la fois un abrégé de l'Évangile et l'expression la plus complète des besoins tant spirituels que corporels de l'homme, il énumère les qualités qu'elle doit avoir et les effets qui peuvent en résulter.

3º Un traité du *Baptême,* où il ne se contente pas d'exposer le dogme avec une précision théologique, mais où il anime encore par le mouvement de l'éloquence une matière qui n'en paraissait guère susceptible. Il est regrettable que ce traité porte quelque trace de rigorisme dans son opinion sur le délai du baptême, qu'il recommande d'ajourner pour les adultes qui ne sont pas encore engagés dans le mariage et surtout pour les enfants, incapables d'en comprendre la portée. A cette erreur il faut ajouter celle qui se rapporte à la prétendue nullité du baptême conféré par les hérétiques où se trouve contenu le germe de la fameuse controverse agitée plus tard entre saint Cyprien et le Pape saint Étienne.

4º Une catéchèse sur la *pénitence,* où l'on sent la

maturité d'un esprit parvenu à l'apogée de sa force.

5° Deux *lettres à sa femme*, qui renferment un magnifique tableau du *mariage chrétien*.

« Où trouver des paroles pour exprimer la félicité du chrétien? L'Église l'approuve, l'oblation le confirme, la bénédiction y met le sceau, les anges l'annoncent, le Père céleste le ratifie. Car, dans le monde même, les enfants n'ont le droit de se marier que du consentement de leurs parents. Quelle alliance que celle de deux fidèles unis dans une même espérance, dans une même discipline, et par les liens d'un même service! Tous deux, ils sont frères, tous deux serviteurs du même maître ; nulle séparation de la chair ni de l'esprit. Oui vraiment, ils sont deux dans une même chair ; une seule chair, un seul esprit. Ils parlent ensemble, ils jeûnent ensemble, ils s'instruisent, s'exhortent, se soutiennent l'un l'autre. Vous les rencontrez de compagnie à l'église, de compagnie au banquet divin. Angoisses, tribulations, joies, tout est commun entre eux. Nuls secrets à se dérober ; confiance réciproque, support mutuel. Ils n'ont pas à se cacher l'un de l'autre pour visiter les malades, pour assister les indigents : leur aumône est sans tourment, leurs sacrifices sans scrupules, leurs pratiques journalières sans entraves. Chez eux point de signes de croix furtifs, point de timides félicitations muettes. Ils chantent de concert des hymnes et des psaumes ; leur unique rivalité, c'est à qui célébrera le mieux les louanges du Seigneur. Voilà les alliances qui réjouissent le Christ. »

C'est ainsi, que Tertullien comprenait le mariage chrétien. L'union des cœurs sanctifiée par la grâce du sacrement, resserrée et fortifiée par la pratique des devoirs religieux, voilà l'idéal qu'il proposait aux fidèles de son temps. Il s'est trouvé des esprits malveillants ou chagrins pour oser dire que l'Église, en célébrant les mérites de la virginité et du célibat, a méconnu la dignité de l'alliance conjugale. C'est le christianisme, au contraire, qui a proclamé dans le monde la sainteté du mariage ; et lorsqu'on voit, dans les auteurs païens des deux premiers siècles, à quel degré d'abaissement était arrivée cette institution divine, on comprend ce qu'il a fallu d'efforts pour la relever. L'Église n'a pas eu de préoccupation plus vive ni plus constante que de maintenir l'état conjugal dans les conditions qui le rendent digne de respect et d'honneur. Parcourez son histoire et sa législation depuis dix-huit siècles : c'est chose admirable de la voir sur ce point en lutte perpétuelle avec les erreurs et les passions humaines, sauvegardant les mœurs publiques, par la sévérité de ses prescriptions ; frappant, d'un côté, les hérétiques qui condamnent le mariage, et, de l'autre, les libertins qui s'en font un jeu ; opposant des barrières au vice par ses lois si sages et si utiles sur les empêchements ; n'épargnant dans ses anathèmes ni grands ni petits, du moment que les uns ou les autres sacrifient à leurs caprices un droit immuable ; faisant monter ses censures jusque sur le trône des plus puissants monarques, pour y atteindre le scandale d'une foi violée ; n'admettant pas la plus légère transaction avec la mobilité et l'inconstance du cœur humain ; flétrissant, à mesure qu'elles se produisent, ces théories qui tendent à faire d'un contrat indissoluble une convention résiliable à volonté ; et par sa vigilance à protéger contre toute attaque l'unité d'un lien perpétuel, soutenant, en dépit des résistances et des clameurs, les véritables bases de la société domestique. Oui, sans doute, l'Église a arboré dans le monde le drapeau de la virginité et de la continence ; mais c'est précisément sous les plis de ce drapeau qu'elle abrite la sainteté du mariage. En conseillant la perfection à quelques-uns, elle enseigne le devoir et le sacrifice à tous. (T. 21ᵉ leçon.)

6° Deux traités sur l'*Ornement des femmes*, dans lesquels il dénonce les dangers d'un luxe immodéré pour la famille et pour la société. Il s'élève surtout contre l'énervement produit par les délicatesses mondaines dans des âmes appelées aux terribles épreuves du sacrifice.

« Je doute fort, s'écrie-t-il, que des mains accoutumées à de riches bracelets résistent au poids des chaînes, que des jambes ornées de brillantes bandelettes supportent patiemment des entraves de fer, et qu'une tête cachée sous un réseau d'émeraudes et de perles laisse une ouverture au tranchant du glaive. Donc, mes bien-aimées, exerçons-nous à ce qui est dur, et nous ne le sentirons pas ; laissons de côté ce qui flatte, et nous n'en aurons nul regret. Tenons-nous prêts à toutes les violences, ne gardant rien que nous craignions de perdre. Tous les biens du monde ne sont qu'autant de liens qui enchaînent notre espérance. Foulons aux pieds les ornements de la terre, si nous aspirons à ceux du ciel. N'aimez pas cet or sur lequel sont gravés les premiers péchés d'Israël. Vous devez haïr ce qui a perdu les Juifs, ce qu'ils ont adoré pendant qu'ils abandonnaient Dieu. Aujourd'hui encore, cet or est l'aliment du feu. D'ailleurs tous les temps, surtout les nôtres, sont de fer et non d'or pour le chrétien. Regardez ! Voici déjà que la robe du martyre se prépare ; les anges nous la présentent du haut des cieux. Montrez-vous donc parées, mais des ornements que nous ont transmis les prophètes et les apôtres. Demandez à la simplicité votre blancheur, à la chasteté votre rougeur, à la modestie le fard de vos yeux ; mettez le silence sur vos lèvres ; insérez dans vos oreilles la parole du Seigneur ; attachez à votre cou le joug du Christ ; courbez votre tête sous la puissance de votre époux, et vous serez suffisamment parées. Occupez vos mains à filer la laine : enchaînez vos pieds à la maison, et vous plairez plus que sous l'éclat de l'or. Que la probité devienne votre soie, la sainteté votre lin, la pudeur votre pourpre! Avec ces joyaux et ces parures, vous aurez Dieu pour époux! » (T. 22ᵉ leçon.)

7° L'opuscule sur les *Voiles des Vierges*. — Déjà, du temps de saint Paul, une question relative à la discipline avait divisé l'Église de Corinthe : les femmes devaient-elles paraître, dans les assemblées du culte, la tête voilée ou découverte? L'apôtre avait tranché la question dans le premier sens. Mais une difficulté naissait des termes mêmes dont il s'était servi. Fallait-il restreindre la prescription aux femmes mariées, ou bien l'étendre également aux vierges chrétiennes, aux jeunes filles sorties de l'enfance? Les Églises de la Grèce et d'autres limitrophes avaient adopté le sentiment le plus rigoureux, tandis que plusieurs Églises en Occident, celle de Carthage en particulier, s'en tenaient à une interprétation moins sévère. Cette différence d'usages fournit à Tertullien l'occasion d'écrire son traité sur *les Voiles des Vierges*. On devine sans peine quelle opinion va embrasser l'austère moraliste, d'autant plus qu'à cette époque, vers l'année 202, il est déjà engagé assez avant dans le puritanisme de Montan. Assurément il lui était permis, dans une question de pure discipline, de préférer telle coutume à une autre; mais, ce qui excède toute mesure, c'est la réprobation dont il frappe ceux qui ne se rangent pas de son avis. Si donc il fallait juger de cette pièce par l'importance du sujet, elle ne mériterait guère d'attention ; et pourtant elle nous présente un vif intérêt, soit par le brillant éloge que l'auteur y fait de la virginité chrétienne, soit à cause des principes auxquels il ramène une question si minime en apparence. (T. 23ᵉ leçon.)

8° *L'exhortation à la chasteté* et le traité de la *Monogamie*, dans lesquels, se faisant une idée défectueuse du mariage depuis son affiliation à la secte de Montan, Tertullien condamne les secondes noces,

9° Les deux traités de la *Pudicité* et du *Jeûne*, dans lesquels il exagère les sévérités du régime pénitentiaire, tantôt refusant à l'Église le pouvoir de remettre certaines fautes plus graves, tantôt lui reconnaissant ce pouvoir, mais en soutenant qu'elle doit s'abstenir d'en user, tantôt enfin cherchant à multiplier outre mesure les exercices de mortification corporelle.

10° Le traité du *Manteau* où il se justifie d'avoir quitté la toge pour le manteau, l'habit ordinaire des Carthaginois pour le vêtement particulier aux philosophes et aux ascètes.

III. *Tertullien controversiste.* — De ses luttes avec les sectes dissidentes, il nous reste :

1° Le traité des *Prescriptions*, divisé en deux parties. Le premier est une sorte de préambule, où l'auteur s'attache à déterminer le rôle de l'hérésie dans le plan de la Providence, son caractère, ses sources et le principe général qui lui sert de base. La seconde est consacrée au développement de l'argument de prescription, dont il examine le caractère et la valeur. Partant de l'idée de *prescription* dans le droit romain, qui mettait à l'abri de toute revendication quiconque possédait une propriété pendant un laps de temps déterminé par la loi, Tertullien transporte ce procédé juridique sur le terrain de la théologie. Il montre que les hérétiques ne sont pas même recevables à disputer sur les Écritures, parce que l'Église, apostolique quant à son origine et quant à son enseignement, est en possession de la vraie doctrine du Christ.

2° Les cinq livres *contre Marcion*. Cet hérésiarque admettait deux principes ou deux dieux, l'un bon et l'autre mauvais. D'après Marcion, le dieu mauvais était adoré par les Juifs et était l'auteur de la loi; mais le Christ avait été envoyé par le bon principe pour détruire les œuvres du mauvais. Tertullien prouve, contre Marcion, l'unité de Dieu ainsi que la sainteté de l'Ancien et du Nouveau Testament.

3° Le traité *contre les Valentiniens*, dans lequel il s'attache à ridiculiser plutôt qu'à réfuter les opinions extravagantes de ces hérétiques sur les Eons.

4° Le livre *contre Hermogène*, philosophe stoïcien qui avait embrassé le christianisme, mais continuait à soutenir l'éternité de la matière, que Tertullien montre au contraire créée par Dieu avec le monde.

5° Le traité *contre Praxéas* sur le mystère de la Trinité.

6° Le traité *de l'âme*, dans lequel il détermine la véritable notion de l'homme et précise la nature de l'âme, ses rapports avec le corps, les facultés qui la distinguent. Sur la question de l'origine des âmes, Tertullien professe la singulière doctrine du *traducianisme* ou de la propagation des âmes qui toutes auraient été renfermées virtuellement dans l'âme d'Adam, d'où elles sortent comme autant de ruisseaux dérivant d'une source primitive.

7° Le livre de la *Chair du Christ* a pour but de démontrer la réalité de l'Incarnation du Verbe contre certains hérétiques qui prétendaient que le corps du Christ se réduisait à une simple apparence ou du moins qu'il était d'une nature différente du nôtre.

8° L'opuscule sur la *Résurrection de la Chair* traite des fins dernières de l'homme et tout particulièrement du grand mystère de la résurrection de la chair.

9° Le traité *contre les Juifs* fut écrit à l'occasion d'une dispute qu'un chrétien avait eue avec un juif prosélyte. Tertullien s'attache à y montrer le triomphe remporté par la foi sur un peuple aveugle et endurci, qui paraissait sourd à tous les raisonnements.

C. — La langue de Tertullien.

Quand l'Église vint à se répandre dans l'Empire romain, elle y rencontra une langue qui n'était pas faite pour elle ; qui loin d'exprimer sa foi, portait l'empreinte des doctrines païennes. Comment s'approprier un tel instrument, et le faire servir à un usage tout contraire au passé ? Quel moyen de traduire les mystères de la Rédemption et de la grâce dans un idiôme qui n'avait pas d'expressions pour la rendre ? Le problème était délicat. Pour le résoudre, il n'y avait d'autre alternative que de créer des mots nouveaux ou de changer la signification des anciens.

Ici, le mérite de Tertullien est incontestable. Nous avons eu maintes fois occasion de le constater, le prêtre de Carthage est l'un des créateurs de la latinité chrétienne pour la science sacrée. Assurément, il n'appartient qu'à l'Église de donner au langage théologique une consécration définitive ; mais, en fait de style ou de formules, l'initiative particulière peut être aussi féconde que louable, surtout à une époque où la terminologie n'est pas encore complètement fixée. Avant que le mot *personne*, par exemple, eût été adopté par l'Église pour désigner le terme des relations divines, il est clair que tel ou tel écrivain avait dû s'en servir tout d'abord. Il en est de même des mots *unité, trinité, accidents, substance, procession divine, sacrement, libre arbitre, contrition, confession, satisfaction*, etc. Eh bien ! tous ces mots, pris dans ce sens théologique, apparaissent pour la première fois chez Tertullien. Je n'en conclurai pas qu'il les a tous créés ni appliqués avant tout le monde à la science sacrée ; mais il est hors de doute que la puissante originalité de son esprit a dû se déployer sur ce point comme sur tant d'autres. Or ce n'est pas rendre à une doctrine un faible service, que de l'exprimer en bons termes ; comme aussi rien n'est moins facile que d'arriver à cet accord parfait du mot et de l'idée. Il faut avoir égard aux difficultés que présente la transformation d'un idiôme, lorsqu'on veut apprécier le mérite d'un écrivain placé dans de telles conditions. Si le style de Tertullien a souvent quelque chose de tourmenté et de bizarre, c'est qu'il lutte contre une langue païenne, qui se montre rebelle aux idées qu'il veut lui faire rendre. Pour la dompter, il la met en pièces, sauf à la recomposer sur de nouvelles bases ; ou bien il la jette dans le moule de sa forte imagination, d'où elle sort tantôt avec des formes régulières, tantôt étrangement défigurée. Faut-il s'étonner que dans ce travail sans précédent tout ne soit pas également heureux ? La langue de Tertullien sera donc une langue en laquelle, à côté d'une hardiesse d'invention rare, il restera de l'embarras, du tâtonnement : langue dure, incorrecte, chargée d'hyperboles et d'antithèses, mais admirable de concision et de richesse, là où l'abondance ne devient pas de l'enflure et où la brièveté du style ne dégénère pas en obscurité. (T. 38° leçon.)

D. Appréciation générale.

Les défauts de Tertullien cotoient partout ses éminentes qualités. Cet homme vraiment extraordinaire a eu le privilège de s'attirer dans une égale mesure la louange et le blâme. En effet, il a rendu de tels services qu'on se sent porté malgré soi à excuser ses torts ; il a commis tant de fautes qu'on est tenté parfois d'oublier son mérite. L'Afrique chrétienne a vu surgir au milieu d'elle, dans la seconde moitié du deuxième siècle, une des natures les plus richement douées qui aient apparu sur la scène de l'histoire. Si le génie consiste à créer et à imprimer à ses créations le caractère de la durée, Tertullien a été un *homme de génie* dans le sens rigoureux du mot. Nous venons de le voir léguant à la science théologique une *langue nouvelle*, imparfaite sans doute, mais frappée au coin de son puissant esprit. Si du mot nous passons à l'idée, et de la grammaire à la littérature, il n'est pas un genre d'éloquence religieuse où il n'ait laissé son empreinte, et cela pour toujours. De grands apologistes avaient paru avant lui ; leurs arguments sont devenus les siens, mais il a su rajeunir par sa verve originale un thème rebattu depuis un siècle, en lui prêtant des formes et un éclat oratoires, inconnus auparavant. Minucius Félix, saint Cyprien et Arnobe imiteront *l'Apologétique*, sans toutefois le surpasser. Dans *la science du devoir*, cet esprit initiateur s'est frayé des voies que les moralistes suivront désormais pour y porter plus de lumières et de sagesse. Je le sais, cette tâche délicate a été l'écueil de sa vie ; il n'en est pas qui ait mieux fait ressortir ses qualités. C'était une entreprise difficile, dans le contact permanent de la société chrétienne avec la société païenne, de marquer le point précis où s'arrête la liberté et où commence le devoir. Tertullien s'est trompé dans plusieurs questions relatives à la conduite que les fidèles devaient tenir au milieu du paganisme. Et pourtant, lors même qu'on est obligé de le blâmer, comment refuser un reste d'admiration à ce christianisme stoïque qui croit la nature humaine assez haute et assez forte pour qu'il soit possible de faire du conseil un précepte et de l'héroïsme la règle ? Puis, quand il se tourne vers l'intérieur de la société chrétienne, pour en retracer l'esprit et la discipline, quelle vigueur et quelle poésie de langage dans l'éloge de la patience, de la prière, de la chasteté et de la continence ! Comme cet observateur pénétrant sait fouiller les coins et les recoins du cœur humain, en même temps qu'il plonge dans les profondeurs de l'ordre surnaturel ! Ses admirables *traités sur la morale et sur les sacrements* deviendront le point de départ de la science chrétienne en Afrique ; et tout en rejetant les erreurs qui s'y trouvent, orateurs et écrivains puiseront largement à cette source féconde. Et enfin, quelle dialectique souple et nerveuse, quelle richesse et qu'elle variété d'aperçus dans ses *écrits de controverse*, où toute la dogmatique chrétienne est passée en revue, éclaircie, défendue, depuis l'idée de Dieu jusqu'aux fins dernières de l'homme ! Saint Irénée avait employé l'argument de prescription contre les hérésies ; mais Tertullien saura donner à cette preuve la forme qu'elle a gardée jusqu'à nos jours. Deux siècles plus tard, la polémique avec les manichéens et les partisans de Pélage inspirera de magnifiques travaux sur l'origine et la nature du mal, sur les rapports de la grâce et du libre arbitre, sur les effets de la Rédemption ; mais l'auteur du traité de *l'Ame* et de l'ouvrage contre *Marcion* avait élucidé depuis longtemps les principaux points de l'anthropologie chrétienne, et lorsqu'on observe la direction qu'il a su imprimer à la science théologique dans cette partie de l'Occident, on est moins étonné des tendances positives et du sens pratique qui éloigneront les écrivains de l'Église latine des fausses spéculations de l'Orient. Et pourquoi cet homme, malgré tous ses écarts, a-t-il exercé une telle influence sur les âges suivants ? On dira : c'était un *grand apologiste*, un *moraliste profond*, un *controversiste de premier ordre*. Cela est vrai ; mais toutes ces qualités n'eussent pas suffi sans une dernière qui les relève et les fortifie. Bossuet disait : On définit les hommes par ce qui domine chez eux. En partant de cette idée, je dirai que Tertullien a été avant tout et par-dessus tout un *écrivain éloquent*. La chaleur et l'émotion de l'âme, se traduisant dans un langage vif, énergique, coloré, plein de mouvement et d'image, en un mot, la passion oratoire, voilà ce qui suit partout le prêtre africain, soit qu'il disserte sur la couronne d'un soldat ou qu'il défende l'incarnation du Verbe. Tel il s'est montré à nous jusque dans ses moindres productions. Si les ouvrages de l'esprit vivent par la forme autant que par le fond, les siens ont vécu par ce charme de l'éloquence qui s'impose aux plus indifférents. Aussi je comprends l'enthousiasme qu'ont excité ses écrits depuis saint

Cyprien jusqu'à Bossuet ; pour en donner une idée je me bornerai à reproduire le jugement qu'a porté sur Tertullien un esprit aussi calme que mesuré, saint Vincent de Lérins :

« Ce qu'Origène est pour les Grecs, Tertullien l'est pour les latins : il tient le premier rang parmi nos écrivains. Où trouver plus de doctrine que dans cet homme ? un esprit plus exercé aux choses divines et humaines ? Philosophie, écoles philosophiques, origines, luttes et opinions des sectes, histoire et arts, il a tout embrassé avec une étendue d'esprit merveilleuse. La force et la véhémence de son génie sont telles, qu'il perce ses adversaires comme d'un fer acéré, ou les écrase de son poids. S'agit-il des qualités du discours, qui pourrait égaler l'éloge au mérite ? Les raisons s'y pressent avec un enchaînement qui entraîne de son côté ceux-là mêmes qu'il ne parvient pas à persuader. Autant de mots, autant de sentences; autant de sentences, autant de victoires. Ils le savent, ceux dont il a foudroyé les blasphèmes dans ses nombreux écrits, les Marcion, les Apelle, les Praxéas, les Hermogène, les Juifs, les païens, les gnostiques et tant d'autres. Et pourtant, après tous ces travaux, il n'a pas su rester fidèle au dogme catholique, c'est-à-dire à la foi ancienne et universelle ; vers la fin de sa vie, il se mit à soutenir ses opinions nouvelles avec plus d'éloquence que de bonheur, méritant ainsi le reproche que lui adressait le bienheureux confesseur Hilaire : par ses erreurs dernières, il a diminué l'autorité de ses premiers écrits. »

Pourquoi faut-il que les restrictions de Vincent de Lérins soient devenues nécessaires, chaque fois qu'on prononce le nom de ce grand écrivain, et que nous ne puissions faire son éloge, sans ajouter avec saint Jérôme : « J'admire son génie, mais je condamne ses erreurs ?» C'est pour la critique un devoir bien triste à remplir : nous n'y avons pas manqué, malgré la peine qu'on éprouve à rappeler une *chute si déplorable*. Mais, du moins, ces égarements d'un homme de génie renferment-ils une leçon utile. La *source des erreurs* de Tertullien était honorable, si l'on peut s'exprimer de la sorte : le rigide moraliste voulait serrer le frein aux passions humaines. Intention très louable sans doute, mais qui ne doit pas excéder les limites du possible. En imposant à la nature humaine un joug qu'elle est incapable de porter, on risque fort de la jeter dans le découragement ou dans la révolte ; car l'homme a besoin d'indulgence et de miséricorde, tout autant que de sévérité. Tertullien s'est gravement mépris sur les conditions générales de la moralité humaine. Certes, un rigorisme inspiré par de tels motifs eût été excusable, si, averti par l'autorité compétente, le prêtre de Carthage n'avait persisté à le soutenir avec une opiniâtreté invincible. Là est sa grande faute. On voudrait pouvoir se consoler par la pensée qu'il était peut-être revenu à de meilleurs sentiments vers la fin de sa vie ; mais le silence complet de l'antiquité laisse planer un doute pénible sur ses dernières années. Tout ce que des renseignements précis permettent d'affirmer de plus favorable, c'est qu'il se sépara plus tard des montanistes ; mais, au lieu de renoncer à ses erreurs, il devint chef d'une nouvelle école appelée les *Tertullianistes*. Dans cette phase extrême de son activité théologique, il mitigea quelque peu ses doctrines antérieures, tout en maintenant son opinion sur les secondes noces et sur l'autorité des prophéties particulières. Voilà toute l'amélioration qu'un ancien document nous autorise à supposer, et encore la source est-elle fort incertaine. Cet homme, si dur aux erreurs et aux faiblesses d'autrui, manquait essentiellement de mesure, ce qui, pour l'esprit, produit les jugements faux, et pour le caractère les emportements de la passion. Il n'y avait pas chez lui un équilibre suffisant entre la raison d'une part, l'imagination et le sentiment de l'autre. L'humilité, cette sauvegarde du talent, aurait pu remédier au manque d'harmonie, en éloignant le danger par la soumission à une règle ; l'orgueil devait y ajouter l'aveuglement d'un esprit impatient du frein. J'ai prononcé le mot orgueil, et non sans regret ; mais comment ne pas voir une opinion exagérée de soi-même dans le fait d'un homme qui veut en remontrer à l'Église entière, et qui traite le corps des pasteurs avec un mépris insultant ? C'est ainsi que les causes morales achèvent d'expliquer les erreurs de l'intelligence. Tertullien, devenu montaniste, a cessé de comprendre que le génie lui-même ne saurait se passer de règle, et que la science a besoin d'une direction supérieure qui l'empêche de s'égarer. Illusion fatale ! Loin de s'affaiblir ou de s'abaisser en se soumettant à une autorité qui n'est autre que celle de Dieu, l'homme trouve au contraire dans cette obéissance légitime son élévation et sa force.

Eh bien ! deux siècles plus tard, sur cette même terre d'Afrique, un autre homme de génie saura mieux comprendre cette grande loi. Je n'oserais pas dire que nous rencontrerons chez lui un esprit plus original que celui de Tertullien ; car j'ignore si l'énergie créatrice qui distingue le prêtre de Carthage a été surpassée par un écrivain quelconque des siècles de l'Église. Mais quelle supériorité de jugement et de caractère, à côté d'une érudition non moins vaste ! Comme toutes les facultés sont bien pondérées dans cette intelligence d'élite, et ajoutent par leur harmonie aux qualités d'une belle âme ! Lui aussi parcourra le vaste champ des connaissances divines et humaines : d'ardentes controverses l'appelleront dans la lice, où il restera jusqu'à la fin de sa vie, toujours armé pour la cause de l'Église ; mais il portera dans la spéculation cette défiance de soi-même qui est une force contre l'erreur, et dans la lutte ce calme et cette mesure qui conservent à l'esprit la justesse du coup d'œil. Entre les extrêmes où s'agite la passion, il suivra la voie droite où se tient la vérité. Ce n'est pas lui qui appuiera sur un point de la doctrine aux dépens de l'autre : science et foi, grâce et libre arbitre, raison et révélation, philosophie et théologie, il cherche à concilier ces grandes choses de Dieu et de l'homme, en saisissant de haut ce qui les distingue. Puis, lorsqu'au milieu de ces controverses où les meilleurs peuvent s'égarer, il rencontrera sur son chemin un jugement de l'autorité qui met fin au débat, il dira ce mot de l'humilité, où se révèle toute une vie : Rome a parlé, la cause est finie ! Voilà ce que sera saint Augustin. Et si je compare entre eux ces deux grands Africains, ce n'est pas pour me livrer au vain plaisir de faire un parallèle. La Providence s'est plu à réunir leurs noms dans l'histoire de l'Église. Tertullien a eu le mérite de tracer les linéaments de cette vaste synthèse que saint Augustin a construite et léguée aux théologiens du moyen âge, et il était réservé à l'évêque d'Hippone d'effacer jusqu'au dernier vestige les erreurs du prêtre de Carthage. Il y a dans la destinée de ces deux hommes, à la fois si rapprochés et si séparés l'un de l'autre, un grand contraste et une haute leçon. (T. 38ᵉ leçon.)

2. Minucius Félix.

Peut-être serait-ce trop élargir le sens des mots que d'appeler « école de Tertullien » ce groupe d'apologistes qui, venus immédiatement après lui, ont subi son ascendant et profité de ses œuvres. En s'éloignant de l'orthodoxie, le prêtre de Carthage a lui-même affaibli des rapports qui eussent été plus intimes sans le montanisme, bien que saint Cyprien n'hésite pas à l'appeler le *maître*, malgré cette déplorable scission. Mais ce qui ne forme pas un doute, c'est que les ouvrages de Tertullien ont servi de modèle aux écrivains dont je parle, à tel point que l'imitation se rapproche quelquefois d'une reproduction littérale. Cette ressemblance dans le style et dans la méthode suffit pour rattacher au nom du célèbre Africain la série de compositions qui s'ouvre avec l'*Octave* de Minucius Félix.

On a dit de l'ouvrage de Minucius Félix que c'est un dialogue. Le terme n'est peut-être pas bien choisi ; celui d'action judiciaire conviendrait davantage. La scène est calquée sur le modèle d'un tribunal, ce qui n'est pas étonnant de la part d'hommes de loi, comme les interlocuteurs de l'entretien. Un réquisitoire, une défense, un jugement, c'est à quoi se réduit toute la pièce. Cécilius attaque le christianisme, Octave le défend, et Minucius Félix est l'arbitre du combat ; ou plutôt, le juge n'a pas besoin de rendre la sentence, car l'une des deux parties se déclare vaincue par l'autre. Dans le XVIᵉ livre de son poème des *Martyrs*, Chateaubriant a reproduit la même situation, Hiéroclès remplit le rôle de Cécilius, et Eudore celui d'Octave ; comme d'ailleurs il est facile de voir que l'illustre écrivain a transporté dans ses deux harangues plus d'un trait emprunté à Minucius Félix (S. Cypr., 1ʳᵉ leçon.)

3. S. Cyprien (200-258).

S. Cyprien apparaît dans l'histoire avec l'auréole du martyre qui environne d'un pur éclat la physionomie de l'écrivain et de l'orateur. La Providence, qui se plaît à marquer à chaque homme son rôle et sa destinée, n'avait pas départi au disciple de Tertullien cette énergie créatrice ni cette originalité de conception qui distinguent le maître. Esprit peu porté vers les spéculations métaphysiques, le brillant rhéteur de Carthage, converti au christianisme, ne devait pas attacher son nom à l'une de ces luttes dogmatiques où brillera le génie des Basile et des Augustin. Les rêveries transcendantes de la gnose, qui avaient tant exercé la verve satirique de Tertullien et l'esprit sagace d'Irénée, ne paraissent pas avoir attiré son attention ; aussi bien la situation était-elle devenue toute différente. Une autre mission lui était échue, mission ni moins haute ni moins féconde. A lui de faire ressortir l'importance de la discipline, et d'inculquer aux âmes le respect pour la hiérarchie. S. Cyprien est là tout entier, dans ce travail d'organisation qui a été la grande affaire de sa vie. Homme d'action avant tout il a laissé à d'autres le soin d'approfondir le dogme, pour saisir de préférence le christianisme par son côté social et pratique : lettres et traités, tout témoigne chez lui de cette direction d'idées. Défendre le principe et appliquer les règles du gouvernement spirituel, en face du schisme et de l'hérésie, au milieu de la divergence des opinions et du relâchement des mœurs, voilà sa constante préoccupation. Son traité *sur l'unité de l'Église* est une de ces œuvres magistrales qui dominent une époque ; et sa vie en a été le commentaire. Dans un siècle où, par suite de l'action dissolvante des sectes, les liens de la foi et de la charité tendaient à s'affaiblir, il fallait affirmer avec force le principe de l'autorité, tout en tempérant les rigueurs de la discipline par la bonté et la miséricorde. Cyprien n'a point failli à cette tâche : rien n'égale chez lui le sentiment de son droit, si ce n'est la conscience de ses devoirs. C'est par là qu'il a réalisé à un haut degré l'idéal de l'évêque, le type de l'activité pastorale, se déployant avec autant de douceur que de fermeté. Soit qu'il développe *la notion du pouvoir spirituel*, à l'occasion des schismes de Novat et de Félicissime ; soit qu'il règle *les conditions de la pénitence pour ceux qui ont faibli pendant la persécution*, on ne se lasse pas d'admirer cet esprit judicieux et délié, ce sens éminemment pratique, ce mélange d'énergie et de bonté qui le rendaient si apte à gouverner les âmes. Jusque dans la *controverse sur le baptême des hérétiques*, où un excès de rigueur l'a entraîné au delà des limites du vrai, nous retrouvons ce zèle ardent pour l'unité de *l'Église*, pour le maintien de la discipline : et certes, jamais erreur n'a pris sa source dans un sentiment plus élevé, ni trouvé son excuse dans des intentions plus droites. Et maintenant, si l'on rappelle que dans cette belle figure d'évêque, qui apparaît au milieu du troisième siècle, se rencontre à la fois *l'interprète éloquent des Écritures, le défenseur intrépide de la religion chrétienne, le moraliste* vif et insinuant, le *chantre enthousiaste de la virginité et du martyre*, on reconnaîtra avec moi que la tradition catholique ne s'est pas trompée dans le jugement qu'elle a porté sur Cyprien. Admirable conduite de Dieu à l'égard de son Église ! Aux erreurs qui menacent le dogme, la Providence oppose les grands docteurs, dont le génie lumineux dissipe les nuages amassés par l'hérésie ; au milieu des désordres qui mettent en péril l'intégrité de la discipline et l'union des cœurs, elle suscite les grands évêques dont la vigilante fermeté arrête les progrès de la corruption et du schisme. En respectant la mémoire de tels hommes, l'humanité s'honore elle-même ; et quand l'Église les propose à la vénération des fidèles, elle rappelle au monde par d'éclatants exemples que l'élévation de l'esprit et la force du caractère trouvent leur apogée et leur couronnement dans la sainteté (S. Cypr., 20e leçon.)

IV. S. Pantène.

La première année du règne de Commode, dit Eusèbe, Julien avait succédé à Agrippin sur le siège épiscopal d'Alexandrie. Or, dans ce temps-là, continue l'évêque de Césarée, l'école catéchétique de cette ville était dirigée par *Pantène*, homme d'une grande érudition. Un passage de Clément semble indiquer que Pantène était originaire de la Sicile ; car, en parlant du dernier de ses maîtres, de celui qu'il avait trouvé en Egypte, l'auteur des *Stromates* l'appelle dans son langage poétique « l'abeille de la Sicile » ; tout porte à croire, que Clément veut désigner par là Pantène, dont il se dit le disciple dans ses *Hypotyposes*. La capitale de l'Egypte était alors le centre du mouvement scientifique ; on s'y rendait de toutes les parties du monde. Pantène avait appartenu à la secte des stoïciens avant sa conversion au christianisme. Depuis quelque temps déjà, l'Eglise recrutait ses plus vaillants défenseurs parmi les adeptes de la philosophie ancienne ; et la morale du Portique en particulier pouvait être envisagée à certains égards comme une préparation à l'Evangile. Pantène était du nombre de ces hommes qui, une fois affranchis de l'erreur, portent dans la défense et dans la propagation de la vérité la même ardeur qu'ils avaient mise à la chercher. Le néophyte devint apôtre, et son zèle, soutenu par une conviction profonde, l'entraîna jusqu'aux confins de l'Inde, dans ces contrées de l'extrême Orient où saint Barthélemy avait répandu naguère la semence de la foi. Nous ne connaissons qu'un détail touchant cette prédication lointaine ; mais il a son importance. D'après une tradition recueillie par Eusèbe et par saint Jérôme, Pantène trouva dans l'Inde, c'est-à-dire dans l'Arabie orientale selon toute apparence, un Évangile de saint Mathieu écrit en hébreu, que saint Barthélemy, l'un des douze apôtres, y avait porté, et qui était resté entre les mains des chrétiens de ce pays. Or, la première conséquence à tirer de ce fait, c'est que l'authenticité de l'Évangile selon Mathieu y trouve une confirmation non équivoque. Il en résulte de plus que si cet Évangile n'a pas été composé primitivement en hébreu, on n'avait point dû tarder à le traduire dans cette langue. Ce sont là des données précieuses pour l'histoire de l'exégèse biblique. Au retour de sa mission dans l'Arabie orientale, nous trouvons Pantène à la tête du *Didascalée* d'Alexandrie ; car c'est par ce nouveau genre de travaux, dit Eusèbe, qu'il termina sa carrière, « exposant les trésors des dogmes divins tant de vive voix que par écrit. »

Il est à regretter qu'aucun ouvrage de Pantène ne soit parvenu jusqu'à nous ; car la perte de ces productions ne nous permet plus guère d'apprécier son enseignement. Toutefois, il nous reste quelques vestiges à l'aide desquels il devient possible de retrouver la voie que suivait le premier chef du Didascalée. Après avoir vanté l'érudition biblique de Pantène, saint Jérôme ajoute que le maître de Clément avait composé un grand nombre de commentaires sur les divines Écritures. Nul doute, en effet, que l'explication des livres saints n'ait formé la base de l'enseignement théologique dans l'école d'Alexandrie. Voilà pourquoi les anciens appelaient cette institution « le Didascalée des saintes lettres » On y discutait tout d'abord l'origine des écrits de l'Ancien et du Nouveau Testament. Ainsi, par exemple, l'Épître aux Hébreux y avait fourni matière à des recherches sérieuses. Nous voyons par un passage de Clément que Pantène s'était demandé pourquoi cette lettre ne portait pas en tête comme les autres le nom de saint Paul ; et « le saint prêtre » en donnait cette raison : « Apôtre du Dieu tout-puissant, le Seigneur avait été envoyé aux Hébreux ; de là vient que Paul ne voulut point par modestie s'intituler leur apôtre, comme ayant sa mission à remplir auprès des Gentils. En cela il agit par respect pour le Seigneur, montrant de plus qu'il n'écrivait aux Hébreux que par surcroît, lui le héraut et l'apôtre des nations. » Cette remarque, pleine de délicatesse, a été reproduite par saint Jérôme dans son commentaire sur l'Épître aux Hébreux. Quant au mode d'interprétation suivi à l'égard des livres saints, il n'est pas étonnant que Pantène ait donné une grande place à l'*allégorie*, comme toute l'école d'Alexandrie. Anastase le sinaïte le range parmi les exégètes qui ont appliqué au Christ et à l'Église les premiers chapitres de la Genèse, en particulier la description du paradis terrestre. Toutefois, l'allégorie ne lui faisait pas perdre de vue le sens littéral : on peut on juger par une excellente règle qu'il traçait au sujet des livres prophétiques : « Les paroles des prophètes, disait-il, doivent s'entendre le plus souvent d'un temps indéterminé : le présent y est pris tour à tour pour le passé et pour le futur. » Ces courts fragments nous autorisent à croire que Pantène portait dans l'exégèse biblique un esprit large et pénétrant.

Mais, s'il est vrai de dire que les catéchèses du Didascalée avaient pour principal objet l'explication littérale et allégorique des livres saints, les sciences profanes n'y entraient pas moins pour leur juste part. C'est précisément l'alliance des lettres humaines avec la théologie qui donne à l'école d'Alexandrie son véritable caractère. Saint Jérôme nous apprend que Pantène n'était pas moins versé dans la littérature du siècle que dans la connaissance des choses divines. Et quand Origène voudra se justifier de son ardeur à s'instruire dans la discipline des Grecs, il invoquera l'exemple de Pantène qui, par des études de ce genre, avait pu se rendre utile à tant d'âmes. Il est évident que la philosophie devait occuper le premier rang parmi ces sciences auxiliaires de la théologie : le stoïcien converti à l'Evangile ne pouvait manquer de mettre au service de la foi les lumières acquises dans les écoles de la sagesse humaine. Un exemple suffira pour montrer avec quelle sagacité Pantène scrutait les problèmes les plus difficiles de l'ontologie. En voulant déterminer de quelle manière Dieu connaît les créatures, il écartait avec soin de l'intelligence infinie toute représentation empruntée à l'ordre humain. Dieu, disait-il, qui est infiniment élevé au-dessus de toutes choses, Dieu ne tire pas des êtres créés la connaissance qu'il en a ; mais il les voit dans l'acte même par lequel il les appelle à l'existence. Cette échappée de vue sur le monde divin dénote un esprit spéculatif. Assurément voilà des données fort incomplètes ; et, comme nous le disions tout à l'heure, il serait difficile d'en faire la base d'un jugement bien motivé. Mais il nous reste un moyen de suppléer à cette insuffisance de documents. Car les hommes qui ont exercé autour d'eux une véritable influence se survivent ailleurs encore que dans leurs écrits. Pantène a eu la gloire de former un disciple plus grand que lui ; et c'est dans les œuvres de ce disciple que nous pourrons retrouver jusqu'à un certain point l'esprit et la physionomie du maître (Cl. d'A., 3ᵉ leçon.)

V. Clément d'Alexandrie (160-217.)

Les œuvres de cet écrivain si fécond et si original embrassent toute la science chrétienne, suivant une gradation ascendante et parfaitement logique. Cette hardiesse et cette largeur de vues suffiraient à elles seules pour assurer au disciple de saint Pantène un rang élevé dans l'histoire de la théologie et de l'éloquence sacrée. C'est chez lui que nous trouvons pour la première fois un plan systématique dans l'exposition des différentes parties de la doctrine. L'*Exhortation aux Grecs*, le *Pédagogue* et les *Stromates* forment une trilogie complète dont les membres se suivent et s'enchaînent dans une progression croissante. Critique des religions polythéistes, passage du paganisme à la foi, couronnement de la foi par la science, voilà pour l'ordre dogmatique ou intellectuel. Renoncement aux désordres de la vie païenne, purification de l'âme par la discipline évangélique, marche continue vers la perfection de la sainteté, voilà pour l'ordre moral ou pratique. L'homme qui essayait de construire l'édifice de la science religieuse sur de telles bases était sans nul doute un esprit supérieur : il traçait d'une main ferme les premiers linéaments de ces sommes théologiques où le travail des siècles allait résumer plus tard tout l'ensemble des connaissances divines et humaines.

Pour mener à bonne fin une pareille entreprise, il fallait joindre à une vaste érudition un coup d'œil pénétrant et sûr. Or Clément d'Alexandrie était versé dans l'étude des religions, des philosophies et des littératures anciennes. On peut répéter hardiment après saint Jérôme qu'à cet égard il n'a pas trouvé son supérieur parmi les Pères de l'Église. Des citations empruntées à près de six cents écrivains de l'antiquité profane montrent assez combien cet infatigable esprit s'était rendu familier avec les productions littéraires du monde païen. Pour être juste, nous devons ajouter que la critique n'égale pas l'érudition chez le chef du Didascalée. Il ne se tient pas suffisamment en garde contre des pièces apocryphes dont le contenu aurait dû lui inspirer une juste défiance. Sous ce rapport, l'école juive d'Alexandrie a exercé sur lui, comme sur saint Justin, une influence fâcheuse. C'est à Aristobule, à Philon et aux autres représentants de cette école, qu'il emprunte tant de fragments composés par des juifs hellénistes et attribués à des poètes ou à des historiens qui n'en sont pas les vrais auteurs. C'est sur le témoignage d'Aristobule et des faussaires alexandrins qu'il admet cette singulière thèse d'après laquelle tous les personnages les plus célèbres de l'antiquité païenne auraient puisé à pleines mains dans les livres de Moïse. C'est encore

Philon qu'il prend pour guide ou qu'il imite, lorsqu'il pousse à l'extrême la méthode de l'interprétation allégorique appliquée aux livres de l'Ancien Testament. On ne saurait le nier : ces erreurs de critique, jointes à l'abus du symbolisme, déparent trop souvent ses ouvrages, et forment la matière des plus graves reproches qu'on puisse lui adresser.

Je ne parlerai du mérite de Clément comme écrivain que pour rappeler en même temps les défauts qui viennent se mêler aux brillantes qualités de son style. Certes, on ne peut qu'admirer cette haute poésie de langage qui prête une couleur si vive à l'exhortation morale, et répand tant de charme sur les questions les plus abstraites de la métaphysique. Il est peu d'écrivains qui aient possédé au même degré l'art de donner du relief à l'idée, de présenter la doctrine sous une forme imagée et pittoresque. Quelle hardiesse et quelle originalité dans cette diction que le souffle de l'inspiration élève parfois jusqu'aux splendeurs de l'ode ou du chant sacré! Pourquoi faut-il qu'on soit obligé de regretter trop souvent l'absence d'ordre et de clarté dans ces pages qui portent l'empreinte d'un esprit si vigoureux? Plusieurs causes ont contribué à engendrer ces deux défauts qui se montrent surtout dans les *Stromates* : un goût trop prononcé pour le langage métaphorique, l'habitude d'approprier au dogme chrétien une terminologie toute païenne, et une certaine affectation à ne vouloir être compris sur divers points que d'un petit nombre. Il en résulte que, si l'œuvre de Clément révèle dans sa totalité un plan régulier et bien suivi, elle est loin d'offrir la même symétrie quant à l'exécution des détails.

Mais ce qui domine dans cette large synthèse, ce qui lui donne son importance et son vrai caractère, c'est l'application de l'esprit philosophique à la doctrine. En imprimant cette forme particulière à son enseignement, le maître d'Origène a exercé une influence décisive sur les destinées de l'école d'Alexandrie, et par suite, sur le développement de la théologie en Orient. Avant lui, aucun défenseur de l'Eglise n'avait étudié avec autant de soin la question des rapports de la foi avec la raison, de l'ordre surnaturel avec l'ordre naturel. Sur quelle base solide il établit l'échelle des sciences, pour faire aboutir les arts libéraux à la philosophie, et la philosophie elle-même à la théologie, suivant les lois essentielles de l'esprit humain et l'enchaînement logique des vérités ! Même travail pour l'ordre moral, où il classe les vertus d'après l'excellence de leur objet et de leur motif, partant ainsi de la crainte et de l'espérance pour s'élever jusqu'au pur amour ou à la charité parfaite. Cette haute et belle conception sera l'éternel honneur de Clément d'Alexandrie. Le chef du Didascalée a tracé le programme de la science chrétienne, depuis la philosophie de l'histoire jusqu'à la théologie mystique : ébauche inachevée, rudimentaire, j'en conviens, mais ferme et hardie dans ses grandes lignes. Qu'il ait hasardé des locutions peu précises sur quelques points de la doctrine, qu'il ait rapporté de ses longues excursions à travers l'antiquité païenne certaines vues inexactes ; qu'il ne se soit pas suffisamment dépouillé d'opinions formées ou d'habitudes acquises dans les écoles de la Grèce, et qu'enfin dans son tableau du vrai savant et du parfait chrétien, il ait trop perdu de vue les conditions de la vie terrestre jusqu'à paraître mêler quelques traits imaginaires à l'idéal de la science ou de la sainteté, on ne saurait le nier. Mais lorsqu'on tient compte de l'époque où écrivait Clément, du rôle d'initiateur qu'il a rempli dans la science théologique, ces taches légères disparaissent derrière l'éclat qui environne son nom. Et maintenant, s'il fallait chercher, en dehors de ses œuvres, un dernier titre de gloire pour l'auteur des *Stromates*, nous le trouverions sans peine dans les résultats immédiats de son enseignement. Ce qui ajoute au mérite d'un chef d'école, c'est l'action durable qu'il a su exercer autour de lui, et la science des disciples qui prolongent son œuvre. Clément d'Alexandrie a eu cette bonne fortune. C'est sous sa conduite et par ses leçons que s'est formé le penseur le plus original et le plus étonnant des premiers siècles de l'Eglise ; et pour résumer d'un mot la carrière oratoire et scientifique de l'homme dont nous venons d'étudier les écrits, il suffira de dire que, malgré tout son génie, son savoir et son éloquence, Origène n'a pu faire oublier son maître. (Cl. d'A. 19ᵉ leçon.)

VI. Origène (185-254).

1. Premières années d'Origène. — Son éducation. — Origène naquit de parents chrétiens, en Égypte, vers l'année 185 après Jésus-Christ. Son père, Léonidès, probablement un rhéteur d'Alexandrie, l'instruisit dès le bas âge dans les sciences élémentaires qui formaient alors la base d'une éducation libérale ; mais, en le faisant passer par tous les exercices de la discipline grecque, il s'appliquait avec un soin particulier à l'initier à la connaissance des divines lettres. Chaque jour l'enfant était obligé d'apprendre par cœur et de réciter quelque passage de l'Ecriture sainte. Son esprit vif et curieux se plaisait singulièrement à ce genre d'étude. Non content du sens propre et obvie que présente la lettre du texte sacré, il en cherchait de plus profonds, trahissant ainsi dès l'origine son penchant à scruter les vérités de la foi. Il accablait son père de questions, lui demandant pour chaque endroit un peu difficile des explications qui ne laissaient pas quelquefois d'embarrasser le précepteur. En apparence et devant l'enfant, Léonidès tâchait de modérer cette ardeur intempestive ; il exhortait l'impatient élève à s'en tenir au sens littéral de l'Écriture, sans vouloir résoudre des problèmes qui n'étaient pas de son âge ; mais au fond et en lui-même, l'heureux père se réjouissait de voir une intelligence si précoce, et il remerciait Dieu de lui avoir donné un tel fils. Souvent même, dit Eusèbe, pendant que l'enfant dormait, le pieux chrétien s'approchait de lui doucement, et, lui découvrant la poitrine, il la baisait avec respect, comme un sanctuaire où résidait l'Esprit saint : tant la piété naissante d'Origène ravissait d'admiration ses parents, en même temps que ses rapides progrès dans la science faisaient leur orgueil et leur joie.

Ce tableau si touchant d'une éducation chrétienne au deuxième siècle nous montre à quel point l'Évangile avait transformé la vie de famille.

2. Origène, disciple de Clément d'Alexandrie, au Didascalée. — Léonidès ne négligeait rien pour cultiver l'esprit et le cœur de son fils. Afin de mieux réussir à développer de si heureuses dispositions, il résolut d'appeler à son aide le zèle et les lumières d'autrui. Il y a, trois grands foyers où l'homme doit puiser les éléments de sa vie spirituelle : *la famille, l'Église* et *l'école*. Préparé à ses destinées terrestres par *la famille*, à ses fins surnaturelles et divines par *l'Église*, il cherche dans *l'école* le moyen d'atteindre plus sûrement les unes et les autres. C'est dire assez que ce troisième enseignement, pour remplir sa vraie fonction, ne saurait être que la continuation et le développement des deux premiers. En d'autres termes, il faut que l'enfant retrouve dans l'école, sous une forme et avec des applications différentes, les leçons paternelles et la doctrine catholique. Quand ces trois influences se combattent au lieu de s'entr'aider, le désordre se met dans les intelligences, réduites à flotter d'une opinion à l'autre, sans être en état de démêler le vrai d'avec le faux. Il ne peut résulter de cet antagonisme funeste qu'une absence totale de principes, un doute qui paralyse les forces de l'esprit. Heureux les temps et les pays où ces trois forces se rencontrent et s'allient dans l'œuvre collective de l'éducation ; où la famille, l'Église et l'école travaillent de concert à former, par les moyens propres à chacune, *l'homme, le chrétien,* et *le citoyen !* Autant que le permettaient les difficultés de sa situation au milieu d'un monde hostile, le christianisme avait réalisé à Alexandrie cette harmonie si désirable. Le *Didascalée* était là, offrant aux jeunes chrétiens un enseignement qui embrassait à la fois les lettres humaines et la science sacrée. Origène se plongea dans ces études avec d'autant plus d'ardeur que l'école était dirigée par un maître dont la vaste érudition s'embellissait du charme de l'éloquence. L'influence de Clément sur son nouveau disciple devint prépondérante, il suffit de rapprocher les ouvrages de l'un et de l'autre pour constater une action si décisive.

3. **Martyre du père d'Origène.** — La persécution de Septime Sévère venait d'éclater. Lætus était alors gouverneur de l'Égypte. Pour exécuter l'édit impérial dans toute sa rigueur, il ne se contentait pas de sévir contre les fidèles d'Alexandrie ; mais il envoyait des émissaires sur divers points de l'Égypte et de la Thébaïde, avec ordre d'arrêter les principaux d'entre les chrétiens, et de les conduire dans la capitale. Là, on n'épargnait aucune torture à ces généreux confesseurs de la foi, et la peine capitale venait d'ordinaire couronner leurs souffrances. A la vue d'un tel courage, le jeune Origène se sentit enflammé du désir de l'imiter. N'écoutant que l'ardeur de son zèle, il s'exposait à toute sorte de périls pour trouver une occasion de professer

hautement sa croyance. Peu s'en fallut qu'il n'allât s'offrir de lui-même aux persécuteurs ; mais les larmes et les supplications de sa mère parvinrent à l'arrêter. Sur ces entrefaites, le chef de la famille avait été signalé au gouverneur et jeté dans les fers. Alors l'enfant ne se contint plus : il demandait avec instance qu'on lui permît de partager le sort de son père. La pieuse mère lui représentait en vain que Dieu n'exigeait pas de lui un tel sacrifice ; qu'il devait se conserver pour elle et pour ses frères moins âgés que lui ; enfin, se voyant à bout de prières, elle se vit obligée de lui cacher ses vêtements, pour l'empêcher de sortir. Le jeune homme se résigna ; mais voulant du moins faire tout ce qui était en son pouvoir, il écrivit une lettre à son père pour l'exhorter au martyre. Dans la crainte que la pensée de laisser après lui sept orphelins sans ressources ne pût ébranler la constance de Léonidès, il disait entre autres choses : « Prenez garde, mon père, et n'allez pas, à cause de nous, changer de résolution. » Trait sublime de générosité et de délicatesse ! Voilà bien l'homme qui plus tard écrira de si belles pages sur les mérites et les gloires du martyre.

4. Origène après la mort de son père. — On l'a dit souvent : il n'est pas pour l'homme de meilleure école que celle de l'adversité. Origène connut de bonne heure ces épreuves de la vie qui servent si puissamment à exciter l'intelligence et à fortifier la volonté. Par un raffinement de barbarie, le despotisme impérial ne se contentait pas de frapper les martyrs ; il les poursuivait jusque dans leurs familles par la confiscation de leurs biens. Lors donc que Léonidès eut eu la tête tranchée pour récompense de sa fidélité au Christ et à l'Évangile, sa veuve et ses enfants se virent réduits à la dernière indigence. Le jeune Origène se trouva seul avec sa mère et ses six frères encore en bas âge, sans abri ni ressources. Mais Dieu vint en aide à la famille du martyr : une dame très riche d'Alexandrie la recueillit dans sa maison, et cette généreuse hospitalité la sauva du besoin. Ici vient se placer un épisode que nous ne saurions passer sous silence, parce qu'il jette un nouveau jour sur le caractère et les dispositions d'Origène. Or j'aime à recueillir ces premiers traits de sa jeunesse comme autant de lueurs qui s'échappent du passé pour éclairer l'avenir.

La riche matrone qui avait recueilli Origène dans sa maison appartenait sans doute à la religion catholique, puisqu'elle témoignait tant de sympathie à la famille d'un martyr ; mais, comme il arrive trop souvent, elle ne joignait pas aux inspirations d'un cœur charitable les lumières d'une foi bien éclairée. Ainsi, tout en donnant asile à la veuve et aux enfants de Léonidès, elle ne laissait pas de garder auprès d'elle un certain Paul, originaire d'Antioche, qu'elle traitait comme son fils adoptif, et qui était l'un des plus ardents soutiens de l'hérésie dans la capitale de l'Égypte. Cet homme avait la parole facile et entraînante : c'en était assez pour attirer journellement autour de lui quantité d'hérétiques et même un certain nombre d'auditeurs professant la foi orthodoxe. Dans cette circonstance délicate, Origène, alors âgé de dix-sept ans, montra combien il avait profité des leçons paternelles et de l'enseignement du Didascalée. Obligé de se rencontrer avec Paul par les nécessités de sa position, il ne se refusait à aucune des relations de la vie civile ; mais rien ne put déterminer le jeune homme à communiquer avec le gnostique dans la prière, ni à prendre part aux réunions que tenait ce dernier. Les canons de l'Église étaient sa ligne de conduite ; et, comme il le dit quelque part, il avait en horreur les doctrines des sectaires.

5. Il professe la grammaire à Alexandrie — Après avoir profité pendant quelques semaines de l'hospitalité qui lui avait été offerte à la mort de son père, le fils de Léonidès se crut en état de pouvoir se suffire à lui-même. On conçoit du reste que son séjour dans une maison devenue l'un des foyers de l'hérésie ne dut pas lui être fort agréable. Grâce à l'instruction qu'il avait reçue de son père, et au soin avec lequel il s'était appliqué à l'étude des lettres humaines, il trouva dans son travail le moyen de se passer d'une assistance étrangère. Il se mit donc, continue Eusèbe, à professer la grammaire, ce qui lui fournit abondamment de quoi s'entretenir suivant les besoins de son âge. Sous le nom de grammaire, on comprenait alors, outre l'étude des éléments de la langue, celle des chefs-d'œuvre de l'antiquité, ou la littérature. Alexandrie était le siège principal de ce genre d'érudition, et peu de temps avant Origène, des grammairiens fort instruits y avaient enseigné avec succès. Il suffit de citer Apollonius Dyscole, dont le traité *de la Syntaxe* est arrivé jusqu'à nous; Hérodien, que nous connaissons par son opuscule sur les *monosyllabes* et par quelques fragments de sa *Prosodie universelle*, de ses *Recherches sur les verbes indéclinables*, etc.; Héphaestion, dont le *Manuel de métrique* est encore très estimé. On peut juger par ces divers écrits de l'état des sciences philologiques dans la capitale de l'Égypte, à l'époque où Origène y professait la grammaire. Eu égard à son âge peu avancé, il serait assez naturel de penser que sa tâche se bornait à enseigner les rudiments de la langue grecque. Mais, d'après le témoignage d'Eusèbe, il renonça plus tard à cette profession de grammairien, la regardant comme « contraire aux sciences sacrées »; ce qui ne peut s'entendre d'une simple explication des règles du langage, auxquelles la foi n'est point intéressée. Il faut donc admettre qu'en débutant à Alexandrie par l'enseignement de la grammaire, Origène interprétait dans ses leçons les chefs-d'œuvre de la littérature païenne. Bien que s'appliquant à un objet tout profane, ce métier de scoliaste ou de commentateur ne dut pas lui être inutile pour les travaux philologiques qu'il allait entreprendre dans la suite sur un autre terrain, celui de l'Écriture sainte.

Ce n'est pas toutefois parmi les grammairiens d'Alexandrie qu'Origène était appelé à marquer sa place. La Providence lui réservait un rôle plus élevé. Au milieu du désordre que la persécution de Septime Sévère jetait dans la métropole de l'Égypte, le Didascalée s'était vu privé de son chef. Désigné à la fureur des païens par la célébrité de son nom, Clément avait pris le chemin de la Palestine et de la Syrie, où son éloquente parole allait fortifier les chrétiens de Jérusalem et d'Antioche. La chaire des catéchèses restait donc vacante, et il devenait urgent de la remplir; car, chose merveilleuse, la persécution, loin de ralentir le mouvement qui portait les païens vers l'Évangile, ne faisait que l'accélérer. A défaut du maître, parti pour l'exil, on accourait de toutes parts vers Origène qui, au milieu de ses arides leçons de grammaire, laissait échapper sans doute quelques étincelles du feu sacré dont l'Esprit de Dieu embrasait son cœur. Voyant la haute estime qu'on professait pour le jeune homme malgré ses dix-huit ans, Démétrius, évêque d'Alexandrie, n'hésita pas à lui confier la direction de l'école des catéchumènes. (Origène, 2ᵉ leçon.)

6. Origène catéchiste au Didascalée. — En l'année 203, par suite du départ de Clément, Démétrius, évêque d'Alexandrie, avait confié à Origène la direction du Didascalée. Le temps n'était guère favorable aux études. En succédant à Lætus dans le gouvernement de l'Égypte, Aquila n'avait fait que continuer le système de persécution adopté par son prédécesseur.

Dans une pareille situation, il s'agissait moins de former des savants que de préparer des confesseurs de la foi. Le fils du martyr Léonidès comprit bien vite toute l'étendue de sa tâche. Non content d'instruire les catéchumènes dans la doctrine catholique, il leur inspirait le courage de la professer au péril de leur vie. Grâce à l'ardeur que le maître savait communiquer aux disciples, le Didascalée devint une véritable école de martyrs. Parmi les auditeurs d'Origène, qui puisèrent dans ses leçons la force de surmonter les tourments, Eusèbe cite Plutarque, Héraclide, Héron, les deux Sérénus, Basilide, et une jeune fille nommée Héraïs. Mais le zélé catéchiste ne se bornait pas exercer au combat ces généreux athlètes ; il profitait des loisirs que lui laissait son enseignement pour joindre l'action à la parole. Il visitait les martyrs dans leurs prisons et les accompagnait devant le tribunal des persécuteurs. La sentence une fois rendue, il les suivait jusqu'au lieu du supplice, approchant d'eux sans crainte et leur donnant le baiser de paix, au risque de se faire lapider par la foule des assistants. Mais il échappait toujours comme par miracle. Un jour les païens, irrités du grand nombre de conversions qu'il opérait dans leurs rangs, entourèrent de soldats la maison où il demeurait. Malgré ces précautions, Origène parvint à s'évader, on ne sait par quel moyen. A partir de ce jour, il se vit obligé d'errer d'un lieu à l'autre, changeant de demeure à chaque instant, pour tromper la vigilance de ses ennemis. Bientôt, la ville d'Alexandrie ne suffit plus à le cacher. Découvert dans sa retraite, il fut arrêté et conduit sur les degrés du temple de Sérapis. Là, les infidèles lui rasèrent la tête comme à un prêtre des idoles, et, lui mettant à la main des branches de palmier, ils lui enjoignirent de les distribuer aux sacrificateurs. Origène les prit, et, élevant la voix, il dit aux prêtres qui montaient les degrés du temple : « Venez, recevez ces palmes, non comme celles d'un temple consacré aux idoles, mais comme celles de Jésus-Christ. » On conçoit à peine qu'une telle audace ne lui ait pas coûté la vie ; mais il n'est pas rare qu'un acte de courage éclatant impose le respect à une multitude irritée. Peut-être aussi ses leçons de grammaire et de littérature lui avaient-elles valu dès lors, parmi les païens eux-mêmes, quelque sympathie secrète qui, à défaut d'autres motifs restés inconnus, expliquerait pourquoi l'on ne se porta pas contre lui aux dernières extrémités.

Quoi qu'il en soit, la conduite d'Origène pendant la persécution de Sévère et sa générosité envers les confesseurs de la foi rendirent son nom célèbre parmi les fidèles d'Alexandrie et de toute l'Égypte. Désormais, l'estime générale lui était acquise, et sa renommée allait grandir avec son influence. Lorsque des temps plus calmes permirent aux chrétiens de respirer, il n'eut pas de peine à réorganiser l'enseignement du Didascalée, qui n'avait pu que souffrir d'une si rude épreuve.

La grammaire, la rhétorique et la dialectique d'une part ; les sciences naturelles et exactes, de l'autre ; tel fut le cercle d'études préparatoires qu'Origène fit parcourir à ses élèves avant de les initier à la philosophie, couronnement des arts libéraux. Puis il leur exposait tous les systèmes professés dans les différentes écoles de la Grèce : sa méthode était éclectique et n'excluait absolument que les productions de l'athéisme. Peut-être cette fréquentation trop assidue des écrivains du paganisme n'a-t-elle pas peu contribué aux erreurs auxquelles il s'est laissé entraîner dans la suite (Orig. 3e et 4e leçons).

De la philosophie spéculative, Origène passait à la morale ou science du devoir, puis au dogme, principe et base de la morale : c'était donc à la théologie que se terminait le cercle des exercices du Didascalée.

« On connaît l'arbre à ses fruits », dit le Sauveur dans

l'Évangile. En d'autres termes, l'on juge des doctrines par leurs résultats ; et ce qui ajoute le plus d'autorité à la parole d'un maître, c'est la conformité de ses actes avec ses discours. Voilà pourquoi les leçons d'Origène faisaient une si vive impression sur l'esprit de ses disciples : il était le premier à mettre en pratique les préceptes de morale qu'il donnait aux autres. J'avais connu auparavant plus d'un philosophe, disait Grégoire le Thaumaturge un de ses plus pieux disciples : ces hommes dissertaient à merveille sur le devoir ; on éprouvait un grand charme à les entendre ; mais, malgré toutes leurs belles maximes, ils ne parvenaient pas à me persuader. J'avais remarqué, mal à propos sans doute, que leur philosophie s'arrêtait aux mots, et que leur conduite ne s'accordait guère avec leur enseignement. Celui-là, au contraire, ne se bornait pas à nous apprendre en quoi consistent la tempérance, la justice et la force : science stérile, en effet, si les bonnes mœurs ne viennent s'y ajouter. Il nous offrait dans sa personne un exemple vivant de ces vertus, et par là il nous portait à les pratiquer nous-mêmes. On aurait tort, de voir dans le langage de Grégoire une vaine flatterie ou une appréciation trop bienveillante : tous les contemporains d'Origène ont rendu hommage à sa haute vertu. Cet éloge ne peut que sembler fort discret quand on lit dans Eusèbe le tableau de la vie austère que le jeune catéchiste menait à Alexandrie :

« Pour n'être à charge à personne, Origène avait vendu ses livres de littérature ancienne ; et, en retour de ces manuscrits travaillés avec soin, l'acheteur lui donnait quatre oboles par jour. Avec ce peu de ressources il mena plusieurs années la vie d'un vrai philosophe, se refusant jusqu'aux moindres des plaisirs que la jeunesse recherche d'ordinaire. Après avoir passé tout le jour dans des exercices laborieux, il employait la plus grande partie de la nuit à étudier les divines

Écritures. Son régime était des plus sévères. Il jeûnait fréquemment, mesurait son repos à la stricte nécessité ; et, au lieu de coucher dans un lit, il dormait sur la terre nue. Avant tout, il croyait devoir se conformer aux paroles du Sauveur qui recommande dans l'Évangile de ne pas avoir deux tuniques, de ne pas user de chaussures, et de ne pas montrer trop d'inquiétude pour le lendemain. Avec un zèle dont la persévérance était au-dessus de son âge, il bravait les rigueurs de l'hiver, se privait de vêtements, et s'efforçait d'atteindre le sommet de la pauvreté évangélique, jusqu'à frapper d'admiration tous ceux qui l'approchaient. A la vue des fatigues qu'il supportait dans le ministère de la parole sainte, beaucoup de ses amis souffraient de son dénûment : ils eussent aimé partager leurs biens avec lui, mais il ne voulut jamais consentir à se relâcher d'un régime de vie si sévère. Pendant plusieurs années, dit-on, il marcha sans chaussure, les pieds entièrement nus. Il ne buvait point de vin, et il usait si peu des aliments nécessaires à la vie, qu'il faillit se ruiner l'estomac par cet excès d'abstinence. En donnant ainsi l'exemple d'une vie vraiment philosophique, il porta beaucoup de ses disciples à l'imiter. Parmi les infidèles eux-mêmes, bon nombre de savants et de philosophes venaient l'entendre et se placer sous sa direction. » (Orig. 5ᵉ leçon.)

7. **Voyage à Rome.** — Sous le pontificat de saint Zéphirin, vers l'an 215, Origène fit un voyage à Rome poussé par le désir de voir l'Église romaine, la plus ancienne de toutes. C'est à ce voyage que nous devons le premier des écrits du grand apologiste : le *Commentaire sur St Jean*, dirigé contre les adversaires de la Sainte Trinité qui faisaient alors grand bruit autour de la chaire de Saint Pierre. Les paroles du catéchiste alexandrin, non moins que son ardent désir de voir l'Église de

Rome, montrent qu'il reconnaissait en elle, avec tous les auteurs chrétiens des trois premiers siècles, *l'Eglise qui préside à toute l'assemblée de la charité*, comme le disait saint Ignace d'Antioche, *l'Eglise avec laquelle toutes les autres doivent s'accorder dans la foi à cause de sa souveraine principauté*, comme disait saint Irénée, *l'Eglise enfin dans laquelle Pierre et Paul ont scellé toute la doctrine avec leur sang et dont l'autorité s'étend jusqu'à nous*, comme disait Tertullien.

Quand plus tard l'orthodoxie d'Origène paraîtra suspecte à quelques-uns, c'est avant tout au pape Fabien qu'il écrira pour se justifier, car Pierre est le fondement sur lequel repose l'Eglise du Christ, ainsi qu'il le dira au II⁰ livre de son *Commentaire sur l'Evangile de saint Mathieu*. Nous pouvons donc ajouter son témoignage à celui des principaux écrivains de cette époque primitive qui ont tous proclamé à l'envi la suprématie du Saint-Siège.

La controverse, soulevée au 3⁰ siècle par les hérétiques qui combattaient le dogme de la Sainte-Trinité, fit éclore un grand nombre d'écrits, et entr'autres, le livre des *Philosophumena* ou *Réfutation de toutes les hérésies* qui a été attribué, mais à tort, à Origène. Cet ouvrage est au fond une diatribe contre le pape saint Calliste. Voilà pourquoi les dissidents ont réuni tous leurs efforts pour faire de l'illustre Alexandrin un adversaire de la papauté.

Malgré certaines exagérations, dues aux entraînements de la polémique et sauf les défauts d'une terminologie encore indécise et flottante, la doctrine d'Origène sur la Trinité est conforme à l'orthodoxie (Orig. 6⁰, 7⁰, 8⁰, 9⁰ et 10⁰ leçons, *passim*).

8. **Retour à Alexandrie.** — Origène, avant de partir pour Rome, avait confié la direction du Didascalée à Héraclas, son disciple. On ne pouvait, il est vrai, prendre

de pareils arrangements sans l'autorisation de l'évêque d'Alexandrie ; mais, à l'époque dont nous parlons, il n'existait encore aucune trace de mésintelligence entre Démétrius et le successeur de Clément. Depuis lors, Héraclas ne cessa d'enseigner à côté de son maître, qu'il devait remplacer définitivement seize ans plus tard. Origène, accablé de travail, sentit la nécessité de partager ses auditeurs en deux classes, se réservant à lui-même l'instruction des plus avancés, pour abandonner à Héraclas le soin de former les catéchumènes. De grand matin, on venait à lui pour écouter ses leçons, et ce concours de chrétiens ou d'infidèles ne s'arrêtait qu'avec le jour. A côté de cet enseignement oral, qui semblait devoir absorber tous ses moments, Origène songeait à entreprendre ses travaux sur l'Ecriture sainte ; or une pareille tâche aurait suffi à elle seule pour remplir la vie d'un homme.

Ici, vient se placer un événement qui devait exercer une grande influence sur la carrière du célèbre écrivain. Vers la fin du deuxième siècle et au commencement du troisième, le christianisme avait fait des progrès considérables parmi les familles riches d'Alexandrie. Un mouvement analogue s'était produit, à l'époque de Commode, dans les classes supérieures de la société romaine. Bientôt nous verrons un chef ou gouverneur de l'Arabie recourir aux lumières d'Origène, et la mère d'un empereur romain appeler auprès d'elle le savant catéchiste. Ni le rang ni la fortune n'opposaient plus à la prédication évangélique un obstacle aussi fort que par le passé, surtout depuis la paix inespérée dont jouissait l'Église pendant la première moitié du troisième siècle. D'un autre côté, les préjugés ne pouvaient manquer de s'affaiblir devant les écrits des apologistes et en présence des merveilles de sainteté que la religion chrétienne opérait dans le monde. Malheureusement, les âmes désabusées des superstitions païennes se trompaient quelquefois de route, et au lieu de se diriger tout droit vers la véritable Église, elles allaient se perdre auparavant dans les sentiers de l'hérésie. Tel avait été le sort d'Ambroise qui, par ses connaissances non moins que par ses richesses, marquait parmi les personnages les plus distingués de la ville d'Alexandrie La secte des valentiniens l'avait attiré dans son sein par le faux air de grandeur qu'elle savait prêter à ses théories. Il ne fallut rien moins qu'un commerce assidu avec Origène pour dissiper les illusions du gnostique en le ramenant aux vraies sources de la doctrine. A partir de ce moment, Ambroise devint l'ami fidèle et le protecteur de celui qui l'avait converti. Non content de stimuler par ses paroles l'ardeur de son maître, il lui procura les ressources nécessaires pour mener à bonne fin une entreprise aussi vaste que la révision intégrale du texte des livres saints. Grâce à la sollicitude généreuse de ce nouveau Mécène, Origène eut dès lors à sa disposition sept secrétaires qui se relevaient tour à tour pour écrire sous sa dictée, autant de copistes qui mettaient au net ce qu'avaient recueilli les sténographes ; et de plus, quelques jeunes filles exercées dans l'art de la calligraphie transcrivaient le tout en beaux caractères. Ambroise fournissait largement aux dépenses occasionnées par cette organisation sans laquelle on ne s'expliquerait pas les immenses travaux d'Origène. L'histoire ne saurait décerner assez d'éloges au noble chrétien qui, par sa munificence, a rendu de si grands services à la littérature ecclésiastique. Le docteur alexandrin, de son côté, s'est montré reconnaissant envers son ami, il l'a immortalisé en lui dédiant la plupart de ses ouvrages. (Orig. 11e leçon.)

9. Le Periarchon ou le livre des principes. — Les travaux d'Origène sur l'Écriture sainte ne l'empêchaient pas de remplir avec zèle les fonctions de catéchiste ; ou pour mieux dire, c'était en grande partie, et sous une forme moins élémentaire, la reproduction écrite de son enseignement oral. A l'époque où nous sommes arrivés, il avait déjà commencé sa fameuse édition des livres saints à plusieurs colonnes, entreprise qu'il poursuivit pendant vingt ans, et dont nous parlerons plus tard. On est vraiment surpris de voir combien d'occupations diverses il menait de front ; car ses études étaient sans cesse entrecoupées par les devoirs de la vie pratique. Sa renommée toujours croissante l'obligeait à étendre le cercle de son activité bien au delà de l'Eglise d'Alexandrie. C'est ainsi qu'après son retour de Rome, il avait été appelé en Arabie par le gouverneur de cette province, désireux de s'instruire dans la doctrine auprès d'un maître si distingué. Bien que le succès rapide de sa mission lui permît d'abréger son absence, il dut en résulter néanmoins une interruption de quelques semaines dans ses travaux habituels. Peu d'années après, nous le trouvons à Antioche, où l'avait fait venir Maméa, mère d'Alexandre Sévère, dans le but de mieux connaître la religion chrétienne, vers laquelle cette princesse se sentait attirée. Origène demeura quelque temps dans cette ville ; et d'après le témoignage d'Eusèbe, son voyage produisit d'heureux effets. S'il faut attribuer à l'influence de Maméa les dispositions bienveillantes d'Alexandre Sévère à l'égard du christianisme, nul doute que les leçons du catéchiste alexandrin n'aient puissamment contribué à créer une situation si favorable pour l'Eglise. Dans l'intervalle qui sépare les deux voyages en Arabie et en Syrie, ses plans d'étude avaient été traversés par un événement d'un autre genre. Irrité contre les habitants d'Alexandrie, Caracalla avait ordonné de massacrer les principaux d'entre eux. Origène, ne se croyant plus en sûreté à Alexandrie ni dans le reste de l'Egypte, passa en Palestine et s'établit à Césarée. Un incident, qui se rattache à ce séjour, fut la première occasion de ses démêlés avec Démétrius, son évêque.

Quoique Origène dirigeât depuis plusieurs années l'Ecole d'Alexandrie, il n'en était pas moins resté dans le rang des laïques. Ce fait ne laisse pas que de surprendre lorsqu'on réfléchit à l'austérité de ses mœurs et au ministère qu'il exerçait avec tant de fruit. Faut-il admettre que, dès lors, son talent, ses succès, sa grande réputation avaient excité quelque jalousie parmi les prêtres d'Alexandrie, peut-être même dans l'esprit de l'évêque? L'acharnement avec lequel on le persécuta plus tard n'autorise que trop cette conjecture. Toujours est-il qu'à son arrivée en Palestine, il fut reçu avec la plus grande distinction par les évêques de la contrée. Bien qu'il n'eût pas encore été ordonné prêtre, ils le prièrent d'expliquer l'Ecriture sainte au peuple en pleine église. Démétrius s'en plaignit, dans la pensée que ses collègues voulaient lui donner par là une leçon indirecte. Mais Alexandre, évêque de Jérusalem, et Théoctiste, évêque de Césarée, lui répondirent pour justifier leur conduite.

Démétrius ne se tint pas pour satisfait. Il rappela Origène par lettre, et lui envoya même des diacres d'Alexandrie pour hâter son retour. Docile aux injonctions de son évêque, le chef du Didascalée revint à Alexandrie pour y reprendre ses études et ses occupations ordinaires; mais il est évident que ce fâcheux épisode avait fait naître en eux un premier germe de mésintelligence; et, les amis qu'Origène comptait en Palestine devaient pousser un jour ce relâchement des liens de l'amitié jusqu'à une rupture complète.

Cependant, loin de se décourager par ces indices d'une hostilité naissante, Origène redoubla d'ardeur dans l'exercice de ses fonctions. Parallèlement à ses travaux sur les livres saints, il commença cette série d'écrits dogmatiques dont le *Periarchon* forme le résumé et le couronnement. Origène est le premier qui ait tenté de faire ce qu'on appellerait aujourd'hui une *philosophie des dogmes*, ou une *somme théologique* embrassant les données de la révélation dans un seul et même ouvrage, suivant les lois fondamentales de la pensée et du raisonnement. Tel est le caractère du *Periarchon* : les vérités révélées s'y trouvent réduites en système, de telle façon que chacune d'elles se relie à la précédente, comme la conséquence au principe ou réciproquement. C'est par là que ce livre a fait époque dans l'histoire de l'éloquence chrétienne : malgré ses défauts, il y occupe, relativement aux idées, la même place que la *Cité de Dieu* de saint Augustin par rapport aux faits. D'un côté, c'est une philosophie de l'histoire au point de vue chrétien; de l'autre, une philosophie des dogmes éclaircis par le travail de la réflexion. Malheureusement, le docteur alexandrin n'a pas déployé au milieu de ses spéculations l'esprit de sagesse et la sûreté de coup d'œil que l'évêque d'Hippone devait porter dans l'analyse du plan divin (Orig., 15ᵉ leçon).

10. **Origène ordonné prêtre à Césarée. Ses démêlés avec l'évêque Démétrius.** — C'était en l'année 228. Des sectes nombreuses agitaient les Eglises de l'Achaïe. Pour réduire les hérétiques au silence, on ne crut pas pouvoir mieux faire que de s'adresser à un homme réputé le plus savant théologien de l'Orient. Origène partit donc pour Athènes, peut-être à la prière d'Ambroise, son ami qui séjournait dans cette ville. En quittant Alexandrie, il emportait avec lui une *lettre testimoniale* de l'évêque Démétrius. Chemin faisant, il voulut revoir ses amis de Palestine, et, dans ce but, il s'arrêta quelque temps à Césarée. Là s'accomplit l'acte qui allait devenir pour lui-même une source de persécutions et causer tant de troubles dans l'Eglise d'Orient. Ne pouvant se faire à l'idée qu'un docteur dont

la vertu égalait la science dût rester indéfiniment au nombre des laïques, Théoctiste, évêque de Césarée, et Alexandre, évêque de Jérusalem, lui conférèrent le sacerdoce par l'imposition des mains. Nous verrons tout à l'heure ce qu'il faut penser de cet acte et quelles en furent les conséquences pour le prêtre nouvellement ordonné. Sans perdre de vue l'objet principal de son voyage, Origène prit congé de ses amis pour se diriger vers la Grèce. Il y resta plus d'un an, conversant avec les philosophes, réfutant les hérétiques, et ne négligeant rien pour rendre son séjour aussi fructueux que possible. Comme il travaillait depuis longtemps à sa grande édition des Livres saints, il fut bien aise de trouver à Nicopolis, près d'Actium, une version grecque, qu'il transporta plus tard dans ses *Hexaples.* C'est aussi pendant ce séjour à Athènes qu'il convient de placer l'aventure dont il parle dans une lettre adressée à ses amis d'Alexandrie. Un hérésiarque, avec lequel il avait discuté en public, s'était permis d'altérer le procès-verbal de la conférence et de mettre sur le compte de son adversaire tout ce qu'il lui semblait bon. Une copie de ce factum arriva jusqu'aux chrétiens de la Palestine, qui se hâtèrent de députer un des leurs vers Origène pour lui demander un exemplaire authentique, qu'il eut soin de leur envoyer. Quant au sectaire, interpellé sur une licence aussi coupable, il se contenta de répondre : « J'ai voulu orner davantage la discussion et l'expurger.» « — Jugez d'après cela, conclut Origène, ce qu'elle était devenue grâce à cette expurgation.» Les détails nous manquent sur le résultat de son voyage en Achaïe. Il est permis de conjecturer que le zélé controversiste rentra en Egypte par l'Asie Mineure et par la Syrie, poursuivant ainsi de ville en ville sa campagne contre les hérétiques ; car il n'est aucune autre époque de sa vie à laquelle on puisse rapporter avec plus de vraisemblance un fait tout pareil au précédent, et qui lui était arrivé à Ephèse. Là, un hérétique qui n'avait pas osé ouvrir la bouche devant lui se mit en tête de fabriquer une pièce, dans laquelle il prétendait résumer une discussion qui n'avait jamais eu lieu. Ce procès-verbal apocryphe, il le répandit par ci, par là, notamment à Rome et à Antioche. Arrivé dans cette dernière ville, Origène y rencontra le faussaire, dont il démasqua la fourberie devant tout le monde. On voit par là quelle célébrité s'était attachée au nom de cet homme : amis et ennemis, tous lui rendaient un égal hommage ; les uns, par la confiance qu'ils mettaient dans les ressources de son talent ; les autres en cherchant à faire passer leurs opinions pour les siennes.

C'est à la suite de ces combats soutenus pour la cause de la foi, qu'Origène avait regagné la ville d'Alexandrie. Mais la situation était bien changée. En quittant il avait laissé Démétrius dans des dispositions plus ou moins bienveillantes ; il le retrouva profondément aigri. L'ordination d'un de ses diocésains par des évêques étrangers semblait au patriarche un empiétement sur ses droits ; et, à vrai dire, les apparences étaient pour lui. Il est certain que, d'après le droit moderne, tel qu'il a été fixé par la constitution d'Innocent XII, une pareille ordination, quoique valide, passerait à juste titre pour illicite. Ni Théoctiste de Césarée, ni Alexandre de Jérusalem n'étaient pour Origène l'évêque du lieu de naissance ou l'évêque du domicile, suivant le langage des canonistes. L'ordinand était né à Alexandrie, où il remplissait des fonctions publiques ; il ne se trouvait à Césarée qu'en passant, et rien n'indique qu'il ait eu l'intention d'y établir sa demeure, puisque nous le voyons rentrer deux ans après dans son diocèse natal, pour y reprendre la direction du Didascalée. Mais est-il vraisemblable, que déjà au troisième siècle, les juridictions aient été délimitées avec une précision aussi rigoureuse ? Les *lettres testimoniales* qu'Origène avait reçues de la part de son évêque ne lui créaient-elles pas un titre suffisant pour recevoir l'imposition des mains dans un diocèse étranger ? Nous pensons que la coutume du temps justifiait sa conduite et celle de ses amis. C'est en effet sur le témoignage de cette lettre ecclésiastique, comme l'appelle saint Jérôme, qu'Alexandre, évêque de Jérusalem, s'appuie dans sa réponse à Démétrius, pour montrer qu'il avait agi conformément au droit ; et dans une lettre synodale citée par Justinien, les évêques d'Egypte y compris le patriarche d'Alexandrie, reconnaissent que l'ordination avait été « véritable et canonique. » Encore aujourd'hui et sous l'empire d'une législation devenue plus sévère, tout évêque a le droit d'ordonner un sujet qui aura été pendant trois ans son familier ou son commensal, encore que ce dernier ne soit pas son diocésain. Cette concession est fondée sur le lien moral qui se forme par suite d'une si longue cohabitation, et sur la facilité qu'a l'évêque d'apprécier par lui-même le mérite de l'ordinand. Et certes, Origène avait trop vécu dans l'intimité des évêques de Césarée et de Jérusalem, il avait travaillé avec trop de succès dans leurs diocèses, pour que Théoctiste et Alexandre ne fussent pas en état de juger si un tel homme était digne d'exercer les fonctions du sacerdoce.

Mais l'évêque d'Alexandrie ne se rendit pas aux raisons de ses collègues. Nous devons avouer que les évêques de Palestine avaient agi avec précipitation, et non sans quelque désir de donner une leçon, d'ailleurs bien méritée, à leur collègue d'Alexandrie. Quant à ce dernier, il faut reconnaître que la passion lui avait fait oublier les devoirs de la justice et de la charité. On comprend dès lors dans quelle situation Origène allait se trouver après son retour en Egypte. Toutefois, tel était l'ascendant de cet homme extraordinaire, que sa présence suffit pour calmer l'irritation de l'évêque, du moins pendant quelque temps. Soutenu par l'admiration que lui valaient son talent et la sainteté de sa vie, il put reprendre ses occupations habituelles, et continuer ses travaux sur l'Ecriture sainte, tout en se livrant à l'instruction des catéchumènes. On pourrait même conclure du fait de sa déposition que Démétrius avait fini par l'admettre parmi les prêtres de l'Eglise d'Alexandrie. Mais il est rare que les hommes aient assez d'empire sur eux-mêmes pour oublier désormais ce qui leur avait semblé une atteinte à leur dignité. D'ailleurs les spéculations de l'audacieux écrivain restaient toujours là comme un prétexte pour raviver la querelle et agiter les esprits. Nous ignorons ce qui se passa dans l'intervalle, et comment l'orage, un instant apaisé, se déchaîna de nouveau contre lui et avec plus de fureur que jamais. Ce qu'il y a de certain, c'est qu'Origène, lassé d'une opposition sans cesse renaissante, résolut de s'éloigner pour toujours, laissant à Héraclas, son disciple, la direction du Didascalée. Il quitta donc Alexandrie en 231, pour ne plus jamais y revenir. Il était alors âgé de 46 ans et en avait passé 28 à la tête de l'école catéchétique.

11. Origène fonde l'école de Césarée. — Il est condamné par l'évêque d'Alexandrie. — Le lieu de sa retraite était tout indiqué. L'évêque de Césarée, qui l'avait ordonné prêtre, de concert avec saint Alexandre, évêque de Jérusalem, accueillit sans hésitation l'illustre fugitif, auquel il confia le soin d'enseigner la théologie et d'expliquer l'Écriture sainte dans l'assemblée des fidèles. Ce fut l'origine de l'école de Césarée, d'où sortirent tant d'hommes éminents, parmi lesquels il suffit de citer saint Grégoire le thaumaturge et son frère Athénodore, saint Pamphile et Eusèbe. Mais l'animosité de l'évêque d'Alexandrie devait poursuivre Origène jusque dans cet asile. Aussitôt après le départ du maître des catéchèses, Démétrius réunit un synode, composé d'évêques et de prêtres, où il lui ôta le droit d'enseigner et l'exila d'Alexandrie. Non content de cette première mesure, il assembla quelque temps après un nouveau synode, où il prononça contre lui une sentence de déposition, ce qui équivalait a lui interdire toute fonction sacerdotale; et, s'il faut en croire saint Jérôme, il aurait poussé la violence jusqu'à l'excommunier. Le même docteur ajoute qu'à l'exception des évêques de Palestine, d'Arabie, de Phénicie et d'Achaïe, le monde entier consentit à la condamnation d'Origène. Ce résumé porte des traces évidentes d'exagération, comme tout le passage d'où il est tiré, et, dans lequel saint Jérôme, entraîné par sa verve, appelle les adversaires du grand Alexandrin « des chiens enragés qui aboient contre lui. » Dans son langage hyperbolique, le véhément écrivain aime assez à prendre une partie du monde pour le tout, comme, par exemple, lorsqu'il dit dans un endroit que tout l'univers, *totus orbis*, gémit et s'étonna d'être devenu arien. Certes les évêques de ces quatre contrées n'étaient pas les seuls qui eussent embrassé la cause d'Origène. Ainsi nous trouvons parmi ses adhérents les plus fidèles le métropolitain de la Cappadoce, saint Firmilien, qui n'hésitait pas à utiliser son ministère pour les Églises de l'Asie Mineure. Un fait assurément très grave serait la condamnation d'Origène par le pape Pontien. Saint Jérôme affirme en effet « que Rome elle-même assembla contre lui son sénat. » Mais quel fut le résultat de cette assemblée? Y eut-il une sentence confirmant celle de Démétrius? Voilà ce que nous ignorons absolument. Un renseignement précieux nous permet de conclure que Rome, toujours attentive à surveiller le mouvement des doctrines dans l'Église universelle se préoccupa des erreurs d'Origène plus que de ses démêlés personnels avec Démétrius. Voici les paroles de saint Jérôme : « Origène lui-même, dans une lettre adressée à Fabien, évêque de Rome, témoigne son repentir d'avoir écrit de telles choses, et reporte la cause de ces témérités sur Ambroise, qui avait rendu publics des écrits destinés à ne jamais voir le jour. » Tout s'éclaircit par là : les pontifes romains s'étaient émus des opinions singulières du théologien oriental, et celui-ci avait compris la nécessité de se justifier auprès de l'Eglise qu'il appelle « la plus ancienne de toutes.

12. Origène reprend ses travaux sur l'Écriture sainte. — Peu de temps après son arrivée en Palestine, Origène se remit au travail avec plus d'ardeur que jamais. Une âme moins fortement trempée que la sienne eût peut-être cédé au découragement en présence de si grandes épreuves ; mais *l'homme aux entrailles d'airain*, comme on l'appelait de son temps, ne se laissa point abattre par les persécutions auxquelles il était en butte. Il chercha ses consolations dans l'étude, dans la prédication, dans la défense de Jésus-Christ et de l'Eglise ; et les vingt-trois années qui suivirent son exil d'Alexandrie devinrent les plus fécondes de sa vie. Il les passa tour à tour à Césarée de Palestine, à Césarée de Cappadoce, à Athènes et à Tyr, sans parler des séjours moins prolongés qu'il fit à Jérusalem, à Nicomédie et en Arabie, où il fut appelé à deux reprises pour combattre des hérésies naissantes. C'est pendant cette période, et malgré les hasards d'une existence si agitée, qu'il acheva le vaste monument dont il avait jeté les bases à Alexandrie, je veux dire ses *Hexaples*, la plus grande œuvre de patience qui ait jamais été accomplie par un homme. A côté de ce travail purement grammatical et philologique, il reprit la suite de ses commentaires sur les différentes parties de l'Ancien et du Nouveau Testament ; et enfin ses prédications continuelles dans les églises l'obligèrent à composer plus de mille homélies prononcées devant le peuple.

A côté de sa grande édition des livres saints, qui l'occupa pendant près de vingt ans, Origène écrivit différents petits traités, afin d'éclaircir certaines difficultés qui pouvaient arrêter un lecteur grec. Dans l'un, il expliquait les *noms hébreux ;* dans l'autre, *les poids et mesures* usités chez le *peuple juif.* Et si j'insiste sur ces travaux de critique et d'érudition, c'est pour montrer de quel poids est son témoignage relativement à l'authenticité des livres de l'Ancien Testament. Cette remarque s'applique à la Bible tout entière, y compris les livres deutéro-canoniques de l'ancienne Loi, ainsi appelés parce qu'ils ne se trouvaient pas dans le canon d'Esdras, déjà clos avant la composition de quelques-uns d'entre eux. Certes, les études d'Origène sur l'Ecriture sainte, ses voyages à travers l'Orient et l'Occident, l'avaient mis à même d'apprendre ce que l'on pensait à cet égard dans les différentes églises. Ne disait-il pas que, dans ses pérégrinations, « il avait toujours soin de rechercher ceux qui faisaient profession de savoir quelque chose ? » Un tel homme était admirablement placé pour juger quels livres appartenaient au corps des Ecritures d'après le consentement général. Or ses ouvrages attestent qu'il tenait pour authentiques et inspirés les livres deutéro-canoniques.

Il ne suffisait pas à Origène d'avoir donné une édition complète des livres saints, en joignant au texte original les différentes versions connues de son temps; à ce travail purement grammatical et philologique il voulut ajouter l'explication intégrale de l'Ancien Testament. Interpréter l'Ecriture depuis la Genèse jusqu'à l'Apocalypse, ce serait déjà une œuvre capable d'absorber la vie d'un homme; mais l'intrépide érudit trouva encore moyen de dépasser ce programme en poursuivant sa vaste entreprise sous une triple forme. D'abord il résolut d'expliquer chaque livre verset par verset, sans imposer d'avance aucune limite à ses développements : c'est ce qu'il appela ses *tomes* ou ses *commentaires* proprement dits. Puis, dans un deuxième travail, il disposa une série de notes moins longues, destinées à éclaircir les endroits les plus difficiles, suivant la coutume des scoliastes d'Alexandrie : aussi ses observations reçurent-elles le nom de *Scolies*. Enfin ses prédications dans les églises l'obligèrent à reprendre ses études d'exégèse pour leur donner un caractère plus pratique et mieux approprié à l'enseignement populaire : d'où le titre d'*Homélies* réservé à ces dissertations sur l'Ecriture sainte. Voilà les occupations auxquelles il se livra pennant les vingt dernières années de sa vie, à côté de tant d'autres travaux dont nous parlerons plus tard.

Pour donner une idée de ce labeur, vraiment colossal, il suffira d'énumérer ce qui en reste, car la difficulté de recopier cette foule de traités a dû en faire disparaître la majeure partie. Nous possédons encore aujourd'hui, outre quelques débris de ses tomes et de ses scolies, 17 homélies d'Origène sur la Genèse ; 13 sur l'Exode ; 16 sur le Lévitique ; 28 sur les Nombres ; 26 sur Josué ; 9 sur les Juges ; 2 sur le Ier livre des Rois ; quelques fragments de ses scolies sur Job ; des morceaux assez étendus de son vaste commentaire sur les Psaumes ; 2 homélies et 4 tomes sur le Cantique des cantiques : 9 homélies sur Isaïe ; 21 sur Jérémie ; 14 sur Ezéchiel, avec quelques extraits de ses commentaires sur ces divers prophètes. Pour la partie relative au Nouveau Testament, le temps a épargné 10 tomes sur l'Evangile de saint Mathieu, avec un long traité sur le même sujet ; 39 homélies sur l'Evangile de saint Luc ; 10 tomes sur l'évangile de saint Jean, outre quelques fragments des tomes perdus ; 10 tomes du Commentaire sur l'Epître aux Romains et un petit nombre de réflexions sur les autres écrits de saint Paul. On voit par les listes qu'ont dressées Eusèbe Rufin et saint Jérôme combien nos pertes sont considérables; mais, quelle que soit leur étendue, la partie sauvée du naufrage n'en constitue pas moins un véritable trésor. (Orig., 24ᵉ et 25ᵉ leçons.)

13. Origène orateur sacré. — Ses homélies. — Origène était merveilleusement doué pour le ministère de la parole. Une diction claire et facile, une imagination des plus riches, un accent de piété qui va droit au cœur, une chaleur douce, contenue, mais qui ne laisse pas d'éclater par intervalle, tout se réunissait pour prêter à ses discours du charme et de l'intérêt. Aussi l'on n'a pas de peine à s'expliquer la vive impression qu'il produisait sur ses auditeurs. N'étant que laïque, il ne prêchait pas à Alexandrie, si tant est que l'évêque Démétrius lui ait jamais permis de monter dans la chaire évanglique, même après son élévation au sacerdoce. Moins scrupuleux que leur collègue, les évêques de Palestine s'étaient accordés à lui confier la charge d'instruire les fidèles dans les assemblées du culte, et l'on se rappelle quels orages avait soulevés cette concession. Une fois prêtre, et depuis son départ d'Alexandrie, Origène ne cessa de se livrer au ministère de la prédication jusqu'à la fin de ses jours. Partout où il séjournait, soit à Césarée, soit à Jérusalem, ou ailleurs, les évêques le priaient d'expliquer l'Écriture sainte au peuple; et il s'acquittait de sa tâche avec autant de succès que de talent. Dans la IIIᵉ de ses *homélies sur le Lévitique*, prononcées après l'année 245, il parle de ses prédications comme d'un ministère qui déjà remontait fort loin. En effet, à ce moment-là, il exerçait cette fonction depuis plus de vingt ans. Ce n'est pourtant qu'à l'âge de soixante ans, dit Eusèbe, qu'il permit aux sténographes de recueillir ses discours; sans cet acte de modestie, auquel la prudence n'a pas dû rester étrangère, nous n'aurions pas à regretter la perte de la majeure partie de ses homélies. Car, bien qu'il en ait composé quelques-unes à tête reposée, il improvisait le plus souvent : ce qui n'est pas étonnant, puisqu'il prêchait presque tous les jours, au témoignage de saint Pamphile. Les 186 homélies qui nous restent de lui ne peuvent donc nous donner qu'une idée incomplète de sa carrière oratoire. Saint Jérôme porte à plus de mille le nombre de ces instructions familières qu'on lisait encore au cinquième siècle ; et ce chiffre grossirait de beaucoup, si l'on y ajoutait toutes celles qui ne furent jamais recueillies. (Orig., 27 leçon.)

Aux homélies d'Origène se rattachent directement ses œuvres morales. L'éloquent prédicateur ne se bornait pas à développer les préceptes de l'Evangile dans la chaire chrétienne ; il complétait par ses écrits ce qu'il enseignait de vive voix. Ici vient se placer en première ligne cette série de *lettres*, au nombre de plus de cent, qu'Eusèbe avait recueillies avec un soin religieux et dont la plupart tendaient à fortifier les âmes dans la pratique du bien. Malheureusement, sauf quelques rares débris, ce précieux trésor n'est pas arrivé jusqu'à nous. Mais, pour juger du ton général de ces exhortations, il suffit de lire deux opuscules, composés sous forme de lettres à Ambroise, le *Traité de la prière* et l'*Exhortation au martyre*.

Le *Traité de la prière* est adressé à Ambroise, ce généreux protecteur et cet ami fidèle du catéchiste alexandrin. Au nom d'Ambroise se trouve joint celui de Tatiana, sa sœur, dont l'auteur célèbre la haute piété et la force d'âme. Quant à la date du livre, il est assez difficile de la préciser. En tout cas, Origène avait déjà écrit ses commentaires sur la Genèse, dont les huit premiers tomes seuls remontent à son séjour d'Alexandrie. L'âge avancé qu'il prête à la sœur de son ami semble également un indice qui nous éloigne des premières années de sa carrière pour nous reporter à une époque postérieure. D'autre part, la fermeté du style et de la pensée, une certaine sobriété relative dans les développements, plus d'attention donnée au sens littéral, tout nous autorise à reculer la composition de l'ouvrage dans la dernière période de la vie d'Origène.

Une circonstance devait fournir à Origène l'occasion de développer la doctrine de l'Eglise sur *les grâces attachées au martyre.* Pendant son séjour à Césarée de Palestine, où il partageait son temps entre la prédication et la direction de l'école établie dans cette ville, le meurtre d'Alexandre Sévère, en frayant les marches du trône au Thrace Maximin, devint le signal de la persécution contre l'Eglise. Il suffisait que son prédécesseur se fût montré favorable aux chrétiens pour que la haine du nouvel empereur se portât sur eux. Suivant une tactique que Décius allait reprendre après lui, Maximin fit du clergé chrétien l'objet principal de ses violences, afin de mieux atteindre le corps en frappant la tête. S'il fallait en croire l'historien Paul Orose, le désir de se débarrasser d'Origène entrait pour beaucoup dans les calculs du tyran. Outre sa grande renommée, les rapports du catéchiste alexandrin avec Mamméa, mère d'Alexandre Sévère, le désignaient tout particulièrement à la fureur du meurtrier de ce prince. Mais la Providence déjoua des projets si criminels. Averti à temps, l'illustre proscrit put se réfugier à Césarée de Cappadoce, où une chrétienne nommée Juliana lui offrit un asile sûr et à l'abri de tout péril. Cette femme avait hérité des Commentaires de Symmaque, en sorte que l'infatigable érudit trouva moyen d'utiliser sa retraite pour la composition de ses *Hexaples.* Sur ces entrefaites, deux de ses amis, Ambroise, ordonné diacre depuis plusieurs années, et Protoctète, prêtre de Césarée, furent jetés en prison. A la nouvelle de leur incarcération, Origène leur écrivit pour les préparer aux luttes qui s'annonçaient. Sa lettre est un véritable traité qui a pour titre : *Exhortation au martyre.*

Si cette pièce est inférieure comme œuvre d'éloquence aux productions analogues de Tertullien et de saint Cyprien, elle se recommande par l'élévation des idées et par un emploi aussi heureux que fréquent de l'Ecriture sainte. La pensée dominante, c'est que les souffrances de la terre ne sont rien en regard de la récompense promise aux martyrs. Cette pensée, Origène la tourne et la retourne sous toutes les formes, avec la souplesse d'imagination dont ses autres écrits nous ont offert tant de preuves. (Orig., 28ᵉ et 29ᵉ leçons.)

14. Le traité contre Celse. — Il ne manquait à Origène, pour embrasser le cercle entier de la théologie, que de tourner son attention vers la controverse du christianisme avec la philosophie païenne. Par ses travaux sur l'Ecriture sainte, il s'était placé au premier rang des exégètes de l'époque, comme d'ailleurs ses luttes avec les hérétiques témoignaient d'un zèle infatigable pour l'orthodoxie. Malgré les opinions téméraires qu'il y avait mêlées, son *Periarchon* restait le plus brillant essai d'analyse et de synthèse que l'on eût tenté jusqu'alors sur le terrain de la dogmatique chrétienne ; et ses Homélies, où l'orateur sacré venait s'ajouter à l'érudit et au théologien, nous ont montré en lui le moraliste insinuant et persuasif que ses Traités de *la Prière* et de *l'Exhortation au martyre* achèvent de nous faire connaître. Echelonnées sur un espace de quarante ans, tant d'œuvres diverses auraient dû, ce semble épuiser la sève d'un écrivain dont la vie venait d'être traversée par de si rudes épreuves. Mais « l'homme d'airain » ignorait la fatigue : tant qu'il voyait devant lui un adversaire à vaincre, son esprit se refusait à toute idée de repos. Or l'Eglise comptait un ennemi mortel qu'Origène avait rencontré bien des fois sur son chemin dans le cours de sa carrière, mais sans le combattre corps à corps dans un traité spécial ; je veux parler du paganisme philosophique. Il y avait là de quoi stimuler l'ardeur d'un défenseur aussi intrépide de la foi. Alors le vieil athlète ramassa toutes ses forces pour une lutte suprême ; et concentrant sur ce point les ressources d'un talent mûri par l'expérience, il entreprit une vaste apologie de la religion chrétienne : ce chef-d'œuvre de science et de dialectique, c'est l'ouvrage contre Celse.

Si le *Traité contre Celse* est inférieur à l'*Apologétique* de Tertullien comme œuvre d'art et d'éloquence, on ne fait que lui rendre justice en l'appelant la plus savante défense du christianisme dans les trois premiers siècles. Sans négliger entièrement le côté juridique du débat, qui avait tant préoccupé ses devanciers, Origène s'est pourtant placé de préférence sur le terrain des idées et des doctrines. C'est par là que cet antique monument de la littérature chrétienne conserve toujours un air de jeunesse et de nouveauté. Toute la partie de l'apologétique primitive concernant la procédure suivie à l'égard des chrétiens a vieilli ; ou du moins elle n'inspire plus que l'intérêt qui s'attache à une grande cause vaillamment défendue. La révolution opérée dans le droit public par le triomphe de l'Evangile a éloigné pour toujours, nous aimons à le croire, toute situation analogue. Mais ce qui n'a pas vieilli, ce qui est toujours vivant et actuel, c'est la controverse de la religion révélée avec le rationalisme, quelque nom qu'il prenne et et sous quelque forme qu'il se présente. Les questions qui se remuent encore aujourd'hui dans cet ordre de choses sont celles-là mêmes qu'Origène avait traitées avec une si grande supériorité d'esprit. En le voyant défendre le caractère historique du christianisme, la valeur démonstrative des faits surnaturels, nous avons pu nous croire un instant transportés au milieu de nos discussions contemporaines. Voilà ce qui assure à son œuvre un rang à part, un mérite hors ligne ; et c'est là aussi, ce qui en fait un argument dont la force ne peut échapper à personne. Rien n'est plus propre à consolider la foi que cette guerre à outrance déclarée au christianisme dès son origine. Ce n'est point par surprise, assurément, qu'il a conquis le monde, mais après des controverses longues et opiniâtres, après avoir passé au crible de la critique historique et philosophique, avec tous ses dogmes et ses institutions. Si l'Evangile avait été ce mythe oriental ou cette pastorale galiléenne que rêvent nos adversaires modernes, les Celse et les Porphyre eussent été de taille à déchirer ce tissu légendaire, et cela pour toujours. Qu'est-il arrivé au contraire ? Leurs attaques n'ont servi qu'à mieux établir la réalité des faits évangéliques ; ces dogmes, qu'ils tournaient en dérision, ont subjugué les intelligences et ces institutions qu'ils signalaient à la haine des pouvoirs publics sont devenues celles du monde civilisé. Lorsqu'une société, à peine née, sait braver de tels orages, elle peut affronter sans crainte, après dix-huit siècles de durée, les mêmes temps qui avaient assailli son berceau (Orig., 30ᵉ et 36ᵉ leçons).

15. **Dernières années et mort d'Origène.** — Le règne de Philippe l'Arabe (244-249) avait été pour l'Eglise une ère de paix et de prospérité. S'il n'est pas certain que ce prince ait professé publiquement la religion chrétienne, on ne saurait douter de ses sympathies pour la cause de l'Evangile. Origène, en particulier, s'était trouvé en rapport avec la famille impériale, comme l'attestent ses lettres à Philippe et à l'impératrice Sévéra, lettres dont le texte n'est pas arrivé jusqu'à nous. L'avènement de Décius changea la face des choses. L'expérience avait habitué les chrétiens à

des retours si brusques et si violents. Ainsi avait-on vu succéder au gouvernement doux et pacifique d'Antonin le régime oppressif de Marc-Aurèle; et à la bienveillance d'Alexandre Sévère les brutalités du Thrace Maximin. A l'exemple de ce dernier, le nouveau parvenu n'eut rien de plus empressé que de tourner sa fureur contre ceux qu'avait protégés son prédécesseur. Depuis deux siècles qu'il était à l'œuvre, l'Etat païen avait fait des progrès dans l'art de persécuter. Bien loin de précipiter la sentence, on aimait mieux traîner l'instruction en longueur dans l'espoir de lasser la patience des chrétiens par le nombre et la durée des supplices. Aux exécutions sommaires, si fréquentes jusque-là, des calculs plus raffinés substituaient de préférence les tourments de la faim et de la soif, les longs emprisonnements, l'exil, tout ce qu'on jugeait de nature à pouvoir triompher d'une constance peu éprouvée. Puis, afin d'intimider plus sûrement le reste des fidèles, on s'attaquait surtout aux évêques, aux personnages qui marquaient par leurs vertus ou par leur science; et à l'égard de ceux-là, les pro-consuls et les autres ne reculaient devant aucune extrémité. C'est ainsi que le pape saint Fabien, saint Alexandre, évêque de Jérusalem, et saint Babylasse, évêque d'Antioche, cueillirent l'un après l'autre la palme du martyre. Nous ignorons dans quelle ville se trouvait Origène lorsque cette tourmente éclata sur l'Eglise, si c'est à Césarée de Palestine ou à Tyr. Mais, d'après le plan d'attaque adopté par Décius, la persécution ne pouvait manquer d'atteindre l'homme le plus célèbre que l'Eglise d'Orient comptât dans son sein. Origène, alors âgé de soixante-cinq ans, fut donc jeté en prison et chargé de chaînes. On lui mit au cou un carcan de fer et des entraves aux pieds jusqu'au quatrième trou, ce qui écartait les jambes excessivement. Ce supplice dura plusieurs jours, au bout desquels les bourreaux lui firent éprouver quantité d'autres tortures, jusqu'à le menacer de la peine du feu. Toutefois, ajoute son historien, le juge avait grand soin de s'arrêter à la limite où une mort certaine eût été la suite de ces traitements barbares : il espérait sans doute que des tourments prolongés finiraient par abattre le courage d'Origène, et qu'une pareille chute entraînerait celle de beaucoup d'autres. Mais l'héroïque vieillard demeura ferme : lui qui, encore enfant, avait exhorté son père Léonidès à souffrir la mort pour Jésus-Christ, n'était pas homme à trahir, sous le coup de la persécution, la cause qu'il avait servie pendant plus de quarante ans par sa parole et par ses écrits. La Providence lui ménageait cette épreuve suprême pour lui fournir l'occasion de montrer que la force du caractère s'alliait en lui à la noblesse du cœur et à l'élévation de l'esprit. Sans l'épisode glorieux qui a marqué la fin de sa carrière, il eût manqué un trait à cette grande physionomie qui devait se présenter devant l'histoire avec le triple reflet du génie, de la sainteté et du martyre.

Soit que la mort de Décius eût mis fin à la captivité d'Origène, soit que toute autre cause lui eût rendu sa liberté, Eusèbe nous le montre reprenant ses travaux à quelque temps de là, encourageant par ses lettres ceux qui avaient besoin d'être fortifiés, et conservant jusqu'au bout cette prodigieuse activité qu'il n'avait cessé de déployer dans tout le cours de sa carrière. Mais les souffrances d'un long martyre, venant s'ajouter aux fatigues d'une vie si laborieuse et si agitée, avaient achevé d'épuiser les forces du noble vieillard. La ville de Tyr en Phénicie, où il avait fixé son séjour, fut sa dernière étape ici-bas, et resta la gardienne de son tombeau. C'était en l'année 254. Origène avait vécu soixante-neuf ans.

16. Appréciation générale. — Le génie, la sainteté et le martyre se rencontrent dans l'homme extraordinaire dont nous venons d'étudier la vie et les écrits. Et cependant de si grandes choses n'ont pas eu tout le résultat qu'elles semblaient devoir obtenir. Pour le talent et l'étendue des connaissances, Origène l'emporte sur la plupart des Pères de l'Église : en tout cas, il n'est inférieur à aucun ; et malgré des services si éclatants, l'Église n'a pu le ranger au nombre de ses docteurs. Il est peu de vies où le zèle des âmes se trouve joint à une plus grande austérité de mœurs ; et tant de vertus n'ont pu recevoir néanmoins la consécration solennelle que l'Église réserve pour l'élite de ses fils. Le chef de l'École d'Alexandrie a couronné ses travaux par une admirable confession de la foi ; et son nom n'a point trouvé place parmi les héros du martyre. Qu'est-ce donc qui l'a empêché de figurer, pour toute la suite des siècles, à côté des Basile et des Augustin, dans cette pléiade de saints docteurs, dont la réputation n'est ternie par aucune tache ? Le défaut de sûreté dans la doctrine. Certes, on n'a jamais erré avec plus de candeur. A aucune époque de sa vie, l'auteur du *Périarchon* n'a voulu se mettre en opposition avec l'enseignement de l'Église, qui est resté constamment pour lui la règle infaillible de la croyance. Inébranlable sur le principe, il n'a pu se tromper que dans l'application, en prenant pour des opinions libres ce qui contredisait en réalité le dogme catholique. Origène croyait pouvoir en toute sécurité construire sur la base de la révélation un système philosophique dont les données principales sont empruntées à Platon. Encore n'a-t-il formulé ce système qu'avec beaucoup de réserve par manière d'hypothèse, et comme un simple exercice de l'esprit, ainsi que l'a dit saint Athanase. Ce n'en était pas moins une entreprise périlleuse ; car il ne faut pas jouer légèrement avec les dogmes de la foi. Des disciples maladroits allaient surgir et prendre au sérieux ces fantaisies d'une imagination exubérante.

Il en sortira l'*origénisme*, c'est-à-dire un ensemble d'idées qui commence par l'hypothèse de la préexistence des âmes pour aboutir à la théorie des épreuves successives. Assurément il serait injuste d'imputer à Origène toutes les erreurs qui ont pu traverser le cerveau de quelques-uns de ses partisans les plus exaltés ; mais l'on conçoit aussi que l'orthodoxie ait tenu en suspicion un écrivain dont l'esprit aventureux avait favorisé de pareilles tendances. Voilà ce qui a compromis devant le tribunal de la postérité la mémoire du grand Alexandrin : car il n'y a pas moyen de nier les erreurs auxquelles il s'est laissé entraîner : elles forment un tout complet, dont on ne peut rien détacher. Or, quelques égards que méritent le talent et les services rendus, quelque admiration que l'on éprouve pour de si hautes vertus jointes à une telle science, il est un intérêt devant lequel s'effacent toutes les sympathies, l'intérêt de la vérité. Pour ne pas donner une apparence de raison à des doctrines justement blâmables, l'Église a dû se résoudre à laisser un des plus grands hommes de son histoire dans la situation équivoque où il s'était placé lui-même. En le traitant avec trop d'indulgence elle n'aurait pas veillé suffisamment à la conservation du premier des biens spirituels confiés à sa garde. Car, ainsi que le disait déjà un des esprits les plus honnêtes de l'antiquité, Plutarque, Dieu ne saurait faire aux hommes, et les hommes ne sauraient recevoir de Dieu un plus grand don que la vérité.

On manquerait à toutes les règles de la justice, en rangeant le célèbre écrivain au nombre des hérétiques ainsi appelés dans le sens propre et rigoureux du mot. Je conçois très bien, qu'on ait voulu aller plus loin, jusqu'à le décharger de toute sentence qui puisse entacher sa mémoire. Ces thèses extrêmes témoignent à coup sûr d'excellentes intentions ; aussi, loin de blâmer le motif qui les inspire, nous nous bornons à leur dénier toute valeur scientifique. Est-ce à dire que l'autorité d'Origène se trouve annulée par l'anathème imprimé aux erreurs du *Périarchon?* Sous ce rapport, il convient d'établir une distinction dont on comprendra facilement la justesse. Quand le docteur alexandrin parle comme organe et comme interprète de la tradition chrétienne, son témoignage conserve tout le poids que lui donnent sa science et son érudition. On ne saurait en dire autant des endroits où il disserte à ses risques et périls, où il se lance dans des spéculations qui n'ont plus d'autre garantie que les forces de la raison individuelle. Alors il s'agit, comme le dit Cassiodore, « de s'assimiler les sucs salutaires de cette plante vigoureuse, sans absorber en même temps le poison qu'elle renferme ». Et ce discernement n'est pas difficile à faire, parce que l'auteur lui-même a soin de nous guider. Chaque fois qu'il s'éloigne du sentiment général, ou qu'il émet des hypothèses en son propre nom, il avertit le lecteur avec une parfaite droiture, de sorte qu'il n'y a pas moyen de confondre entre ses vues personnelles et la tradition dont il reste le fidèle écho. Nous pouvons donc repousser les erreurs qui déparent ses écrits, et garder toute notre admiration pour l'homme de génie qui a rendu de si grands services à la science théologique, pour l'infatigable érudit qui s'est immortalisé par ses travaux sur l'Écriture sainte, et pour l'éloquent apologiste qui a terrassé le rationalisme païen dans son *Traité contre Celse.*

Si l'on éprouve une véritable tristesse à se voir obligé de mêler tant de restrictions à l'éloge d'un homme qu'on voudrait pouvoir louer sans réserve, ces regrets sont adoucis par la haute utilité de la leçon qui ressort d'une telle vie. En présence des erreurs qui menaçaient la doctrine chrétienne, non seulement du côté des hérétiques, mais encore de la part d'hommes bien intentionnés, comme Tertullien et Origène, on se demande ce qu'elle serait devenue sans une autorité divinement établie pour veiller à sa conservation. Ceux-là sans doute pour qui la vérité est une chose purement relative ne sont guère touchés de cette considération : il leur importe peu que telle doctrine triomphe plutôt que telle autre. Mais nous qui croyons fermement au caractère absolu de la vérité, nous ne pouvons qu'être frappés des dangers qu'elle courrait, si elle était livrée, sans règle ni frein, aux hasards de la spéculation individuelle. On se plaît quelquefois à répéter qu'une autorité doctrinale peut être nécessaire au peuple, mais qu'elle est inutile pour les savants. Si, en pareille matière, il était permis d'établir des catégories, il faudrait renverser la proposition et dire que les hommes de talent surtout ont besoin d'une direction qui les préserve des écarts de la pensée. Ce n'est point parmi les intelligences médiocres que se produisent des théories comme celles du *Periarchon :* il faut une certaine trempe d'esprit pour errer de la sorte. Voilà pourquoi l'homme de génie, moins que tout autre, peut se passer de règle : plus l'horizon de la pensée s'élargit devant lui, plus il court risque de s'y perdre ; et la nécessité de prendre pour guide l'enseignement infaillible de l'Église grandit avec la supériorité intellectuelle. Cette loi psychologique et morale a été fidèlement observée par les esprits qui se sont élevés le plus haut dans la sphère des sciences théologiques : il suffit de nommer saint Augustin, saint Thomas d'Aquin et Bossuet. D'accord avec eux sur le principe, Origène a été moins heureux dans l'application. Il s'est trop fié aux ressources de la raison individuelle ; et par là il s'est amoindri, bien loin d'imprimer à ses hautes facultés un élan plus vigoureux. En suivant davantage le fil conducteur de la tradition, au lieu de s'abandonner aux caprices d'une imagination peu réglée, il aurait marché plus sûrement et serait allé plus loin. Ses écarts, d'ailleurs si excusables, ont justifié cette maxime consacrée par l'expérience des siècles : l'autorité doctrinale, telle que le Christ l'a constituée au milieu du monde, n'est une entrave pour personne ; elle est une lumière et une force pour tous. (Orig., 37ᵉ leçon.)

VII. Commodien.

La forme des œuvres de Commodien indique à elle seule un changement notable dans les conditions de la littérature chrétienne. Ses *Instructions contre les dieux des nations* sont en vers, ainsi que son *Poème apologétique*, publié pour la première fois, par le cardinal Pitra. Je ne crois pas me tromper en disant que l'idée de mettre une apologie en vers se serait difficilement produite du temps de S. Justin. Ces jeux de l'esprit supposent en général une époque moins tourmentée, comme la période relativement calme qui s'est écoulée entre Décius et Dioclétien. Car il est impossible de reculer la composition des deux ouvrages au delà de l'ère de Constantin. En reprochant aux païens un aveuglement de « deux cents années », l'auteur montre assez qu'il écrivait au troisième siècle et non au quatrième. D'ailleurs, les circonstances auxquelles il fait allusion ne répondent nullement à la situation de l'Église sous les empereurs chrétiens. Il parle bien de « la paix qui règne dans l'univers », *pax est in orbe;* mais c'est une « paix trompeuse », *pax subdola*, qui ne tardera pas à être suivie de nouveaux combats, *agonia propinqua*. Aussi exhorte-t-il les fidèles à venir en aide aux martyrs, *admartyrizare*, et les pasteurs à confesser courageusement la foi chrétienne. De pareils détails ne sauraient trouver place dans un temps postérieur à Constantin, tandis qu'ils s'accordent fort bien avec l'époque où la paix, dont l'Église jouissait depuis la mort de Décius, allait être rompue sous Gallus et Volusien, ses successeurs. D'autres traits indiquent assez clairement que Commodien n'a pas dû suivre de loin S. Cyprien. A son tour, il mentionne le schisme de Novat, en s'élevant contre les apostats qui prétendent arracher le pardon avant d'avoir fait une pénitence suffisante ; il distingue deux classes de déserteurs, les uns qui ont sacrifié aux idoles, *thurificati*, les autres qui ont lâchement sauvé leur vie à prix d'argent ou moyennant une feinte quelconque, *libellatici*. Si nous ajoutons que l'auteur reproduit presque textuellement les réflexions de S. Cyprien sur la pénitence, sur la fuite pendant la persécution, sur les menées des schismatiques, sur la modération dans le deuil causé par la mort prématurée des enfants, etc., nous serons autorisés à conclure qu'il écrivait vers l'année 252.

Les mêmes raisons nous permettent d'affirmer que Commodien était originaire de l'Afrique. Une imitation constante de Tertullien et de S. Cyprien ; un style dur et incorrect, chargé d'archaïsmes et de néologismes ; une foule de locutions particulières aux écrivains de ce pays, tout nous oblige à suivre sur ce point l'opinion commune des érudits. Quant à de plus amples détails sur la vie du premier poète chrétien de l'Occident, le silence de l'histoire nous laisse dans une obscurité à peu près complète. Gennade et Honorius d'Autun, les seuls parmi les anciens qui se soient occupés de lui, n'ajoutent guère de renseignements à ceux que nous fournissent ses propres ouvrages. Il est certain que l'auteur des *Instructions contre les dieux des nations* s'était converti au christianisme par la lecture des livres saints : « Moi aussi, dit-il, j'ai erré longtemps au service des idoles ; mes parents m'avaient élevé dans une ignorance qui était la leur. Enfin la lecture de la Loi m'a retiré de cet état. Voilà pourquoi je cherche à communiquer aux autres les vérités que j'ai apprises. »

Peut-être sa conversion, en le privant de son patrimoine, l'avait-elle réduit à l'état de la pauvreté, ainsi que semble l'indiquer cette qualification qu'il se donne : « Commodien mendiant du Christ. » C'est aussi la conjecture que l'on pourrait tirer du surnom de Gazéen, ce pauvre entretenu sur le fonds commun de l'Église, « *gazum,* » si tant est que ce terme ne désigne pas son lieu de naissance. Le *Poème apologétique* se termine par ces mots : « Ici s'arrête le traité du saint évêque… » Si cette formule n'est pas une addition postérieure due à quelque copiste, trop pressé d'attribuer à un évêque mieux connu une œuvre dont il ignorait l'auteur, il faudrait en conclure que le talent et les vertus de Commodien l'avaient fait élever au rang suprême du sacerdoce. Il règne en effet dans les réprimandes qu'il adresse à certains évêques, un ton d'autorité que l'on prêterait difficilement à un simple laïque en écrivant au milieu du troisième siècle, et en Afrique, où le pouvoir des évêques était si considérable. Je m'exprime sur tous ces points avec beaucoup de réserve; car, du moment qu'on n'a plus la tradition pour guide, il devient impossible de porter la lumière, là où le témoignage historique fait complètement défaut. En l'absence de tout détail biographique, nous pouvons du moins apprécier la valeur théologique et littéraire des œuvres de Commodien; et c'est pour nous le point essentiel.

Je ne dirai pas que ces écrits se recommandent à nous par un caractère bien original, quant aux matières elles-mêmes qui s'y trouvent traitées. Rassemblez quelques extraits des ouvrages de Tertullien et de saint Cyprien, pour les mettre en vers fort médiocres, et vous aurez à peu près tout le fond d'idées que développe le poète africain dans ses *Instructions contre les dieux des nations*. (Commod., 1re leçon.)

VIII. Arnobe.

Né à Sicca, ville de l'Afrique proconsulaire, située sur les confins de la Numidie, entre Navaggara et Musti, Arnobe n'avait pas eu le bonheur de recevoir une éducation chrétienne. Il nous retrace lui-même le tableau des erreurs où il était plongé avant sa conversion au christianisme; et nous voyons par là quel empire le fétichisme le plus grossier exerçait sur les meilleurs esprits. Si quelqu'un peut nous renseigner sur l'état intellectuel du monde païen, ce sont assurément les hommes qui en sortaient après en avoir subi si longtemps la funeste influence.

« Et moi aussi, dira t-il plus tard, je vénérais, il y a peu de temps encore, des simulacres qui sortaient de la fournaise, des dieux fabriqués à coups de marteau sur l'enclume, des statues d'ivoire, des tableaux, des bandelettes suspendues à de vieux arbres. Quand je rencontrais quelque part une pierre polie, enduite d'huile d'olive, je lui rendais hommage comme si une vertu divine y avait été présente; je lui parlais, je suppliais ce bloc insensible de m'accorder ses faveurs. De cette manière, je faisais injure aux divinités mêmes, à l'existence desquelles je croyais, en admettant qu'elles sont de bois ou de pierre, ou qu'elles habitent dans de pareilles substances. Maintenant que j'ai été introduit par un si grand docteur dans les voies de la vérité, je sais ce que sont toutes ces choses; je réserve l'honneur à qui le mérite; je n'outrage plus aucune puissance divine; et je rends à chaque personne, à chaque pouvoir, ce qui lui est dû, sans confondre les degrés ni les autorités. »

Comment un pareil changement s'était-il opéré dans l'esprit d'Arnobe ? Par quel côté la religion chrétienne avait-elle saisi cette intelligence retenue depuis tant d'années dans les ténèbres de l'idolâtrie ? Il ne paraît pas qu'une lecture assidue des livres saints ait déterminé sa conversion ; car, sauf une courte sentence de saint Paul qu'il pouvait connaître par la tradition, il ne cite pas un seul verset du texte sacré dans son grand ouvrage contre les Gentils. Sans nul doute, l'héroïsme des martyrs l'avait vivement frappé, ainsi que la merveilleuse propagation de l'Évangile ; mais ce qui parlait encore davantage à son cœur, c'était la grande figure du Christ, maître et docteur de l'humanité. Cette divine image le poursuivait nuit et jour, s'offrant à lui, « non pas à travers de vaines insomnies, mais sous les traits de la vérité simple et nue ». Arnobe enseignait alors la rhétorique avec beaucoup d'éclat, comme le dit saint Jérôme, *florentissime*. L'adhésion d'un tel homme à une doctrine qu'il avait toujours combattue jusque-là, ne pouvait manquer d'avoir du retentissement dans la société africaine. Mais ces antécédents mêmes obligèrent l'évêque de Sicca à user de précautions envers le néophyte, avant de l'admettre au rang des fidèles. L'expérience n'avait que trop prouvé, en Afrique surtout, combien il fallait se défier de certaines conversions qui, à l'approche du péril, se changeaient parfois en apostasies. Pour donner des gages non équivoques de la sincérité de sa foi, Arnobe n'hésita pas à publier une défense de la religion chrétienne, jointe à une vive critique des croyances et des cultes polythéistes. C'est l'objet de ses *sept livres contre les nations*. On ne saurait le nier, l'auteur y trahit une connaissance encore imparfaite du symbole chrétien, auquel il mêle çà et là quelques vues inexactes. Mais si la partie dogmatique de l'ouvrage laisse à désirer sous plus d'un rapport, il est de toute justice de reconnaître que nous n'avons pas encore rencontré jusqu'ici une réfutation aussi vaste ni aussi complète du paganisme populaire. (Commod. 2ᵉ leçon.)

IX. Lactance.

Que Lactance fût d'origine africaine, c'est ce qu'il ne me semble guère possible de révoquer en doute. Car l'on ne comprendrait pas, autrement, pourquoi saint Jérôme l'appelle « un disciple d'Arnobe », qui enseignait la rhétorique à Sicca. Ceux qui prétendent s'appuyer sur son prénom *Firmien*, pour lui assigner comme lieu de naissance la ville de Firmium en Italie, ajoutent une invraisemblance à une hypothèse toute gratuite. Il n'est pas naturel de supposer que le jeune homme eût quitté l'Italie pour aller apprendre les belles lettres sur les confins de la Numidie : un voyage en sens inverse s'expliquerait plus facilement. Comme tous les Africains dont nous avons étudié les œuvres, Lactance était né au sein du paganisme. C'est du moins ce qui semble résulter des passages où il se compte parmi ceux qui, « affranchis de l'erreur où ils étaient impliqués, et formés au culte du vrai Dieu, ont appris à discerner la justice ». On serait tenté de croire à première vue que la conversion du maître a dû entraîner celle du disciple ; mais le silence qu'il garde sur l'ouvrage d'Arnobe, tandis qu'il mentionne les noms des autres apologistes latins, conduit à penser que Lactance avait déjà quitté l'Afrique, quand le rhéteur de Sicca embrassa la foi chrétienne. Absent depuis lors de son pays natal, il a fort bien pu ignorer ce qui s'y était passé après son départ, et se taire sur un livre dont la connaissance n'était pas arrivée jusqu'à lui.

Les ouvrages de Lactance nous montrent avec quel soin il s'était appliqué à l'étude des belles-lettres. Encore fort jeune, *adolescentulus*, dit saint Jérôme, il avait composé un petit écrit sous le titre de « Banquet », *symposium*. Un érudit allemand, Heumann, prétend que nous le possédons encore, et il voudrait l'identifier avec un recueil de cent énigmes communément attribué à un poète du nom de Symphosius. Comme le nom de ce poète se lit dès le premier vers, il n'y a pas de raison pour y substituer celui de Lactance ; car le prénom de Cœlius, commun à différents auteurs, n'indique pas l'un plutôt que l'autre. Quant au contenu de la pièce, il est impossible d'en tirer un argument pour ou contre. Elle est assez dans le goût de l'époque ; et rien ne s'oppose à ce qu'on y voie le produit d'une imagination juvénile. Parmi ces énigmes, il s'en trouve qui ne sont pas mal tournées, témoin celle de la porte : « Avec peu de force j'en produis beaucoup : fermées, j'ouvre les maisons ; ouvertes, je les referme ; je garde la maison au maître, et le maître me garde moi-même. » L'énigme de la rose n'est pas moins ingénieuse : « Je suis la pourpre de la terre ; une belle couleur anime mon teint. Des traits aigus m'environnent et me protègent contre toute tentative de viol. Heureuse, si je pouvais vivre un long espace de temps. » Assurément de pareils jeux d'esprit ont pu trouver leur place au début de la carrière littéraire de Lactance ; et nous n'hésiterions pas à les lui attribuer devant un témoignage quelconque de la tradition ; mais en l'absence de tout renseignement positif, nous ne sommes pas autorisés à le rendre responsable de ce péché de jeunesse, pas plus que d'un autre poème intitulé le *Phénix*, dont l'origine est à tout le moins aussi incertaine.

On ne saurait douter que, déjà en Afrique même, le disciple d'Arnobe ne se fût acquis la réputation d'un littérateur ou d'un grammairien distingué. Il fallait bien que sa renommée s'étendit au loin, pour que Dioclétien le fît venir du fond de l'Occident, dans le but de lui confier la chaire des lettres latines à Nicomédie, où ce prince avait fixé son séjour. A quelle époque doit-on rapporter la composition d'un traité que nous ne possédons plus, et qui, d'après saint Jérôme, avait pour titre le *Grammairien ?* C'est ce qu'il est impossible de déterminer. S'il faut en juger par d'autres ouvrages analogues du même temps, ce livre a dû ressembler beaucoup à ceux qu'ont laissés deux rhéteurs du troisième siècle : Fortunatianus et Aquila. L'un écrivit un *ars rhetorica scholica*, par demandes et par réponses ; l'autre traduisit en latin l'ouvrage d'un rhéteur grec, Numénius, sous ce titre : **Des figures, des sentences et de l'élocution.** Quoi qu'il en soit, tel paraît avoir été le genre d'occupations auquel se livrait Lactance, quand il fut appelé en Bithynie par Dioclétien, en même temps que le grammairien Flabus. Lui-même fait allusion à ces travaux de la première partie de sa vie, quand il dit quelque part : « En dissertant sur la véritable sagesse, nous exerçons une profession bien meilleure, plus utile et plus glorieuse que cet art oratoire, auquel nous avons consacré tant d'années, formant la jeunesse non pas à la vertu, mais à toutes les habiletés de la malice. » Tout en réduisant à leur juste valeur les exercices de déclamation auxquels on se plaisait si fort dans l'enceinte des écoles, l'ancien professeur de rhétorique ne méconnaîtra pourtant pas le profit qu'il avait retiré de ces luttes fictives pour la défense d'une meilleure cause ; ces retours sur son passé nous apprennent en même temps qu'il n'avait jamais abordé le barreau, se réservant tout entier pour l'enseignement des belles-lettres.

Lactance était-il déjà converti au christianisme, quand Dioclétien appela le brillant rhéteur à professer la littérature latine en Bithynie ? De la part d'un empereur païen, une pareille distinction semblerait bien indiquer le contraire. Ne nous hâtons pas toutefois de tirer une conclusion de ce fait ; car dans les premières années de son règne, Dioclétien n'avait pas laissé de se montrer favorable aux chrétiens. C'est une figure étrange que celle de ce Dalmate, en qui l'on ne saurait méconnaître un esprit organisateur de premier ordre. C'est de lui que date à proprement parler l'empire romain sous sa deuxième forme, tel qu'il se prolongea en Occident jusqu'à la fin du cinquième siècle, et en Orient jusqu'au quinzième ; et si de savantes combinaisons politiques, jointes à un mécanisme administratif des plus réguliers, avaient pu remédier à l'affaiblissement des caractères et à la ruine des mœurs, les réformes de Dioclétien ne fussent pas demeurées sans résultat. On peut blâmer à certains égards sa répartition du pouvoir entre plusieurs mains ; mais il est clair qu'au milieu d'un ordre de choses entamé de tout côté par les barbares envahisseurs, cette mesure extrême trouvait sa raison d'être dans une situation devenue de jour en jour plus critique. La même raison qui le portait à ne plus concentrer dans Rome toutes les forces de l'empire devait l'éloigner d'un attachement trop exclusif au vieux culte romain. Une religion sortie de l'Orient ne pouvait inspirer une antipathie bien profonde à un prince qui venait de transférer en Asie le siège principal du pouvoir. Aussi l'historien Eusèbe se répand-il en éloges sur la tolérance dont Dioclétien usait envers les fidèles, au commencement de son règne. Cette tolérance allait même jusqu'à la faveur. La cour de Nicomédie était remplie de chrétiens, dont plusieurs occupaient les plus hautes charges. Parmi ses chambellans et ses conseillers intimes, on voyait des hommes d'une haute piété, tels que Dorothée, Gorgone et Lucien.

Or c'est dans ce milieu que Lactance allait se trouver, à son arrivée en Bithynie. S'il est vrai que la religion n'eût pas fait jusqu'alors la conquête d'une âme si bien préparée pour la comprendre, l'exemple de tant d'hommes aussi distingués par leur rang que par leurs vertus n'aurait pu que faciliter cette conversion. Toujours prompt à chercher un aliment à l'activité de son esprit, le disciple d'Arnobe avait profité de son voyage d'Orient en Occident pour composer en vers hexamètres un *itinéraire d'Afrique à Nicomédie*. Aujourd'hui perdue, cette pièce existait encore à l'époque de saint Jérôme qui n'oublie pas de la mentionner. A titre d'exercice poétique, elle différait sans doute d'autres compositions du même genre, telles que les *itinéraires d'Antonin*, qui se bornaient à une simple nomenclature des villes avec l'indication des routes et des distances. Le mètre employé par l'auteur indique plutôt un travail d'imagination qu'un traité de géographie. Toujours est-il qu'au terme de son voyage, Lactance ne trouva pas les éléments de succès auxquels il aurait pu s'attendre. Malgré tous ses efforts pour faire de Nicomédie une seconde Rome, *Nicomediam studens urbi Romae coœquare*, Dioclétien n'avait pas réussi à y transplanter le goût des lettres latines. La capitale de la Bithynie était une ville toute grecque, dont les habitudes ne se laissaient pas modifier par les caprices d'un despote. Tout le talent du rhéteur africain ne suffit point pour grouper autour de sa chaire un nombre considérable d'auditeurs. Saint Jérôme, qui nous apprend ce détail, ajoute que, lassé d'un ministère si peu fructueux, Lactance échangea la parole du professeur contre la plume de l'écrivain. La défense des dogmes de la religion chrétienne devint dès lors la principale occupation de sa vie ; et le premier écrit qu'il composa dans ce but, ce fut son traité sur *l'ouvrage de Dieu ou la formation de l'homme*.

En terminant son traité sur l'*Œuvre de Dieu ou la formation de l'homme*, l'apologiste chrétien annonçait un autre ouvrage, moins spécial et plus vaste, dans lequel il se proposait d'embrasser tous les éléments de la vraie philosophie, au lieu de s'en tenir à un seul point de doctrine. Ce livre était celui des *Institutions divines*, l'une des productions les plus remarquables de l'éloquence chrétienne. Mais pendant que Lactance travaillait à une œuvre destinée à immortaliser son nom, de graves événements venaient de modifier la situation de l'Église. Une persécution, sans pareille dans le passé, avait succédé à la paix dont jouissaient les chrétiens depuis près d'un demi-siècle; et, chose merveilleuse, cette attaque, la plus violente de toutes, allait précipiter le triomphe définitif du christianisme. Sans avoir été impliqué dans les hasards de la lutte, Lactance devait être le témoin et l'historien de ces grands faits. A lui de les résumer dans cet écrit vigoureux qui a pour titre : *De mortibus persecutorum*, et qu'on dirait un écho du jugement de Dieu sur le monde ancien condamné à périr, et sur le nouveau prêt à se former. Il n'est rien de plus émouvant que ce drame par lequel s'ouvre une nouvelle époque dans l'histoire du genre humain, et qui se résume dans ces deux noms : Dioclétien et Constantin. (Commod., 5ᵉ et 6ᵉ leçons.)

APPENDICE

Extrait des œuvres posthumes de Mgr Freppel

I. Saint Athanase et ses lettres pastorales.

S'il est un nom dans l'antiquité chrétienne qui ait le privilège d'exciter l'intérêt ou de réveiller l'admiration, c'est celui de saint Athanase. Défenseur intrépide de la foi catholique contre l'hérésie arienne, adversaire redouté sous la restauration idolâtrique de l'empereur Julien, promoteur actif de la vie religieuse et morale en Orient, le patriarche d'Alexandrie s'offre à l'historien impartial comme un des plus grands esprits et des plus nobles caractères dont s'honore l'humanité.

Aussi rien n'égale la ferveur d'enthousiasme avec laquelle les premiers siècles de l'Église célébraient la mémoire de cet homme que Constantin le Jeune appelait l'homme de Dieu, Théodoret, le grand illuminateur, Jean de Damas, une pierre fondamentale de l'Église de Dieu, et dont saint Grégoire de Nazianze pouvait dire en prononçant son oraison funèbre : « Louer Athanase, c'est louer la vertu même, car toutes les vertus se réunissaient dans son âme. »

Presque toutes les œuvres de saint Athanase ont rapport à la grande controverse qui agita sa vie entière. Nés de la lutte, ses écrits en portent le caractère. Son style, éloigné de toute recherche, ne s'applique qu'à exprimer la doctrine avec force et précision. Sur ce point Athanase n'a été surpassé par aucun des Pères, et peu l'ont égalé. Ses *cinq discours contre les Ariens*, en particulier, sont des chefs-d'œuvre d'éloquence claire, solide, nerveuse. Bossuet y retrouvait cette noble simplicité qui fait les Démosthènes, et, à vrai dire, rien ne rappelle mieux cette dialectique pressante, cette raison ferme et grave que déployait l'orateur d'Athènes. Soit qu'il expose ou qu'il discute, qu'il poursuive ses adversaires ou qu'il présente sa propre apologie, son langage est simple, ses preuves fortement liées. Il se défend avec dignité comme il attaque avec force. On sent partout l'homme qui s'efface derrière la doctrine, et qui ne s'émeut de la calomnie que parce qu'elle atteint du même coup la vérité qu'il défend. Telle sa vie, tels ses écrits ; et, s'il fallait en exprimer le caractère par un de ces traits qui sont propres à Bossuet, nous répéterions, après l'évêque de Meaux, que « le caractère de saint Athanase, c'est d'être grand partout ».

On conçoit sans peine que, dans un recueil d'écrits purement polémiques, l'instruction morale n'occupe pas une très large place. Non pas certes que le patriarche d'Alexandrie n'ait dû quitter fort souvent les hauteurs de la doctrine, pour la suivre dans ses applications pratiques. Mais, tout entier à la grande cause dont il était le principal défenseur, il négligeait sans doute de donner à ses homélies cette belle forme que nous admirons dans plusieurs des Pères de l'Église grecque. C'est d'une persécution à l'autre, c'est entre deux exils que sa parole ardente et sévère entretenait la charité dans le cœur de son peuple. Cinq fois banni de son siège, errant et fugitif sur tous les chemins du monde, il ne peut se faire entendre de son troupeau pendant vingt années d'absence. De là vient qu'à côté de ses *traités dogmatiques,* de ses *discours de controverse* et de ses *lettres,* nous ne possédons de lui que fort peu de *sermons,* et, dans ce petit nombre, il n'en est aucun dont l'authenticité ne soit suspecte.

C'est donc combler une lacune assez regrettable dans les œuvres de ce grand évêque, que de pouvoir recueillir quelques-unes des *instructions pastorales* qu'il adressait à son peuple. Nous voulons parler des vingt *lettres pascales* de saint Athanase trouvées dans un monastère de l'Egypte.

Nous ne saurions donner une idée plus exacte de ces lettres-circulaires qu'en les comparant aux *mandements de carême* de nos évêques, et c'est là sans doute une première conséquence de leur découverte, de justifier par l'antiquité de l'usage un des actes les plus sérieux de l'autorité épiscopale. Deux parties se retrouvent dans chacune d'elles : une exhortation au jeûne quadragésimal et à la communion pascale qui doit le couronner, et un dispositif réglant l'époque et la durée de ces grands exercices de la vie chrétienne.

On voit par là que ces lettres ont avant tout un but pratique. Ce sont pour la plupart de véritables homélies sous forme de circulaires pastorales. Athanase débute pour l'ordinaire par un cri de joie. La fête de Pâques approche : son cœur d'évêque s'en réjouit pour le bien spirituel de son troupeau. Il cherche à dévoiler aux fidèles le sens caché de ces grands mystères qu'il envisage surtout dans leur influence sur la vie morale du chrétien. Prenant son point de départ dans l'Ancien Testament, il signale dans la Pâque des Juifs un symbole de la Pâque évangélique. C'est cette antithèse prolongée qui fournit la matière la plus féconde à ses développements. Il est à présumer que le grand nombre de Juifs qui habitaient Alexandrie ne rendaient pas cette insistance inutile. Ce qu'il y a de certain c'est que Athanase excelle à saisir les points de contact et à tracer les lignes de séparation qui existent entre l'ancienne et la nouvelle alliance. Son esprit subtil et pénétrant devine sans peine le sens spirituel des observances mosaïques : de là des applications aussi neuves que fécondes qu'il sait tirer de l'Écriture. Peut-être est-il vrai de dire que les mêmes idées reviennent un peu souvent sous sa plume. Son style plus abondant que varié offre une répétition trop uniforme d'images et de tours analogues. Mais ce n'est pas sans une admiration mêlée de surprise qu'on parcourt ces pages si nettes et si fermes qui résument dans une courte exhortation tous les devoirs de la vie chrétienne.

Il va sans dire que les controverses qui s'agitaient autour d'Athanase se reflètent dans ses mandements de carême. Plusieurs d'entre eux correspondent à l'époque la plus agitée de sa vie. Car, bien que les circonstances ne lui permissent pas toujours d'accomplir ce qu'il regardait comme un devoir important de son ministère, il s'en acquittait chaque fois qu'il lui était possible de communiquer avec son troupeau. Je citerai comme exemple la quatrième lettre pascale, qu'il envoya du camp de Constantin auprès duquel il était allé se justifier des accusations portées contre lui par les Mélétiens. Voici en quels termes il s'excuse du retard qu'il a mis à rappeler à son peuple les prescriptions du jeûne annuel :

« C'est en dehors du temps ordinaire que je vous écris, mes bien-aimés ; mais j'espère que vous excuserez mon retard en raison de la longueur du voyage et de la maladie dont je suis affligé. Je ne veux pas néanmoins différer plus longtemps à vous annoncer la fête de Pâques, comme mon devoir m'y oblige. Et quel temps plus propice pour entonner l'hymne de la délivrance que celui où nos ennemis confondus vont subir le jugement de l'Église ! quel moment plus favorable pour chanter avec Israël vainqueur de Pharaon : « Chantons » au Seigneur, parce qu'il a fait éclater sa gloire : il a » précipité dans la mer le cheval et le cavalier... »

Ailleurs, comme dans la dix-neuvième lettre pascale, il rend grâces à Dieu de l'avoir délivré de la persécution. De retour de son deuxième exil, après avoir assisté au concile de Sardique, le patriarche était rentré triomphant à Alexandrie. Le peuple de cette ville, qui ne cessa pas un instant de lui rester fidèle, était venu à sa rencontre et lui avait fait cet accueil enthousiaste, que décrit Grégoire de Nazianze dans l'éloge funèbre de ce grand homme. Pénétré de reconnaissance, Athanase s'écrie au début de sa lettre :

« Béni soit Dieu, le père de Notre-Seigneur Jésus-Christ ! Un tel commencement convient à notre lettre. C'est en nous servant des paroles de l'Apôtre que nous devons rendre grâces à Dieu de ce qu'il nous a rappelé d'un pays lointain, pour nous permettre de vous annoncer de nouveau les saints jours selon la coutume usitée. Car le temps de la fête arrive, mes frères, et la fête elle-même approche... »

Mais ce qui paraît le plus dans ces instructions pastorales adressées à son peuple de près ou de loin, c'est le soin qu'il prend à le prémunir contre les erreurs ariennes. Là-dessus Athanase ne tarit point. Le cadre restreint d'une ordonnance de carême ne lui permettait pas sans doute de développer ces grandes questions. Mais des allusions fréquentes aux menées des hérétiques trahissent la constante préoccupation de son âme. Parfois même il s'élève avec force contre ces hommes *insensés*, qu'il accuse de « tuer le Logos », de « déchirer la robe du Christ », d'en « mutiler la personne ». Sous ce rapport, la dixième lettre est la plus remarquable. Exilé à Trèves en 336, Athanase n'en avait pas moins écrit à son peuple du fond de l'Occident. Malheureusement nous n'avons plus le mandement de carême de cette année-là. Celui dont je parle marque le retour du patriarche à Alexandrie. Impossible de mieux établir, qu'il ne le fait, les motifs de l'Incarnation du Verbe contre les opinions des Ariens :

« Le Fils de Dieu a souffert pour rendre impassible

un jour la nature humaine qui souffrait en lui ; il est descendu du ciel pour nous y élever après lui ; il a voulu passer par les épreuves d'une naissance humaine pour gagner nos cœurs ; il a pris sur lui notre chair corruptible pour déposer en elle un principe d'immortalité ; pour nous communiquer la force, il s'est condamné à la faiblesse ; en un mot, il s'est fait homme, afin que l'humanité régénérée par lui pût revivre en triomphant de la mort. »

Ces grandes idées qu'Athanase développe plus au long dans son *Traité de l'Incarnation* reviennent dans presque toutes ses lettres pascales. Mais le dogme de l'incarnation du Verbe n'est pas le seul que l'évêque d'Alexandrie cherche à inculquer à son troupeau. Il touche successivement à tous les points de la doctrine. Quand Vincent de Lérins, accusant avec précision le concept de la catholicité, dira dans son *Commonitoire* : « Est catholique tout ce qui a été professé toujours, en tous lieux et par tous, » il ne fera guère que traduire ce beau passage de la onzième lettre :

« Quel bonheur, mes frères, de voir la même prière et les mêmes actions de grâces s'élever en tous lieux vers le Père des miséricordes, de voir l'Église catholique, répandue par toute la terre, adorer Dieu d'une façon identique ! Qui ne se sentirait ému par un tel spectacle et porté à se donner tout à Dieu ? »

Athanase n'est pas moins pénétrant, quand il s'agit de découvrir la source des hérésies. Il appuie fortement sur la nécessité de la Tradition pour conserver la saine doctrine :

« Les hérétiques, écrit-il dans sa douzième lettre pascale, lisent bien les saintes Écritures, mais ils ne tiennent nul compte de l'interprétation des saints. N'y voyant que des traditions humaines, ils en méconnaissent l'autorité : c'est en quoi consiste leur erreur. »

On ne saurait s'attendre assurément à trouver le

dogme de l'Eucharistie exprimé, dans ces lettres, avec toute la clarté que désireraient certains esprits, peu familiarisés avec l'antiquité chrétienne. Tout le monde sait avec quelle précaution l'Église primitive exposait ce grand mystère dans les écrits publics.

Il faut avouer cependant que Athanase est aussi explicite sur ce point que le comportait la discipline du secret. Toutes ses exhortations à la communion pascale tendent visiblement à ce but. Supposez une communion purement idéale ou une union figurative, et toutes ces perpétuelles antithèses entre la Pâque des juifs et la Pâque des chrétiens deviennent un non-sens. Car, dans ce cas, il n'y aurait eu de part et d'autre qu'un acte symbolique, et rien de plus. Au contraire, l'évêque d'Alexandrie oppose constamment l'une à l'autre, comme l'ombre au corps, la figure à la réalité, la prophétie à l'accomplissement. « Nous ne mangeons plus, dit-il, la chair d'un agneau, mais la propre chair du Sauveur qui nous a dit : Prenez et mangez, ceci est mon corps. » Ces expressions et d'autres semblables reviennent cent fois dans le cours de ses lettres, qui ne sont à proprement parler que le développement de cette pensée.

Il suit de là que ces lettres pascales sont de la plus haute importance pour l'histoire des dogmes et de la discipline ecclésiastique. Ce qui nous paraît en ressortir comme la conclusion principale, c'est que la vie religieuse des chrétiens d'Alexandrie était réglée, au commencement du quatrième siècle, de la même manière qu'aujourd'hui. Un grand acte obligatoire, la communion pascale, coïncidant avec l'époque commémorative des mystères de la Rédemption, comme préparation préalable au jeûne annuel prescrit selon la coutume, et un mandement épiscopal exhortant les fidèles à sanctifier ce temps par la pratique des vertus chrétiennes, voilà ce qu'on rencontre dans les lettres pascales de saint Athanase.

II. Les Pères du Désert.

Entre la mer Rouge et les sables de la Libye s'étend, depuis Syène jusqu'à Memphis, une longue vallée, qui, resserrée entre deux chaînes de montagnes, finit par s'élargir et se prolonge, d'un côté vers Alexandrie, pour se perdre dans les oasis, tandis qu'elle atteint vers l'ouest, par delà Héliopolis, jusqu'à l'isthme de Suez. C'est dans cette vallée fameuse du Nil, sur cette terre antique de l'Égypte, terre de merveilles et de mystères, au fond de ces déserts qui s'avancent vers l'Arabie et vers la Palestine, que le mysticisme chrétien choisit un lieu de retraite pour s'adonner aux exercices de la vie contemplative. De même qu'autrefois le prophète Élie était venu chercher, dans le désert de Jéricho, un abri contre les persécutions de Jézabel, ainsi beaucoup d'âmes, fatiguées du triste spectacle qu'offrait alors le vieux monde décrépit et chancelant, s'enfoncèrent dans la solitude, pour y goûter une paix que la société ne pouvait leur donner. L'ancienne Égypte, toute préoccupée des choses de la terre, s'efforçait en vain de retenir la vie qui lui échappait malgré elle. En prêtant toutes les apparences de la vie aux momies dont elle peuplait ses pyramides sépulcrales, elle semblait vouloir s'enchaîner à ces cadavres embaumés, qu'un souffle faisait tomber en poudre. Les solitaires de la Thébaïde, au contraire, n'aspirant qu'aux biens du ciel, cherchaient à rompre successivement tous les liens qui les attachaient à la terre ; ou plutôt transportant le ciel sur la terre, ils changeaient en paradis ces déserts, dont le reste des hommes fuyait les sombres horreurs ; et de fait, la terre de Mesraïm sembla devenir un nouvel Éden, quand la vie toute céleste des anachorètes chrétiens eut rétabli le commerce intime qui existait dans le principe entre Dieu et les hommes.

Les dons extraordinaires de l'Esprit-Saint ne pouvaient manquer à ces généreux disciples du Christ, et le miracle de la Pentecôte dut se répéter pour eux dans toute sa plénitude. Qu'y a-t-il, en effet, de plus merveilleux que la vie des *Paul*, des *Antoine*, des *Pacôme*, des *Macaire*, des *Arsène*, et de tant d'autres, qui n'offrirent, dans leur longue carrière, qu'un tissu continuel de faits miraculeux ? Jamais le mysticisme chrétien ne parut avec plus d'éclat et de fécondité. De même qu'autrefois, Dieu se promenait avec les premiers hommes, suivant l'expression pittoresque de l'Écriture, ainsi semblait-il converser familièrement avec ces hommes du désert, qui faisaient revivre l'innocence et la simple candeur du premier âge de l'humanité. Comment n'eussent ils point acquis un pouvoir souverain sur les éléments de la nature, eux qui ramenaient dans toute sa perfection le règne de Dieu sur la terre ? Comment n'auraient-ils pas triomphé des puissances des ténèbres, puisqu'ils effaçaient de leurs âmes jusqu'aux derniers vestiges du mal ? C'est en acquérant sur eux-mêmes un empire absolu, qu'ils étendaient leur domination sur l'ordre extérieur : moins ils tenaient de la faiblesse humaine, plus ils participaient à la puissance divine. En rompant toute relation avec le reste des hommes, ils multipliaient leurs rapports avec Dieu, dont ils ressentaient d'autant plus l'influence qu'ils subissaient moins celle de la société. C'était là un avantage de la solitude, dont le silence perpétuel, concentrant toute l'activité de l'âme au dedans d'elle-même, fortifiait la vie de l'esprit, en affaiblissant celle des sens ; tandis que, d'autre part, la règle sévère des anachorètes, affranchissant l'âme du joug de la matière, la rendait plus capable de recevoir les communications célestes. C'est ainsi que, sous le ciel de l'Orient, le mysticisme chrétien se développait dans la solitude du désert : sujet d'étonnement pour les païens et d'admiration pour les fidèles, qui contemplaient dans ce spectacle le triomphe de leur foi.

La réalité de ces phénomènes merveilleux n'est pas moins certaine que leur variété ; et ce serait renoncer à maintenir la certitude historique sur un seul point, que de se refuser à l'évidence de témoignages si nombreux et si éclatants. C'est saint Jérôme qui raconte la vie de Paul l'Ermite, d'après le récit de témoins oculaires ; c'est saint Athanase qui rapporte les actions de saint Antoine, son contemporain. C'est par les écrits de ces grands hommes que nous apprenons les guérisons subites, les lumières extraordinaires, les fréquentes extases, les prévisions surhumaines qui se rencontrent dans la vie des Pères du désert. Sans doute, l'imagination a dû parfois embellir ces faits, et la légende prendre sa place à côté de l'histoire : la solitude, embaumée par le parfum de tant de vertus et transformée en un temple d'où s'échappaient sans cesse des cantiques nouveaux, prêtait si fort à l'exaltation des facultés de l'âme ! L'ignorance des causes naturelles qui modifient si souvent l'aspect de ces grandes scènes de la nature, les illusions d'optique, si ordinaires dans ces contrées où le soleil plus ardent produit des effets merveilleux, devaient donner plus d'une fois les apparences du miracle à des accidents purement physiques. Si Mutius le solitaire sort de sa retraite pour arrêter le soleil prêt à se coucher, ne serait-ce pas qu'une puissante réfraction eût pris les couleurs d'un pareil prodige, dans l'imagination de Bessarion qui nous en a transmis le souvenir ? Si les frères de Palestine voient du rivage s'élever au-dessus de la mer des îles chimériques et des palais imaginaires, ou bien un lac immense se dérouler soudain devant eux pour efféter dans ses eaux des bouquets de dattiers et de sycomores, ne serait-ce pas le phénomène du mirage, que parfois leur esprit, uniquement occupé de l'ordre surnaturel, aurait pris pour une illusion de l'Esprit tentateur ? Et la légende elle-même, cette poésie mystique de l'histoire, n'est-ce pas un mirage continuel, qui reflète les nuances et les formes des lieux qui l'ont vue naître ? Passant de cellule en cellule, le récit populaire devait porter l'empreinte des diverses contrées qu'il avait parcourues, et recueillir sur son passage toutes les fleurs que de pieuses traditions y semaient à pleines mains. Voilà la légende et sa signification historique ; loin de porter atteinte à la certitude du mysticisme chrétien dans le désert, elle l'augmente et la fortifie ; car en se jouant avec tant d'assurance au milieu de ces faits surnaturels, elle ne fait qu'attester combien peu ils étaient rares à l'époque dont elle retrace le caractère et l'esprit.

III. Saint Grégoire de Nysse.

Le premier des orateurs sacrés de l'Église grecque, qui mérite notre attention, est *saint Grégoire de Nysse*. Frère puîné de saint Basile, il appartient à cette pléiade d'hommes illustres dont la Cappadoce fut le berceau. Comme l'évêque de Césarée, Grégoire prit une large part aux controverses fécondes, qui valurent au dogme catholique tant de précision et de netteté. Il défendit contre Eunomius la divinité du Verbe, fut persécuté sous Valens et, dans le cours d'une vie agitée par les travaux de la foi, parut avec éclat dans la chaire de Constantinople, où il prononça les oraisons funèbres de l'impératrice Flacille et de sa fille Pulchérie. L'éminent critique, qui a su retracer avec tant de charme le tableau de l'éloquence chrétienne au quatrième siècle, consacre quelques lignes à ce Père si peu connu et si digne de l'être : « L'évêque de Nysse, dit-il, n'avait pas, comme saint Basile, le don de tout embellir par l'imagination et le sentiment. Sa méthode est sèche, ses allégories sont subtiles. Il n'a pas non plus cette couleur orientale, qui charme dans la plupart des orateurs de l'Église grecque : chose singulière ! il est mystique par le raisonnement seul ; il est mystique sans être enthousiaste. Son âme n'est point échauffée par les grands spectacles du christianisme naissant ; mais il a l'air d'appliquer les catégories d'Aristote à cette œuvre d'inspiration et de foi. »

J'avoue que cette appréciation de M. Villemain m'étonne un peu. Si l'on pouvait, à mon avis, reprocher quelque chose à l'évêque de Nysse, ce serait moins la sécheresse que l'abus de l'imagination. Sans doute Grégoire porte, au milieu des questions ardues de la métaphysique chrétienne, un esprit subtil et pénétrant. Dans ses douze discours contre Eunomius, il devance les scolastiques par la sagacité de l'analyse et la finesse des distinctions. Mais il n'en est pas moins vrai que sa diction est brillante et richement colorée. Ce qui la dépare assez souvent, c'est un goût peu sévère, le retour trop fréquent des mêmes images, une pompe d'expression qui devient de l'emphase. En général, ses développements pèchent par la longueur ; les rapprochements qu'il établit sont parfois plus ingénieux que fondés. Mais il ne serait pas juste de lui refuser la chaleur du sentiment. Sa vie de Grégoire le Thaumaturge prouve assez que les grands spectacles de la foi naissante excitaient en son âme un enthousiasme vrai. Toutes ces qualités et ces défauts se retrouvent également dans ses oraisons funèbres de Pulchérie, de Flacille et de Mélèce. (Bossuet, 24ᵉ leçon.)

IV. Saint Grégoire de Nazianze et saint Basile.

Tout le monde connaît la touchante amitié qui unissait entre eux *Grégoire de Nazianze* et *Basile*. C'est là, sans nul doute, un des épisodes les plus intéressants dans la vie des grands hommes de l'Église. En pénétrant ces âmes d'élite de sa sève divine, le christianisme n'avait fait qu'ajouter aux affections légitimes du cœur plus de délicatesse avec plus de pureté. Nés sous le même ciel de la Cappadoce, plus tard condisciples à Athènes, ils ne s'étaient jamais perdus de vue durant le cours de leur vie si pleine et si agitée. L'histoire n'a rien de plus beau que ces deux existences étroitement enlacées et se déployant avec éclat dans une harmonie féconde. Leur correspondance mutuelle, plus encore que leur vie, témoigne de cette amitié qui devait croître chaque jour dans la défense et dans les périls d'une même cause. C'est donc une scène unique dans l'histoire de l'éloquence sacrée que celle où, avant de s'ensevelir dans la retraite, en quittant le siège de Constantinople qui lui avait valu tant de persécutions, Grégoire de Nazianze vient saluer à Césarée le tombeau de son vieil ami, et consacrer à cette chère mémoire « les restes d'une voix qui tombe et d'une ardeur qui s'éteint ». C'est ce ton de mélancolie religieuse, inspiré par les souvenirs de l'amitié, qui prête tant de charme à l'oraison funèbre de saint Basile. Grandeur du sujet, solennité de la circonstance, talent de l'auteur, tout contribue à faire de ce discours le chef-d'œuvre de l'éloquence funèbre dans les premiers siècles de l'Église.

Ici, nous trouvons la véritable création de l'oraison funèbre, sous la forme que le dix-septième siècle acceptera en la perfectionnant. Grégoire de Nazianze trace la biographie de saint Basile, mais comme il l'anime par les grâces de l'éloquence! Il groupe autour d'elle les évènements de son temps. Elle devient sous sa plume une page d'histoire vivante et colorée. Rien de plus admirable que l'art avec lequel il sait varier le ton en soutenant l'intérêt. Il s'excuse d'abord de n'avoir pas rendu plus tôt à son ami ce devoir funèbre. Les périls de la foi le retenaient ailleurs ; et c'était là, sans doute, dit-il en commençant, l'hommage le plus éclatant qu'il pût rendre à la mémoire d'un homme, dont la vie entière n'avait été qu'une série de combats pour la cause de l'Évangile. Il passe alors à l'enfance de Basile, dont il loue les vertueux parents et dont il rappelle les premières études. A ce sujet, le vieil évêque retrouve tout l'enthousiasme de sa jeunesse, pour célébrer l'érudition profane. Il s'élève avec indignation contre les chrétiens de son temps qui prétendaient la proscrire, et les appelle, sans détour, des hommes d'ignorance et de ténèbres. De là nous le suivons à Athènes et nous assistons à la vie intime des deux amis. C'est peut-être la partie la plus attachante du discours. L'orateur est obligé de se mettre en scène ; et c'est avec une simplicité pleine d'émotion qu'il se joue dans les mille détails qui réjouissent ses souvenirs. Rien n'est oublié. L'arrivée de Basile à Athènes, où l'a précédé sa réputation, la gravité de son caractère qui l'exempte d'une farce burlesque usitée pour les nouveaux venus, la jalousie des jeunes Arméniens qui cherchent à circonvenir le brillant élève, l'appui que son ami lui prête dans ces rivalités d'étudiants, leur intimité enfin devenue célèbre dans la Grèce entière, tout cela est raconté par le vieillard avec un charme de naïveté qui, à de si longs siècles d'intervalle, touche le cœur et l'attendrit.

Avec la vie publique de Basile, s'ouvre la seconde partie de son oraison funèbre. On dit adieu à Athènes, à ses écoles, à ses philosophes. Les luttes de la foi réclament les deux jeunes athlètes. Basile le premier descend dans la lice. Il consacre à Césarée, sa patrie, les prémices de son ministère. Mais la jalousie, que provoquent les succès de sa parole, l'oblige à se réfugier avec son ami dans un monastère du Pont. La persécution de Valens l'en retire. Élu métropolitain de la Cappadoce, il défend, par ses écrits, l'orthodoxie menacée. Ici, la scène grandit, le ton s'élève. Grégoire trace d'une main ferme le tableau de ces temps orageux :

« Par où commencerai-je, s'écrie-t-il, la description du combat que Valens nous a livré ? Exil, fuite, confiscation des biens, tentatives ouvertes, embûches secrètes, tout lui paraissait bon ; flatteur habile, quand l'occasion s'en offrait, il obtenait par la violence ce qu'il ne pouvait espérer par les séductions de la parole. On vit alors les évêques orthodoxes, chassés de leurs sièges, faire place à des intrus, qui n'avaient d'autre mérite que leur attachement aux opinions pernicieuses de l'empereur. On vit ces docteurs pestiférés aller de lieu en lieu, mendiant des signatures impies et répandant des écrits mille fois pires que leurs actes. Quant aux prêtres restés fidèles, on les descendait dans la mer sur des navires embrasés. A l'ardeur qui animait ces fameux généraux, vous eussiez dit qu'ils allaient subjuguer les Perses, et réduire en leur puissance les Scythes ou toute autre nation barbare. Non, il leur fallait des exploits plus dignes d'eux. C'est aux églises qu'ils s'attaquaient ; ils s'élançaient sur les autels, mêlant le sang humain au sacrifice non sanglant ; ils portaient l'ignominie aux vierges. Tel est le récit de ces faits dont le souvenir seul nous arrache encore des larmes. »

Un homme cependant devait arrêter la persécution, par sa courageuse attitude et l'intrépidité calme de sa foi. L'orateur a compris qu'il fallait laisser à de tels actes leur éloquence simple et nue. Se bornant au rôle de narrateur, Grégoire raconte dans tous ses détails cette scène immortelle, où l'évêque de Césarée désarme le préfet de la Cappadoce par la sérénité de son âme et l'énergie de ses réponses.

Au sortir de ces luttes, que l'orateur retrace avec une noble simplicité, on se repose avec joie dans la peinture calme et douce des vertus de saint Basile. Non pas qu'il faille voir, dans cette face nouvelle du sujet, une partie nettement tranchée ou une subdivision du discours.

L'oraison funèbre, telle que Grégoire de Nazianze et les Pères en général la concevaient, n'offre point ce plan rigoureux ni cette ordonnance savante et régulière que nous rencontrons au dix-septième siècle. Le souffle de l'inspiration y circule plus librement : de là, moins de méthode, il est vrai, mais plus d'abandon et plus de naturel. L'orateur s'efface davantage et l'art se devine moins facilement. Ainsi les vertus de saint Basile se trouvent semées çà et là dans le discours ; elles s'encadrent d'elles-mêmes au milieu des faits, et prêtent à l'éloge un accent de vérité, qui se refuserait peut-être à des calculs plus savants. Grégoire, d'ailleurs, avait pu apprécier par lui-même tout ce que cette belle âme renfermait de pureté et de désintéressement. Il venge la mémoire de son ami du reproche d'arrogance, que lui avait valu une sévérité toute chrétienne, auprès des hommes relâchés de son époque. C'est surtout en rappelant l'insigne charité du saint évêque qu'il se livre au transport de son admiration.

On conçoit que la mort d'un tel homme ait dû causer dans tout l'empire des regrets unanimes. Aussi Grégoire invite-t-il, en terminant, les princes et les peuples à se joindre à lui dans une bénédiction commune. Grégoire de Nazianze appelle de même, autour du tombeau de Basile, tous ceux qui l'avaient admiré pendant sa vie. Prêtres et fidèles, petits et grands, riches et pauvres, savants et ignorants, il les fait défiler tous auprès de ces restes funèbres. Puis enfin, le vieillard se présente lui-même avec ses cheveux blancs. Il prie son ami d'agréer les derniers efforts d'une voix qui lui a été chère autrefois (car ce mot si connu de Bossuet revient encore à Grégoire de Nazianze). Qu'on juge de l'émotion qui, dans ce moment-là, n'a pu manquer de gagner le peuple de Césarée, ce peuple si impressionnable, qui chérissait Basile comme un père, à tel point qu'il avait failli massacrer un jour le procureur de la province, qui s'était porté à des excès de violence contre le saint évêque! Des larmes et des sanglots devaient répondre à la parole de Grégoire. C'est une de ces scènes d'éloquence qu'il suffit de rappeler, pour en faire comprendre toute l'émouvante poésie.

L'éloge funèbre de saint Athanase forme pendant avec celui de saint Basile. Non pas qu'il faille lui reconnaître le même mérite, bien qu'il en ait beaucoup. On n'y retrouve pas cet intérêt de circonstance, qui ajoute tant de charme au discours que je viens d'analyser. Il se recommande néanmoins par de bonnes qualités.

Avant de prononcer les oraisons funèbres dont nous venons de parler, saint Grégoire avait rendu le même devoir à presque tous les membres de sa famille : à son frère Césaire d'abord, puis à Gorgonée, sa sœur, et enfin à son propre père.

Dans ces discours moitié de famille, moitié publics, on s'explique sans peine pourquoi Grégoire de Nazianze a excellé dans l'oraison funèbre. C'est que, chez lui, le sentiment allait de pair avec l'imagination. Nature enthousiaste et ardente, le beau moral l'impressionnait vivement; la vertu le touchait par tous ses aspects, simples ou héroïques, sévères ou gracieux. De là, cette chaleur qui anime sa parole dans le récit des belles actions. Telles il les sentait, telles il savait les peindre; c'est en quoi le servait une riche et brillante imagination, qui a fait de lui le poète du christianisme, dans cet âge d'inspiration et de foi. On a dit de ses oraisons funèbres que ce sont autant d'hymnes. J'accepterais un pareil jugement comme l'expression de la vérité entière, n'étaient ces aperçus profonds sur l'histoire de son temps, et ces vues théologiques qui trahissent partout, dans le poète de Nazianze, celui que l'Église grecque a surnommé le théologien par excellence. Grégoire est, en effet, un des esprits les plus complets qu'ait produits l'antiquité chrétienne. Chez lui, le docteur n'ôte rien à l'artiste, et l'historien relève l'orateur. Qu'on ajoute à tant de qualités ce dédain des choses de la terre qui donnait des ailes à son génie contemplatif, ce goût de la solitude qui le tournait sans cesse vers la méditation des grandes vérités de la foi, une tristesse sacrée qui est l'âme de l'éloquence évangélique, comme l'a si bien dit La Bruyère, et je ne sais quelle profondeur de mélancolie chrétienne si propre à donner le ton de l'oraison funèbre ; et l'on n'aura pas de difficulté à comprendre pourquoi ce genre d'éloquence a valu à l'ami de saint Basile de si grands succès.

V. Saint Ambroise.

Le nom d'*Ambroise* rappelle le génie le plus tendre et le plus orné qu'ait enfanté l'Église latine au quatrième siècle. Par une coïncidence assez frappante, l'évêque de Milan se vit appelé à louer après leur mort ceux qui, pendant leur vie, lui avaient suscité le plus d'embarras et même de persécutions. De là l'intérêt tout particulier qui s'attache à ses oraisons funèbres de Valentinien le Jeune et de Théodose.

L'évêque de Milan excelle dans le pathétique. Doué, ainsi que Grégoire de Nazianze, d'une imagination de poète, il porte dans l'expression de la douleur une plus grande vivacité de sentiment. De là vient qu'il dispute à ce Père la palme de l'éloquence funèbre dans les premiers siècles de l'Église. Mais pour saisir le caractère de cette parole si douce, si onctueuse et si fleurie, il faut lire les deux discours qu'il consacra à la mémoire de son frère Satyre.

Déjà nous avons rencontré sur notre route des œuvres analogues. Ceci nous amène naturellement à une réflexion ; c'est que le christianisme, loin de contrarier les sentiments légitimes du cœur humain, les développe en les purifiant. Sans doute, l'Évangile est venu déclarer la guerre aux instincts dépravés de l'homme ; cette lutte de la grâce et de la nature est même ce qu'il y a de plus caractéristique dans la loi chrétienne, envisagée comme loi morale. Mais l'anathème évangélique n'atteint pas la nature dans ce qu'elle a de vraiment beau et de grand. En étouffant dans le cœur de l'homme le germe de l'amour déréglé, le christianisme ne tarit point la source des affections légitimes. Bien au contraire, il affranchit le sentiment de cet égoïsme charnel qui le tient concentré en lui-même, et lui communique ainsi plus de vigueur et de vraie liberté. Il le débarrasse de ce qu'il a de bas et de grossier, et, l'élevant au-dessus de la matière, l'affine, le spiritualise, le rend plus vif et plus délicat. C'est un fleuve qui, ramené à un cours moins irrégulier, se creuse par là même un lit plus profond. Voilà pourquoi on ne trouvera nulle part, comme dans une âme vraiment chrétienne, la piété filiale, l'amour fraternel, toutes ces affections qui font le charme de la société humaine. La raison est toute simple. Délivrez une fleur du ver qui rongeait sa racine, vous lui rendrez la fraîcheur avec la vie. Il en est de même du sentiment. Dégagé par une main divine des vils instincts qui l'étouffent, le cœur humain puise son énergie dans sa liberté, et, se détachant de ce qui n'est pas digne de lui, il se reporte vers les objets légitimes de sa tendresse, avec toute la vivacité de sa force et la fraîcheur de sa pureté.

J'insiste là-dessus, car ce n'est pas d'aujourd'hui qu'on a accusé la religion catholique d'absorber la nature par la grâce, et de faire disparaître l'homme dans le chrétien ; et je ne veux pas nier que certaines exagérations de conduite et de langage n'aient fourni quelque prétexte à ce reproche. Mais, en droit comme en fait, rien n'est moins fondé. Sous l'empire de la grâce, la nature, j'entends la nature bonne, la nature vraie, conserve tous ses droits ; le chrétien relève l'homme, mais ne le détruit pas. Voyez les grands génies du quatrième siècle, auxquels il faut toujours en revenir pour saisir l'expression la plus élevée de l'esprit chrétien ! Aveugle sans doute, quiconque ne verrait pas l'effet d'une grâce toute-puissante, dans ces natures d'une nouvelle trempe que l'amour de Dieu exaltait jusqu'à un héroïsme surnaturel. Mais ce qui me charme, je l'avoue, dans ces âmes énergiques, c'est de voir avec quelle grâce naïve et touchante elles se jouent dans les sentiments les plus naturels du cœur humain. Quand je veux juger, par exemple, de ce que peuvent devenir, dans un cœur façonné par l'Évangile, la piété d'un fils, l'amour d'un père ou d'un frère, je lis les pages où saint Jean Chrysostôme rappelle avec émotion la douleur qu'il avait éprouvée, en se séparant de sa mère pour se vouer au sacerdoce ; je lis cette ravissante épître, dans laquelle saint Hilaire exhorte sa fille Afra à choisir le Christ pour époux ; j'écoute saint Ambroise épanchant son cœur de frère sur la tombe de Satyre, et je me dis : Non, la grâce ne détruit point la nature, l'Évangile n'éteint pas les affections du cœur ; l'homme se retrouve dans le chrétien, avec moins de faiblesse et plus de dignité. (Bossuet, 26ᵉ leçon.)

VI. LES ÉPITRES CONSOLATOIRES DE SAINT JÉRÔME.

Les épîtres consolatoires de saint Jérôme sont au nombre de sept, et presque toutes consacrées à la louange d'illustres dames romaines, que saint Jérôme dirigeait dans les voies de la perfection. La première est adressée à Paula, pour la consoler de la mort de sa fille Blésille. La deuxième à l'évêque Héliodore : c'est un éloge funèbre à peu près complet du jeune prêtre Népotien, enlevé à la fleur de l'âge. Dans la troisième, on rappelle à Pammachius les vertus de sa femme Pauline, fille de Paula, qu'il venait de perdre. La quatrième, adressée à Océanus, retrace la vie de Fabiola. Dans la cinquième, saint Jérôme cherche à consoler Salvina de la perte de Nébride, son mari, dont il retrace les grandes qualités. La sixième et la septième, adressées à Eustochie et à Principia, filles de Paula et de Marcella, renferment l'éloge funèbre de ces pieuses chrétiennes. On croirait peut-être que ces lettres, épanchements familiers d'une douleur intime, excluent toute recherche. Non, il y a beaucoup d'art, trop même peut-être. Tout en faisant bon marché de la rhétorique, saint Jérôme tient à en observer les règles. S'il vient à s'en écarter, il s'interrompra pour se dire : *Exciderunt ne tibi præcepta rhetorum ?* as-tu oublié les préceptes des rhéteurs ? Il ne craint pas, en écrivant à des personnes d'un esprit cultivé, de déployer tout le luxe de l'érudition classique. Les vers de Virgile ou d'Horace coulent sous sa plume, avec la même facilité que les textes de l'Écriture sainte. Il ne faudrait pas conclure de là que ces lettres sont des pièces de rhétorique émaillées de citations profanes. Non, jamais la douleur n'eut d'expression plus vraie, plus franche, j'ajouterai plus éloquente. Il y a, sans doute, quelque teinte d'uniformité à travers des épîtres qui traitent à peu de chose près, le même sujet. Mais quel esprit ! quel éclat ! quelle verve ! quelle finesse de traits et quelle richesse de coloris, dans le tableau des vertus de ces austères chrétiennes, que l'Église présentait au monde païen comme l'image la plus pure et la plus sainte de la vertu ! Il y a là des pages qui valent l'éloquence du discours. Jérôme dépeint les grandes choses de la foi avec une imagination forte et souple, sévère et gracieuse que je ne retrouve au même degré que dans Tertullien. Ses lettres sont en quelque sorte l'histoire de la vie intime, de la vie morale du quatrième siècle, dont la poésie se reflète sur quelques nobles figures. Fabiola, cette descendante des Fabius, entourée des pauvres de Rome, dont elle lave les blessures, en expiation des désordres de sa vie passée; Paula, cette fille des Scipions, qui renonce aux délices de Rome pour s'ensevelir, à Bethléem, dans l'obscurité de la retraite; Marcella, son égale en noblesse, son émule en piété; Nébride, l'ami d'enfance d'Arcadius et d'Honorius, qui n'use de son crédit que pour devenir le refuge des malheureux : toute cette Rome chrétienne qui s'élève sur les débris de la Rome païenne, reçoit du pinceau de l'illustre écrivain sa couleur et sa physionomie.

VII. Saint Bernard.

Transportons-nous par la pensée dans l'un des monastères les plus fameux du douzième siècle. Après une journée de travail, la cloche du soir vient de réunir les frères. Sept cents religieux sont là, sous le regard de Dieu; puis l'abbé se lève au milieu d'eux. Cet homme à la face amaigrie par la pénitence, qui, au dire de ses contemporains, ressemblait plutôt à un esprit qu'à un homme, toute l'Europe le connaît. Il y a quelques jours à peine, il revenait de l'Italie où sa parole puissante avait étouffé un schisme. Arraché, sans cesse, malgré lui, à la solitude par les affaires de la chrétienté dont il est l'âme et la tête, il vient de regagner sa retraite favorite, et il se retrouve avec bonheur dans l'assemblée de ses frères. Le monastère dont je parle, c'est l'abbaye de Clairvaux, et dans l'orateur que nous allons entendre, vous avez reconnu *saint Bernard*.

Or, à cette époque de sa vie, Bernard expliquait aux religieux le Cantique des cantiques. Vingt-cinq sermons sur ce livre mystérieux n'avaient pu épuiser les ressources de son éloquence, et il venait de reprendre son sujet là où il l'avait laissé. Mais à peine a-t-il commencé son discours, qu'une émotion subite l'oblige d'interrompre. Quelques jours auparavant, Gérard, son frère bien-aimé, le compagnon de ses travaux, le confident de toute sa vie, avait été enlevé à son cœur. Maîtrisant la douleur qui déchirait son âme, Bernard avait assisté l'œil sec aux funérailles de son frère ; bien plus, il les avait célébrées lui-même, et, au milieu des sanglots qui étouffaient la voix de ses religieux, il avait, debout sur la tombe de Gérard, récité pour le défunt les prières de l'Église. Mais la nature allait recouvrer ses droits. De retour dans l'assemblée des fidèles, l'abbé de Clairvaux sentit que son cœur allait se briser sous la contrainte qu'il lui avait imposée, et la parole venant à lui manquer sur le texte qu'il avait choisi, sa douleur éclata avec d'autant plus de vivacité qu'il l'avait contenue jusqu'alors.

Gérard était pour l'abbé de Clairvaux, ce que Satyre avait été pour saint Ambroise. Aussi cette oraison funèbre offre-t-elle de nombreux traits de ressemblance avec celle de Satyre, à tel point que Bérenger, disciple d'Abailard, prenait texte de là pour accuser saint Bernard de plagiat. On ne peut nier assurément qu'il n'y ait une grande analogie entre les deux discours, mais elle résulte surtout de l'identité du sujet. A l'exemple de Satyre qui gérait les affaires temporelles d'Ambroise, Gérard avait pris une large part à l'administration de Clairvaux : son bon sens dirigeait en quelque sorte le génie de son frère, et son activité lui épargnait bien des soins fastidieux.

Grâce à lui, Bernard pouvait mener de front les occupations multiples qui se partageaient son temps. C'est ce qui resserrait plus étroitement encore les liens d'affection qui unissaient les deux frères. L'orateur est admirable de tendresse lorsqu'il rappelle les services qu'il a reçus de Gérard, et qu'il peint ces vertus modestes qui fuyaient tout éclat, pour s'ensevelir dans l'obscurité du travail manuel. On mesure, en lisant ces pages pleines d'émotion, toute la puissance pathétique du talent de saint Bernard.

Le christianisme n'ôte rien aux affections légitimes du cœur, de leur force et de leur vivacité. Certes, en voilà une preuve touchante. Cet homme, qui, au milieu des austérités du cloître, exhale en plaintes déchirantes la douleur d'un frère, montre assez par son exemple que le véritable chrétien ne rougit pas de l'homme, et que l'Évangile n'est pas autre chose que le code de la nature humaine restauré par la grâce et sanctionné par Dieu.

Mais quelle résignation sublime au milieu de si profonds regrets ! Loin de murmurer contre les décrets de la Providence, Bernard remercie Dieu de lui avoir conservé si longtemps celui qu'il aimait. L'année précédente, Gérard était tombé malade à Viterbe, où il avait accompagné son frère. Saisi de tristesse, à l'idée qu'il laisserait ces chères dépouilles sur la terre étrangère, l'abbé de Clairvaux n'avait demandé à Dieu, pour toute grâce, que de donner à Gérard la force de terminer son voyage, et de ne le rappeler à lui qu'après leur retour à Clairvaux. « Seigneur, s'écrie-t-il, tu m'as exaucé. Il s'est rétabli, et nous avons achevé la tâche que tu nous avais imposée ; nous sommes revenus la joie dans le cœur et chargés de nos trophées pacifiques. J'avais presque oublié notre convention, mais tu t'en es souvenu. J'ai honte de ces sanglots qui m'accusent de prévarication. Il suffit : tu as repris ton bien, tu as réclamé ton serviteur. Ces pleurs marquent le terme de mes paroles : c'est à toi, Seigneur, de marquer le terme et la mesure de mes larmes. » Cette oraison funèbre, ouverte par une explosion involontaire de la douleur, et fermée brusquement par des sanglots, est le témoignage le plus irrécusable de la sensibilité de saint Bernard ; elle montre, sous un jour nouveau et à peu près inconnu, cette belle nature où la fermeté du caractère s'alliait à la tendresse du cœur.

En prononçant l'éloge funèbre de son frère, dans l'assemblée des religieux de Clairvaux, saint Bernard remplissait une tâche qui lui était habituelle. Comme nous l'apprennent les historiens de sa vie, il ne dédaignait même pas de célébrer après leur mort les vertus de simples frères convers. Ces épanchements familiers d'une douleur éloquente ne sont pas arrivés jusqu'à nous. Il existe néanmoins, dans le recueil de ses œuvres, un discours de ce genre qui rivalise pour la vérité du pathétique avec l'oraison funèbre de Gérard, dont il forme le pendant.

Humbert, prieur de Clairvaux, avait été l'un des premiers compagnons de saint Bernard. Cinquante années, passées dans les exercices de la pénitence, avaient fait de cet homme un modèle accompli de la vie religieuse : et l'abbé de Clairvaux le chérissait tendrement. Aussi indulgent pour les autres que sévère envers lui-même, Bernard ne pouvait obtenir du fervent religieux qu'il se relâchât tant soit peu de ses austérités. Ni l'âge, ni les infirmités ne purent diminuer, jusqu'à la veille de sa mort, les pratiques de mortification qu'il s'était imposées. Il convenait qu'une telle vie reçût une première récompense dans la parole du grand orateur. Le lendemain du jour où le prieur de Clairvaux eut terminé sa carrière, Bernard prononça son oraison funèbre dans l'assemblée des frères.

On ne s'attend pas certainement à trouver dans

ce discours de la pompe ou de l'emphase. L'éloge d'un religieux ne comportait ni l'élévation du ton, ni la solennité du langage. Non, tout y est simple et grand. C'est un père qui épanche son cœur au milieu de ses fils. Il y a sans doute, dès le début, quelque chose de dramatique, dans ce défi jeté à la mort qui n'a pu atteindre l'âme de ce saint homme, et qui, même se verra forcée de lui rendre un jour le corps dont on l'a dépouillé. Mais ce qui fait le charme principal de cette allocution, c'est la simplicité qui y règne. L'orateur s'efface derrière cette vie, plus éloquente que tous les discours, qui s'est écoulée silencieuse et calme à l'ombre d'un monastère. C'est l'humble religieux qui, du fond de sa tombe, va lui-même instruire ses frères. Bernard lui prête sa voix, en rappelant quelle a été la vie du bien-aimé défunt : « Qui jamais, dit-il, a pu surprendre sur ses lèvres une médisance ou une légèreté, une parole de vaine gloire ou d'envie ? Qui jamais l'a entendu juger ses frères ou prendre part aux jugements qu'on portait sur eux ? Jamais propos vain ne sortit de sa bouche, et l'on rougissait même d'en tenir en sa présence... Beaucoup d'entre vous n'ignorent pas quelles maladies l'accablaient ; mais son âme était supérieure aux années, et son courage ne savait pas céder aux infirmités. C'est avec une surprise mêlée d'admiration qu'on le voyait franchir les vallées, été comme hiver, gravir les montagnes malgré son grand âge, pour partager le travail des jeunes frères. Lorsque, pressé d'affaires, je le retenais auprès de moi pour prendre conseil de lui, je le voyais triste et inquiet, jusqu'à ce que je l'eusse rendu à votre société... »

On conçoit l'impression que cette éloquence simple et douce devait produire dans une telle assemblée ; mais l'émotion a dû arriver à son comble quand Bernard, se mettant lui même en scène, s'écriait dans l'affliction de son âme : « O mon Dieu ! vous m'avez enlevé mes frères selon la chair, vous m'avez enlevé ceux qui étaient mes frères selon l'esprit, et dont la sagesse me servait de lumières ; vous avez fait le vide autour de moi, en frappant coup sur coup, à mes côtés, ceux qui me soulageaient dans le fardeau que vous m'avez imposé. De tant d'amis, Humbert seul me restait, de tous le plus cher, parce qu'il était le plus ancien ; vous me l'avez pris également : il vous appartenait. Me voilà seul désormais ; je leur ai survécu à tous, je meurs dans chacun d'eux. Mais non, je ne m'élève pas contre vos jugements; loin de moi le murmure! La douleur seule inspire ma parole... » On n'analyse pas de tels sentiments : il suffit de les rappeler pour en faire comprendre l'éloquente vérité.

Nous nous sommes arrêtés un peu longtemps au milieu de ces scènes de famille, où l'oraison funèbre nous apparaît sous un aspect nouveau ; mais cet épisode n'est pas sans intérêt dans l'histoire de l'éloquence sacrée. Sans doute, le thème des discours dont je viens de parler, ce n'est pas une vie qui fait bruit dans l'histoire ; ce n'est pas l'éloge d'un grand prince ou d'un héros. Là, pas de pompes extérieures, pas de faste, point d'appareil ; une parole simple et sans apprêt, des regrets touchants sur la tombe de quelques moines obscurs ; voilà l'oraison funèbre dans le monastère du douzième siècle. Mais j'ignore s'il est une scène d'éloquence qui vaille celle-là, en grandeur véritable et en poésie. Cette vallée solitaire encadrée d'épaisses forêts; cette abbaye, dont le silence n'est interrompu que par la voix de la prière; cette église simple et nue, qui invite l'âme aux graves pensées de la foi ; cette assemblée d'hommes, qui, loin du tumulte et des agitations du monde, sont là, recueillis dans l'attente de l'éternité ; puis, au milieu d'eux, le plus grand orateur du siècle, l'orateur des rois et des peuples, venant épancher son âme sur la tombe ignorée de ses frères : tout cela forme un spectacle dont le souvenir seul remplit l'âme d'émotion. Le sublime religieux n'a rien de plus saisissant, et Bossuet lui-même étalant une grande vie devant la cour de Louis XIV, n'offre rien à l'imagination qui la frappe plus vivement, que saint Bernard prononçant l'éloge funèbre d'un humble religieux dans le monastère de Clairvaux.

VIII. Le Mysticisme chrétien.

Il suffit de considérer l'homme tant soit peu attentivement, pour se convaincre aussitôt que sa vie se déploie en deux sens divers, qu'elle est tout à la fois *extérieure* et *intérieure*. Montaigne a dit quelque part dans ses *Essais* : « Nous ne sommes jamais chez nous, nous sommes toujours au-delà. » Jamais, c'est dire trop. Le fait est que nous n'y sommes et ne pouvons pas y être toujours. La nature et la société, ces deux grandes sphères au milieu desquelles se meut l'existence humaine, nous sollicitent sans cesse, et nous enlevant à nous-mêmes, nous emportent, nous entraînent hors de nous. Cédant à l'attrait qui l'invite, l'homme se plonge dans ce double milieu, s'y répand, s'y absorbe. Il promène de tous côtés son activité inquiète, il passe d'un objet à l'autre, s'y arrête ou s'en éloigne, s'y fixe ou s'en détourne. Pour satisfaire ce besoin de *vie extérieure* qui le presse, qui le tourmente, qui le pousse à sortir de lui, il noue avec tout ce qui l'entoure une infinité de relations, s'y implique, s'y développe : il va et il vient, il donne et il reçoit, il agit et il réagit ; et ce mouvement, cet échange perpétuel, ce flux et reflux des choses du dehors, qui emporte et qui ramène tour à tour le flot de la vie, voilà ce qui constitue le jeu multiple et varié de sa vie extérieure et sociale.

Mais vivre hors de soi, vivre avec la nature et la

société, ce n'est vivre qu'à demi. Aussi, malgré cet instinct, ce désir inné à l'homme de se répandre hors de lui, tôt ou tard, fatigué du tourbillon qui l'entraîne, il éprouve le besoin de se retirer par moments du milieu qui l'absorbe, et, se repliant sur lui-même, de ramener son existence du dehors au-dedans, pour y vivre avec son âme de sa *vie intérieure*. Et ici, si je ne me trompe, on saisit de première vue tout ce qu'il y a de profondeur philosophique dans le langage de la piété qui a créé ce mot, ou du moins qui en a relevé la signification en se l'appropriant. A nous en tenir au simple point de vue de la nature humaine, de ses besoins et de ses conditions, il semble que l'homme se doit à lui-même, à son repos et à sa dignité, de ne pas épuiser au dehors tout ce qu'il a de sève et de vie ; sinon, quoi qu'il fasse, esclave de ce qui l'environne, il sentira avec amertume ce que l'on entend dire tous les jours à ceux qui ne vivent jamais avec eux-mêmes : la vie m'échappe, je ne suis plus à moi, je ne m'appartiens pas. Or il faut s'appartenir, et pour s'appartenir, il faut savoir de temps à autre s'affranchir jusqu'à un certain point des liens qui nous enchaînent à la nature et à la société, pour rentrer dans notre âme et vivre ainsi avec nous, en face de nous, de cette vie qui, plus encore que la vie extérieure et sociale, est notre vie propre et personnelle, de la vie intérieure.

Cela est logique, cela tient à la racine de notre existence. Mais, quand l'homme se retire de la nature et de la société pour se recueillir en lui-même, qu'est-ce qu'il y trouve ? Il y trouve tout d'abord le prolongement de sa vie extérieure, des impressions, des souvenirs, toutes choses qui le sollicitent derechef à sortir de lui-même, et puis il y trouve quelque chose de plus, il s'y trouve lui-même. Mais n'y trouver que soi, ne trouver en face de soi-même que soi, et toujours soi, y a-t-il là de quoi satisfaire pleinement ce besoin de vie intime qui est en nous ? Non, cela ne suffit point. Si l'homme n'avait d'autre aliment pour son esprit et son cœur, comme le jeune homme de la fable, il s'épuiserait en pure perte dans cette contemplation stérile, dans cet amour infécond de lui-même : en place de l'ennui qui le poursuivait du dehors, il ne trouverait au dedans que le vide et la solitude. En vain, pour peupler ce vide, pour animer cette solitude, évoquerait-il de tous côtés les fantômes du monde extérieur, il n'embrasserait que des ombres. Ramené sans cesse, et malgré lui, du dehors au dedans, par la déception ou par la satiété, et n'y trouvant toujours que soi pour alimenter sa vie intime, il s'agiterait sans fin, se tournant et se retournant dans ce cercle douloureux d'une activité qui se dévore elle-même, et comme ce condamné célèbre dont Dante a décrit le tourment, comme Ugolin dans sa tour de Pise, après avoir assisté au supplice de ce qu'il a de plus cher et de plus intime, aux tortures morales d'une intelligence qui s'éteint faute de lumières, d'un cœur qui se glace vide d'amour, il finirait par dévorer lentement dans ce suicide solitaire jusqu'à la dernière parcelle de sa vie, et, s'affaissant sur lui-même, par tomber au milieu de ses ruines, tout pâle d'inanition.

Heureusement que l'homme n'en est pas là. Lorsque, sortant du monde extérieur, il rentre dans son for intime, il y trouve quelque chose qui n'est pas la nature, qui n'est pas la société, qui n'est pas lui-même, qui est plus que tout cela, qui est l'infini, qui est Dieu. Vivre *avec la nature et la société*, telle est sa *vie extérieure*, vivre *avec lui-même et avec Dieu*, voilà sa *vie intérieure*. Mais vivre avec Dieu, qu'est-ce que cela ? Est-ce vivre avec une idée, une abstraction, une forme vide de l'intelligence ou une illusion du cœur ? Et que voulez-vous que je fasse de toutes ces formules creuses pour alimenter ma vie intime, pour apaiser la faim de mon âme ? Quelle énergie, quel suc vital puis-je tirer de ce qui ne serait après tout qu'une simple idée régulatrice de mon esprit, qu'une loi morte, ordonnatrice de ma volonté ? Ne serait-ce pas ajouter un fantôme à tant d'autres qui s'évanouissent sous ma main, élargir le vide qui est en moi, en essayant de le combler, rendre enfin ma solitude plus complète, en voulant l'animer ? Si vous voulez que, me recueillant en moi-même, j'y trouve un aliment réel à ma vie intérieure, une conversation, une société intime qui me tienne lieu du monde extérieur que j'ai quitté, ce n'est pas d'abstractions que je puis remplir mon âme, ce n'est pas de chimères que je puis repaître mon cœur. Ce qu'il me faut à moi, être vivant et personnel, c'est un Être doué comme moi et plus que moi de vie et de personnalité, avec lequel je puisse entrer en rapport intime et profond ; ce qu'il me faut en un mot, c'est au lieu d'un être de raison, d'une ombre fantastique, un Dieu concret, absolu, vivant et personnel. Sinon je retombe sur moi-même, plus délaissé que jamais, dans cet abîme de la conscience, trop large pour que j'y sois tout seul, trop profond pour qu'il n'y ait pas Dieu.

Cela même ne suffit pas, ou du moins ne suffit qu'à demi pour satisfaire ce besoin de vie intérieure qui est en nous. Sans doute, lorsque rentrant en moi-même, au sortir du monde extérieur, j'y trouve l'Infini, l'Infini vivant et personnel, dont la présence remplit mon âme, il y a là de quoi absorber tout ce qu'il y a en moi d'énergie vitale, de pensée, de sentiment. Mais vivre avec l'infini s'offrant à nous sous sa forme absolue, vivre avec l'infini en société familière et intime, et il n'y a de bonheur qu'au prix de cette intimité, vivre familièrement avec l'infini, sans qu'il y ait de pont jeté par la condescendance divine entre l'infinie grandeur et l'extrême petitesse, est-ce chose bien facile ? Pour moi, je ne le pense pas. Il n'y a de société possible, j'entends de société intime et familière qu'avec ce qui est égal à nous. Ce qui n'a aucun point de contact avec nous, ce qui est hors de notre portée, ce qui est trop au-dessus de nous, nous tient à distance, nous inspire la crainte, le respect, plutôt que l'amour. Aussi le paganisme, ayant laissé se perdre peu à peu la vraie notion de la divinité, n'avait retenu d'autre tribut que la puissance et n'avait conservé d'autre sentiment que la crainte. L'idée de Dieu, est une idée formidable qui lui pèse, c'est un poids qui l'accable, c'est une image qui l'obsède et qui l'épouvante, c'est l'inexorable destin qui le poursuit, qui le frappe, qui l'immole sans pitié. Je lis bien au fronton de ses temples : *Deo optimo et maximo*. Mais évidemment le Dieu très grand effaçait le Dieu très bon, et la traînée de sang que j'aperçois par delà cette inscription me prouve assez que le paganisme n'y voyait qu'une puissance terrible à qui l'on jette, pour l'apaiser, des victimes sans nombre. Conçoit-on une société intime de l'âme avec une telle Divinité? Conçoit-on un traité de l'amour de Dieu au sein du paganisme? Ce que j'y conçois, c'est un traité de la nature des dieux, un traité du culte des dieux, tout ce qui tient à la crainte, au respect, rien ou presque rien de ce qui est de l'amour : la crainte servile est au fond de tout, et quand Stace jetait à travers le paganisme ce mot effrayant: *Primus in orbe deos fecit timor*, en parlant des divinités qu'il voyait autour de lui au fond des temples, il avait raison, sinon en tout, du moins en partie. Le paganisme le sentait à demi; aussi cherchait-il par l'anthropomorphisme à rapetisser la Divinité, à la tailler aux proportions de l'humanité, pour la rendre accessible à son esprit et à son cœur; mais on ne rapetisse pas l'infini, il se fait petit quand il veut et comme il veut. Socrate et son école sentaient encore mieux ce vide qui laisse dans l'âme un Dieu qui est trop grand pour l'homme quand il reste ce qu'il est, et qui devient trop petit lorsqu'on en fait ce qu'on veut; aussi s'efforçaient-ils de ramener les esprits à la vie intérieure, en les excitant à l'amour de ce qu'ils appelaient le vrai, le beau, le bien ; mais les eût-on écoutés qu'on ne les aurait pas compris, et les eût-on compris qu'on n'en aurait pas fait plus. Je ne vois dans l'antiquité qu'un seul peuple, au milieu duquel Dieu ait été réellement le Dieu du cœur, le Dieu de l'âme, une seule nation qui ait vécu avec Dieu en société intime et familière, parce qu'elle entrevoyait dans le lointain un sublime abaissement de la divinité, parce qu'animée de cette foi, pleine de cette espérance, elle retrouvait sans cesse en face d'elle-même l'image de Dieu qui, sans rien perdre de sa grandeur, allait acquérir par sa bonté un nouveau droit à l'amour.

On a dit dans un camp qui n'est pas le nôtre, ou du moins qui ne l'est pas encore, car il y touche de près, que l'idée de l'Homme-Dieu est la plus belle conquête qu'ait faite l'esprit humain. Mettons que ce soit une conquête, quoiqu'en définitive nos conquêtes se réduisent le plus souvent à accepter tout simplement ce que Dieu veut bien nous donner. Je dis que c'est aussi la plus belle acquisition qu'ait faite le cœur humain, l'aliment le plus substantiel de sa vie intime. Pour ne pas répandre tout ce que j'ai de vie hors de moi, j'ai besoin de ramener mon existence *du dehors au dedans*, de me recueillir en moi-même, d'y trouver Dieu, Dieu vivant et personnel, de vivre avec lui en société intime et profonde. Ce besoin que j'éprouve, ce besoin énergique, impérieux, l'humanité l'a éprouvé comme moi, dans tous les temps et dans tous les lieux, et l'humanité ne se trompe pas en masse sur ce qui est essentiel à sa vie. Mais quoi que je puisse faire, en présence de l'Infini qui apparaît à ma conscience sous sa forme absolue, j'éprouve je ne sais quelle gêne, quelle contrainte : il y a si loin de l'infini jusqu'à moi! cette distance que rien ne mesure me retient, elle comprime l'élan de mon cœur, elle arrête l'épanchement de mon âme. Eh bien ! cette distance, elle est franchie par le *dogme de l'Homme-Dieu*. Je comprends une société étroite, je comprends l'intimité, la familiarité avec un Dieu fait homme, qui se met à ma portée, qui se fait semblable à moi, qui traite avec moi, pour ainsi dire d'égal à égal, dans lequel je retrouve, sauf le mal, les faiblesses de ma condition, les infirmités de ma nature, dont je touche, du cœur et de la pensée, la vie, les souffrances et la mort; je sens que, me retirant par intervalle du monde extérieur, pour me renfermer en moi, je puis y vivre à l'aise, dans le silence de mon âme, en société avec un Dieu qui se dépouille en quelque sorte de l'appareil de sa grandeur, qui s'offre à moi sous la forme la plus appropriée à ma nature, sous ma propre forme; je sens qu'ayant besoin de vie intérieure au milieu de toutes les choses qui m'arrachent à moi-même, je puis trouver dans cet entretien familier, dans ce tête-à-tête avec Dieu, ce que je cherchais en vain ailleurs, un charme sans mélange, un repos que rien n'altère; et alors, pour peu que j'y mette de cœur et d'âme, il naît en moi un sentiment qui emprunte à l'amour ce qu'il a de plus vif, de plus tendre, de plus délicat, un sentiment qui n'est pas une passion, parce qu'il n'en a ni l'âpreté, ni la violence, qui est plus qu'une passion, parce qu'il ramène toutes les passions sous son empire, qui, remplissant tout mon être, l'anime, le réjouit, le dilate, qui, puisant au souvenir, au contact de l'Homme-Dieu, une force toujours nouvelle, alimente ma vie intérieure, la fortifie, la développe, et me ramenant sans cesse du dehors au dedans, me fait replier sur moi-même et de moi sur Dieu : ce sentiment du divin qui prend racine dans ce que le dogme catholique a de plus profond, et qui surgit à la surface de notre âme comme la plus fine fleur de l'amour, en langage chrétien, cela s'appelle de la *piété*.

Ainsi la piété, j'entends *la piété* dans ce qu'elle a de vrai, de complet, *dérive du mystère de l'Incarnation* comme de sa source, et c'est là ce qui explique pourquoi, avant ce grand fait, il y en avait si peu dans le monde, et pourquoi elle est devenue si commune depuis que l'humanité est en possession du dogme de l'Homme-Dieu; pourquoi même depuis, parmi ceux qui n'y croient pas, ou qui n'y cherchent pas un aliment à leur vie intérieure, on trouve sans doute des hommes qui adorent et craignent Dieu, mais si peu, je dis trop, mais peut-être point du tout d'hommes pieux. Aussi saint Paul dont le coup d'œil pénétrant allait au fond de tout, appelle-t-il *le mystère de l'Incarnation le mystère de la piété*. Je sais bien qu'il y en a qui renvoient tout cela aux femmes et aux enfants; mais franchement, s'il faut être enfant pour sentir ce qui est beau, et s'il suffit d'avoir du cœur pour être femme, dans ce cas, il faut en prendre notre parti, nous devrions tous être enfants, et à coup sûr, nous sommes tous un peu femmes. Mais en voilà assez, trop même, pour le point de vue psychologique de la question. Si je voulais m'étendre, je serais infini. Je cherche maintenant à me rendre compte de ce qu'il peut y avoir d'éloquence et de poésie dans le langage de la piété.

Cicéron semble avoir dit un beau mot, lorsque cherchant la source des grandes choses qui se font ici-bas, il la trouvait dans ce qu'il appelle un ardent amour, *ardorem quemdam amoris sine quo quum in vitâ, tùm in eloquentiâ, nihil magnum effici possit*. L'amour est en effet le grand ressort de l'éloquence. Vous aimez un homme, une famille, une patrie, vous l'aimez vivement, vous l'aimez avec transport; lorsque vous prendrez la parole pour plaider sa cause, pour défendre ses intérêts, à votre insu, votre langage trahira l'émotion qui vous anime, votre cœur viendra de lui-même se placer sur vos lèvres, et fussiez-vous ignorant dans l'art de bien dire, vous trouverez sans efforts, et comme sous la main, le mot qui frappe, l'image qui saisit, le trait qui brille, le mouvement qui enlève; vous toucherez, vous remuerez, vous attendrirez, ne fût-ce que pour un moment, vous serez poète, vous serez orateur, vous serez éloquent. C'est pourquoi se rencontrant avec le grand maître que je viens de citer, *François de Sales*, dans une lettre à l'archevêque de Bourges, a dit ce mot qui vaut à lui seul toute une rhétorique : *il suffit de bien aimer pour bien dire.* Cela étant, on comprend fort bien que la piété chrétienne, qui n'est que l'amour de Dieu dans ce qu'il a de plus tendre et de plus fort, a dû ouvrir à l'éloquence et à la poésie une source d'inspiration aussi neuve que féconde, qu'elle a dû, pour exprimer cette situation de l'âme, trouver presque sans peine cette naïveté de langage qui a tant de charme, cette onction qui pénètre si doucement, cet accent de la tendresse qui émeut, qui ravit, ce pathétique profond qui est le tout de l'éloquence, ou pour parler avec Bossuet, ces tons qui viennent du cœur. Et de fait, la piété chrétienne a su se créer comme un dialecte à part, un dialecte d'une douceur, d'une suavité incomparable; ou plutôt elle a ramassé, dans les langues humaines, tout ce qu'il y avait de grâce et de délicatesse pour se faire une langue à elle, une langue infiniment riche dans sa simplicité. Elle n'a pas craint de toucher aux mystères les plus délicats du cœur humain pour retracer, avec une chasteté de pinceau vraiment céleste, le tableau de la vie intime de l'âme avec Dieu : pour elle, Dieu c'est plus qu'un maître, plus même qu'un père, c'est un époux qui contracte avec l'âme un hymen spirituel. Elle se complaît, elle se joue, avec tout le charme de l'innocence, dans ces harmonies morales que l'on comprend lorsqu'on a le bonheur d'avoir le cœur pur et que l'on ne comprend plus, lorsqu'on cesse d'être pur.

On serait étonné, en parcourant les écrits de *sainte*

Catherine de Gênes, de *sainte Hildegarde*, de *sainte Brigitte* et de *sainte Thérèse*, de ce qu'il y a de haute éloquence, de poésie ravissante. Toute âme pieuse est poétique. Car si l'éloquence vient du cœur, on est poète par l'imagination. Or la piété donne des ailes à l'imagination, comme elle prête au cœur de la vivacité et du mouvement. Cela est tout simple. Lorsqu'on est vivement ému, on ne se borne pas à dessiner, à crayonner ce que l'on sent, on le peint, et l'imagination c'est la faculté de peindre par la parole. C'est pourquoi la piété chrétienne s'en va à travers la nature, pour y trouver de quoi dépeindre les choses de Dieu et de l'âme : elle demande des couleurs à tout ce qu'elle rencontre, aux plantes, aux fleurs, aux êtres animés, elle réunit toutes ces nuances aussi délicates que variées pour les fondre en tableaux délicieux de fraîcheur et d'éclat. De là, ce sentiment vif et profond de la nature que, j'ose le dire, on ne rencontre nulle part à un plus haut degré que dans les chefs-d'œuvre de la piété chrétienne. Encore une fois je n'en suis pas surpris. Je conçois sans peine qu'un œil pur découvre à chaque pas les vestiges de Dieu dans les œuvres de ce monde ; qu'une âme toute pleine de Dieu cherche, dans la création, un écho toujours vivant qui réponde à sa voix ; que pour elle la nature, loin de rester froide et muette, tressaille et s'anime, que le vaste ensemble de l'univers lui apparaisse comme un merveilleux concert, où chaque règne a son chant, chaque variété sa voix, chaque être sa note ; je conçois que tout cela l'inspire, échauffe sa pensée, colore son style, allume son enthousiasme, fasse déborder en elle le sentiment et la vie ; je conçois que *saint Basile* et *saint Grégoire de Nazianze* décrivent les beautés de la nature avec une ferveur d'admiration, une émotion religieuse, une profondeur d'âme que n'avaient pu trouver ni Homère ni Sophocle, que s'élevant à un lyrisme plus divin que celui qui agitait la poitrine de

Pindare, l'âme de *François d'Assise* s'exhale en paroles de feu, pour inviter son frère le soleil à chanter avec lui les louanges de Dieu ; je conçois enfin que la nature soit pour la piété un foyer d'inspiration, où le souffle intérieur qui l'anime va réveiller la flamme poétique, l'alimente, la développe, un miroir qui lui renvoie en traits lumineux l'image de cette beauté infinie qu'elle contemple au dedans d'elle-même, et dont l'amour prête à son langage un charme que rien n'égale, parce qu'il n'y a pas de plus haute source d'éloquence que l'amour de ce qui est infiniment aimable, comme il ne saurait y avoir, pour une âme de poète, un sujet plus beau que ce qui est la beauté même (Bossuet, 5ᵉ leçon).

FIN

TABLE DES MATIÈRES

Introduction. — Le cours d'éloquence sacrée de Mgr Freppel. (1-29).

PORTRAITS ET NOTICES

PREMIER SIÈCLE

Les Pères Apostoliques

Introduction. — 1. Les pères apostoliques. — 2. Leur enseignement. — 3. Leur importance doctrinale. — 4. Leur mérite littéraire.... 1

I. La prédication du Sauveur.................................... 3
II. Les paraboles de l'Évangile.................................. 4
III. La prédication apostolique.................................. 8
IV. Saint Pierre.. 12
V. Saint Paul... 13
VI. Saint Jean.. 16
VII. Les Évangiles apocryphes : (a) Leur valeur historique.... 18
        (b) Leurs beautés littéraires.. 19
VIII. L'Épître de saint Barnabé 20
IX. Le Pape saint Clément et les Clémentines................... 21
X. Le pasteur d'Hermas... 23
XI. Les Testaments des douze Patriarches....................... 25

XII. Saint Ignace d'Antioche : (a) Sa vie	29
(b) Ses écrits	34
XIII. Saint Polycarpe	36
XIV. Les premiers actes des martyrs	39
XV. Les actes du martyre de saint Polycarpe	42
XVI. L'Épître à Diognète	44

DEUXIÈME SIÈCLE

Les Apologistes

INTRODUCTION. — 1. BUT POURSUIVI. — 2. LES OBSTACLES QU'ILS RENCONTRENT. — 3. LEURS TRAVAUX	48
I. Saint Quadrat et saint Aristide	51
II. Saint Justin : A. Sa vie et son odyssée philosophique	53
B. Sa conversion au christianisme	58
C. Ses écrits	64
D. Appréciation générale : (a) Saint Justin apologiste	66
(b) Saint Justin témoin de la foi	67
(c) Saint Justin critique et érudit	68
(d) St Justin écrivain	69
III. Tatien : A. Vie et conversion	72
B. Son discours contre les Grecs	76
C. Sa chute	78
D. Jugement sur Tatien	81
IV. Hermias	83
V. Athénagore	85
VI. Théophile d'Antioche	89
VII. Hégésippe	91
VIII. Méliton de Sardes	93
IX. Les premières lettres des papes	95

X. Saint Denys l'Aréopagite : A. Caractère de sa synthèse théologique.. 96
B. Idée générale de ses Écrits... 98
C. Le livre des *Noms divins*...... 99
D. Le livre de la *Hiérarchie céleste*. 100
E. Le livre de la *Hiérarchie ecclésiastique* 103
F. Le livre de la *Théologie mystique*.................. 108
G. Appréciation générale........ 112

XI. Saint Irénée : A. L'Église de Lyon et saint Irénée........ 113
B. Idée générale du *Traité contre les hérésies*.. 117
C. Mérite littéraire de ce traité............. 119
D. Saint Irénée interprète des Saintes Écritures................ 121
E. Saint Irénée et la tradition catholique...... 123
F. Saint Irénée et la primauté du Pape.. 130
G. Saint Irénée et le culte de vénération rendu à Marie 135

TROISIÈME SIÈCLE

Les Pères Africains

INTRODUCTION. — 1. L'EMPIRE ROMAIN. ÉBAUCHE HUMAINE DE L'ÉGLISE. — 2. MARCHE SUIVIE PAR LA PRÉDICATION ÉVANGÉLIQUE LE LONG DE LA MÉDITERRANÉE. — 3. CARTHAGE, ALEXANDRIE ET ROME VERS LA FIN DU DEUXIÈME SIÈCLE ET AU TROISIÈME SIÈCLE. — 4. TRAVAUX DE L'ÉLOQUENCE CHRÉTIENNE PENDANT LES TROIS PREMIERS SIÈCLES 137

I. Tertullien : A. Sa vie............ 146
1. Naissance et éducation........... 147
2. Sa conversion................ 149
3. Sa carrière théologique et littéraire......... 150

TABLE DES MATIÈRES

4. Voyage et séjour à Rome		150
B. Ses écrits		151
1. Tertullien apologiste		151
2. Tertullien moraliste		167
3. Tertullien controversiste		172
C. La langue de Tertullien		173
D. Appréciation générale		175

II. Minucius Félix 181
III. Saint Cyprien 182
IV. Saint Pantène 187
V. Clément d'Alexandrie 88
VI. Origène: Sa vie et ses œuvres 192

1. Premières années d'Origène. — Son éducation 192
2. Origène, disciple de Clément d'Alexandrie au Didascalée ... 193
3. Martyre du père d'Origène 194
4. Origène après la mort de son père 195
5. Il professe la grammaire à Alexandrie 197
6. Origène catéchiste au Didascalée 198
7. Voyage à Rome 202
8. Retour à Alexandrie 203
9. Le *Periarchon* ou le livre des Principes 205
10. Origène ordonné prêtre à Césarée. Ses démêlés avec l'évêque Démétrius 208
11. Origène fonde l'école de Césarée. Il est condamné par l'évêque d'Alexandrie 212
12. Origène reprend ses travaux sur l'Ecriture sainte 214
13. Origène orateur sacré. — Ses homélies 217
14. Les œuvres morales d'Origène 218
15. Le traité contre Celse 220
16. Dernières années et mort d'Origène 222
17. Appréciation générale 224

VII. Commodien 229
VIII. Arnobe 231
IX. Lactance 233

APPENDICE.

Extrait des œuvres posthumes de Mgr Freppel.

    I. Saint Athanase et ses lettres pascales.................... 241
    II. Les Pères du désert 247
    III. Saint Grégoire de Nysse.................................. 251
    IV. Saint Grégoire de Nazianze et saint Basile 252
    V. Saint Ambroise.. 258
    VI. Les épîtres consolatoires de saint Jérôme................. 260
    VII. Saint Bernard... 262
    VIII. Le mysticisme chrétien................................. 268

Victor RETAUX et Fils, Libraires-Éditeurs

82, RUE BONAPARTE, PARIS

Mgr Freppel d'après les documents authentiques et inédits, par le R. P. Etienne CORNUT, de la Compagnie de Jésus. In-8 de 424 pages... 5 »

Histoire du Cardinal J.-B. Pitra, Bénédictin de Solesmes (Congrégation de France), par le R. P. Dom Fernand CABROL, prieur de Solesmes, professeur d'Histoire et de Patristique à l'Université catholique d'Angers. 1 beau vol. in-8, orné d'un portrait... 6 »

Bossuet et l'Éloquence sacrée au XVIIe siècle, par Mgr FREPPEL, évêque d'Angers. Cours d'éloquence sacrée, fait à la Sorbonne, pendant les années 1855-1856 et 1856-1857. 2 vol. in-8... 12 »

Commodien, Arnobe, Lactance et autres fragments inédits, par Mgr FREPPEL, évêque d'Angers. 1 vol. in-8. 6 »

L'Église et l'État, ou les Deux puissances au XVIIIe siècle, par P. de CROUSAZ-CRÉTET. 1 vol. in-18 jésus. 3.50

Indépendance des deux puissances, ont dit nos pères avant 1789 ; l'Église libre dans l'État libre, séparation de l'Église et de l'État, a-t-on dit plus tard. Le problème est toujours là, ardu, inquiétant, irritant, réclamant une solution. Il date de loin, mais au XVIIIe siècle il se formule plus nettement. Le conflit s'aggrave. Qu'en sortira-t-il ? Servitude ou liberté ? M. de Crousaz-Crétet nous fait assister à toutes les péripéties de la lutte ; il nous montre l'Église persécutée par ses ennemis, abandonnée par ses amis, se retournant vers le Souverain Pontife, le gouvernement lui-même sollicitant le concours d'un aussi puissant allié, fait historique considérable, trop négligé jusqu'à ce jour, et qui marque le point de départ d'une politique nouvelle dans les rapports de l'Église et de l'État. L'auteur a banni toute préoccupation des événements contemporains, mais les rapprochements s'imposent à l'esprit du lecteur et donnent à l'ouvrage un vif intérêt.

ABBEVILLE. — TYP. ET STÉR. A. RETAUX.

www.ingramcontent.com/pod-product-compliance
Lightning Source LLC
Chambersburg PA
CBHW071301160426
43196CB00009B/1380